U0534402

俄罗斯远东史

（第二卷）

刘爽　王超　等著

HISTORY OF THE
RUSSIAN FAR EAST

中国社会科学出版社

第二卷目录

第七章 社会主义改造和建设初期的远东 …………（327）
  第一节 苏维埃政权在远东的建立 …………（327）
    一 远东革命委员会的建立与实践 …………（327）
    二 苏维埃政府对远东社会的整治 …………（329）
    三 远东民众情绪与苏共党组织的工作 …………（331）
  第二节 远东经济的恢复与发展 …………（334）
    一 新经济政策时期的远东经济 …………（334）
    二 远东地区的工业化 …………（338）
    三 远东地区的农业集体化 …………（343）
    四 远东交通运输业的发展 …………（348）
  第三节 远东社会事业的发展 …………（349）
    一 远东少数民族的社会发展 …………（349）
    二 远东文化事业的发展 …………（355）
    三 远东国防教育的开展 …………（357）
  第四节 苏联在远东地区的军事外交活动 …………（360）
    一 二三十年代的苏联远东对外政策 …………（360）
    二 苏联远东海军建设 …………（362）
    三 中东路事件 …………（365）
    四 苏日在中苏边界上的军事冲突 …………（366）

第八章 卫国战争时期的远东 …………（370）
  第一节 战前远东国际关系 …………（370）

一　苏中关系的改善 ………………………………………… (370)
　　二　苏联驻兵外蒙古和新疆 ………………………………… (377)
　　三　《苏日中立条约》的签订 ……………………………… (383)
第二节　战时远东经济 …………………………………………… (387)
　　一　战时工业 ………………………………………………… (387)
　　二　农牧渔业 ………………………………………………… (395)
　　三　交通运输业 ……………………………………………… (400)
　　四　苏日渔业问题 …………………………………………… (405)
第三节　战时远东社会生活 ……………………………………… (408)
　　一　战时的社会恐慌 ………………………………………… (408)
　　二　人口状况 ………………………………………………… (411)
　　三　犯罪问题 ………………………………………………… (413)
　　四　宗教解冻 ………………………………………………… (416)
　　五　支前运动 ………………………………………………… (418)
　　六　文化教育活动 …………………………………………… (421)
第四节　苏联对日作战 …………………………………………… (427)
　　一　太平洋战争爆发与苏日关系的变化 …………………… (427)
　　二　战前远东军事部署 ……………………………………… (430)
　　三　苏联出兵中国东北与反法西斯战争的胜利 …………… (435)

第九章　第二次世界大战后远东经济的恢复与发展 ……………… (440)

第一节　战后远东国际关系的变化 ……………………………… (440)
　　一　第二次世界大战后的苏美关系 ………………………… (440)
　　二　苏日关系的变化 ………………………………………… (442)
　　三　第二次世界大战后的苏中关系 ………………………… (443)
　　四　第二次世界大战后的朝鲜半岛局势 …………………… (444)
第二节　战后远东经济的恢复 …………………………………… (445)
　　一　战后远东行政区划的改变 ……………………………… (445)
　　二　"四五"计划实施与远东工业的恢复 ………………… (446)
　　三　战后远东农业的恢复 …………………………………… (451)

四　远东交通运输业和建筑业的恢复 …………………… (455)
　第三节　远东经济发展与垦荒运动 …………………………… (458)
　　一　远东各主要经济部门的发展 ……………………………… (458)
　　二　远东垦荒运动政策及实施 ………………………………… (463)
　　三　远东垦荒的成效及教训 …………………………………… (468)
　第四节　远东科学教育事业的发展 …………………………… (470)
　　一　远东主要科研机构的发展与科技进步 ………………… (470)
　　二　战后远东中高等教育的发展 ……………………………… (473)
　第五节　远东社会事业的发展 ………………………………… (478)
　　一　战后远东人口形势 ………………………………………… (478)
　　二　远东的宗教与社会 ………………………………………… (481)
　　三　战后远东文化生活 ………………………………………… (485)

第十章　远东开发的新阶段 …………………………………… (492)
　第一节　20世纪60年代远东国民经济发展 ………………… (492)
　　一　远东人口的快速增长 ……………………………………… (492)
　　二　苏联时期的远东移民政策 ………………………………… (493)
　　三　远东经济发展进入新时期 ………………………………… (498)
　　四　远东开发的特点和经验 …………………………………… (502)
　第二节　远东开发方针的确立 ………………………………… (504)
　　一　远东经济开发战略与措施 ………………………………… (504)
　　二　远东开发进程 ……………………………………………… (508)
　　三　远东开发路径 ……………………………………………… (511)
　　四　远东开发的作用与影响 …………………………………… (512)
　　五　远东的对外开放 …………………………………………… (513)

第十一章　远东的对外经贸合作 ……………………………… (517)
　第一节　远东对外经贸合作的重点 …………………………… (517)
　　一　与东欧经互会成员国的合作 ……………………………… (517)
　　二　与资本主义国家的合作 …………………………………… (518)

三　远东与中国的边境贸易 …………………………………… (521)
　第二节　日本与苏联远东开发 …………………………………… (523)
　　一　苏日沿海贸易 ………………………………………………… (523)
　　二　日本对远东的投资 …………………………………………… (526)
　第三节　苏日渔业问题 …………………………………………… (531)
　　一　苏日渔业问题的起因 ………………………………………… (531)
　　二　苏日渔业问题与北方四岛争端 ……………………………… (535)

第十二章　贝阿铁路建设 ……………………………………………… (538)
　第一节　贝阿铁路的修筑 ………………………………………… (538)
　　一　伟大卫国战争前的贝阿铁路建设 ……………………………… (538)
　　二　20 世纪 70 年代贝阿铁路复工 ………………………………… (541)
　　三　20 世纪七八十年代的铁路建设 ……………………………… (545)
　第二节　贝阿铁路的建设者 ……………………………………… (551)
　　一　铁道兵部队 …………………………………………………… (551)
　　二　大学生突击队 ………………………………………………… (554)
　　三　贝阿铁路建设工程中的女性 ………………………………… (558)

第十三章　苏联解体前的远东经济与社会 ………………………… (562)
　第一节　苏联远东地区开发战略 ………………………………… (562)
　　一　远东地区产业规划与开发政策 ……………………………… (562)
　　二　远东地区的对外经贸活动 …………………………………… (567)
　　三　远东主要产业部门在苏联经济体系中的地位 ……………… (571)
　第二节　苏联解体前远东地区的社会文化事业 ………………… (580)
　　一　远东地区人口的新变化 ……………………………………… (580)
　　二　远东地区文化事业的发展 …………………………………… (583)
　第三节　苏联解体前远东地区的教育事业 ……………………… (586)
　　一　中等教育的发展 ……………………………………………… (586)
　　二　高等教育增量提质 …………………………………………… (591)
　第四节　远东科研网络的形成及科研工作的开展 ……………… (593)

一　远东地区科研机构的改组与壮大 ……………………………（593）
　二　远东地区科学研究工作成效显著 …………………………（595）

主要参考文献 ……………………………………………………（598）

第 七 章

社会主义改造和建设初期的远东

两次世界大战期间，苏联远东地区完成了角色的转变，从缓冲带和前沿转变成大后方。20 世纪 20 年代初期，远东共和国完成了自己的历史使命，为苏俄争取到了比较有利的国际环境，有效地缓解了来自太平洋沿岸的外部威胁。此时，年轻的社会主义国家开始着手改造和建设远东地区，使其成为新型国家的一部分。然而，对远东地区的社会主义改造情况不容乐观，因为当时的远东社会是非常混乱和不稳定的。

第一节　苏维埃政权在远东的建立

一　远东革命委员会的建立与实践

远东革命委员会是 1922—1926 年苏联政府在远东地区建立的最高权力机构。该委员会是由远东共和国国民会议于 1922 年 11 月 14 日选举产生，并在 11 月 15 日得到全俄中央执行委员会的同意后成立的，程序符合 1918 年俄共（布）中央委员会通过的《权利与义务法案》。创建远东革命委员会的目的在于加强对远东地区的管理，并使其成为苏联领土不可分割的一部分。

1922 年 11 月 21 日，远东革命委员会第一次会议确立了《远东革命委员会规章》草案，该草案成为 1923 年 7 月 25 日由全俄中央执行委员会和人民委员会通过的《关于远东革命委员会的决议》的基础。该草案表明，远东革命委员会必须服从全俄中央执行委员会和人民委员会的决定。远东革命委员会与俄共（布）在远东地区最高机构——俄共（布）中央远东局紧密协作，远东局书记尼古拉·库比亚克为远东革命委员会委员。远东革命委员会的主要任务是巩固远东革命政权、执行国家政策、选举苏维埃，最终实现苏维埃政权在远东的确立。远东革命委员会的一项特殊使命是，使远东地区民主法律与苏联法律相一致。

1923年7月25日，全俄中央执行委员会和人民委员会的决议确定了远东革命委员会的以下职责：

（1）采取一切必要的手段支持远东的革命事业；

（2）依据国民经济计划和相关会议的决议，解决远东当前所面临的问题。上述决议具有普遍指导意义；

（3）在远东地区管理一切行政事务和经济事务。

远东革命委员会下设多个部门，即工业局、司法局、管理局、卫生局、财政局、运输局、外联局、劳动局和工农监察局。

1922年12月6日，远东革命委员会冻结了一切个人和企业在银行的账户，两天后，根据苏俄人民委员会决议，所有金融活动必须通过国有银行进行。经过两个月的艰苦工作，到1923年1月，所有国有企业都恢复了生产，金融活动步入正轨。一些亏损和落后的企业倒闭了，但大多数的私营企业都按照上述金融活动的相关规定实现了正常运营。同时，对上述企业进行了经济核算。1923年1月16日，远东革命委员会禁止从国外进口商品，并实施对外贸易的国家垄断。

1924年10月27日，远东革命委员会开始禁止革命前旧版金币在远东地区流通，同年10月31日远东革命委员会又通过决议，决定从1924年11月10日起停止发行旧版的纸币和硬币。从1925年1月1日起，革命前的货币停止流通。

1923年3月3日，远东革命委员会成立中央选举委员会，旨在选举产生苏维埃革命委员会，对远东地区事务行使最高权力。远东地区的各省、县、乡都成立了选举委员会。1925年最后选举出远东苏维埃革命委员会，1926年3月15日远东苏维埃革命委员会第一次会议在哈巴罗夫斯克召开，成为远东地区最高权力机构，由此结束了远东革命委员会的历史使命。

在远东革命委员会实施权力期间，远东地区经历了新经济政策时期和斯大林工业化初期，该委员会的工作方法、态度，以及对上述时期政策的宣传、理解并不是很深入。由于这一时期国家民族政策多变，加之斯大林的工业化在一定程度上损害了少数民族的利益，因而导致远东地区爆发多起社会冲突。

二 苏维埃政府对远东社会的整治

1924 年的远东地区面积为 2647.5 平方千米（不包括萨哈林），人口为 1619500 人。[1] 其中包括移民、农民、工人、各种手工业者和少数民族，还有一些流亡者和所谓的淘金人，这些人普遍具有冒险精神，积极参与经商和垦殖活动。新经济政策所带来的市场活力给一些投机商带来了机遇，致使黑市交易和走私活动盛行一时，更值得注意的是，不少投机者被旧的反动势力所裹挟。

1922—1926 年，苏联政府在远东地区与土匪进行了积极的斗争。由于远东地区与土匪的斗争要晚于中央地区，有许多可以借鉴的经验，但是，远东地区与土匪的斗争却有其特殊性。在这场与土匪等反革命势力的较量中，苏联政府还遇到了少数来自工人和农民的抗议，这主要是由于社会民主党、社会革命党等的参与，这些政治团体在革命期间进行了大量的鼓噪与宣传活动，对工人和农民产生了影响。这些有社会经济、政治和道德心理基础的政治势力无疑成为新生政权的最大威胁。[2]

"土匪行径"（БАНДИТИЗМ）一词在 20 世纪 20 年代的苏联社会政治生活中曾广泛使用，但是不仅在文件中，而且在文献中都没有一个准确的内涵。笼统地将其他政党领导的工人抗议活动，以及农民运动看作小资产阶级性质的体现，活动的参与者都被称作土匪。一些相关研究显示：当时苏联政府对农民起义采取了镇压和强制的举措，将其视为匪患。[3] 当时，执法和社会保障问题都是由中央（政治局）和地方党组织来解决的。这些组织机构成为苏共中央与敌对势力进行斗争的重要工具，1924 年以后，这些组织机构的地位在苏联宪法中得到了进一步

---

[1] ГАРФ. Ф. 393. Оп. 66. Д. 39. Л. 174.

[2] А. Ю. Греков. Борьба органов государственной безопасности с бандитизмом на Дальнем Востоке России. Хабаровск. 2011. http：//www. dissercat. com/content/borba-organov-gosudarstvennoi-bezopasnosti-s-banditizmom-na-dalnem-vostoke-rossii.

[3] М. Н. Тухаревский. Борьба с контрреволюционными восстаниями//Война и революция. М.：Издательство ВНО《Война и техника》, 1926. № 7，8，9.

巩固。

安全机构的建立成为新政权在远东地区得以巩固的不可分割的一部分,该机构建立后,代表远东革命政权对反革命势力采取了更加严厉的措施。当时,白匪流亡势力为远东居民的抗议活动提供了经济基础。而居民抗议活动的升级也主要是因为白卫武装分子的挑唆,他们从数十人到数百人不等,由境外的流亡势力领导。1924年1月,阿穆尔结雅哥萨克和农民暴动,斗争双方各有5000人参与,大约有7万人受到波及。

在当时,消除匪患成为远东地区苏维埃化的重要任务,与匪患的斗争一直持续到20年代末。到30年代初时,远东边境地区社会秩序得到了进一步的巩固,基本杜绝了来自阿穆尔和滨海边境地区的跨界匪患。

1922年,当新经济政策在远东实施时,远东地区的苏维埃司法体系也逐步形成,并积极地开展司法实务活动。与新经济政策时期的远东治理相关,远东苏维埃司法体系的建设存在一些区域性特征。到20年代后半期远东的司法功能才逐步完善。

1922年至1930年,为恢复和发展地区经济提供良好的社会环境,远东地区不断加大打击走私活动力度,维护正常的社会秩序。走私活动的猖獗,从经济角度看是由于不断拉大的工农业产品"剪刀差"造成的,从政治角度则被看作反动势力破坏新生苏维埃政权的一种手段,从社会角度看是苏维埃政权在远东地区的根基还不稳,对周边地区还没有形成威慑力。20世纪30年代至40年代前半期,远东一直作为苏联在太平洋地区的前哨。在日本加大对远东地区威胁的情况下,对人民进行爱国主义教育,加强国防,并开展积极的思想宣传和政治引导具有极其重要的意义。

值得注意的是,这一时期远东社会人员构成从整体上带有很强的流动性,这种流动性的动因如果体现的是经济发展的需要,那么它将带有更积极的特征,而如果其动因更多体现的是人为的驱使,那么它不仅不利于地区经济的发展,而且会使一些负面情绪和思想得到加速传播。根据当时远东经济发展状况判断,这种流动性的动因更趋向于后者。因此,进行广泛而深入的军事爱国主义教育,对当时远东地区社会整体的稳定变得尤为重要。

三 远东民众情绪与苏共党组织的工作

1917—1930 年，苏共和政府力图根本解决国内的失业问题，然而在苏联早期的经济状况下，要解决这个长期存在的问题还是异常困难。

当时，苏联政府采取的一系列优惠政策对远东地区解决失业问题具有非常重要的意义。1925—1930 年，这些优惠政策在远东地区广泛实行。首先是保障妇女和青年的工作权利，将妇女从家庭中解放出来，投身到生产实践之中去。利用私营企业缓解失业压力，通过租借制企业，获取外汇。扩大基础设施建设，主要是交通基础设施。

另外，苏共中央为稳定国内经济的需要，建立了苏联国家政治保安总局，该局在 1922—1934 年为了保障远东地区经济社会稳定做了大量的工作。

尽管如此，20 世纪二三十年代苏维埃政权在推行国家政策的过程中还是受到了远东农民的不满和反抗。主要原因是，当时苏共中央执行的政策缺乏稳定性和持续性，加之在一定程度上损害了小私有者的利益。应该说，这一时期列宁和斯大林在国家发展方针、政策制定方面存在较大的差别，同时全盘工业化所造成的工农业剪刀差也使农民的利益受到损害，因此招致不同程度的反抗。

这些反抗表现为较大规模的农民暴动，主要有结雅暴动（Зазейское восстание）（1924 年）、锡安暴动（Сианское восстание）（1930 年）、乌伦加暴动（Улунгинское восстание）（1932 年）。

1. 结雅暴动

这场暴动发生在阿穆尔省的结雅地区。1923 年 12 月，居住在边境地区的哥萨克人开始对抗新生的苏维埃政权，他们凭借手中的武器成为叛乱的骨干。1924 年 1 月 4 日暴动爆发，此后暴动的浪潮开始蔓延。当时，苏维埃政府立即调集了曾被解散的原白匪军的 18—45 岁的士兵和军官，组成苏维埃政府的军队。当时，暴动者还成立了"阿穆尔临时地区政府"，但暴动的政治方向并不明确。口号是"要制宪会议和秩序""被压迫者反对压迫者"等。

在这场阿穆尔哥萨克和农民发动的武装反对苏维埃政权的暴动中，

双方各投入5000人参与战斗，波及人口达到7万人左右。暴动原因是农民认为苏维埃政权侵犯了自己的利益，强行带走"剩余"的粮食和村公社种植的作物。农民对布尔什维克提出的口号"把土地还给农民"不以为然，因为对当时的远东地区而言，土地本来就是农民自己的，而布尔什维克并没有给远东农民什么。暴动爆发的导火索是，1923年秋，苏维埃政府向远东地区征收了25%的粮食税。远东革命委员会要求不惜任何代价，在最短的时间内完成粮食税的征收工作。在这场粗暴的税收工作中常常伴随着地方政府对民众的侵犯行为：阿穆尔省有近1/3的民兵因为违反法律而遭到解雇。

更重要的是，暴乱行动受到了境外流亡白俄武装势力的支持和利用。1923年12月，流亡中国哈尔滨的Е.Г.瑟乔夫取得了这次暴乱的领导权，并从境外向暴乱队伍提供武器。第一次战斗发生于1924年1月4日，在阿穆尔河沿岸边境地带，有200名武装人员越境前往暴乱地区。后来，在托尔斯托夫村附近激战了5天（1月9—14日），暴乱武装分子撤退到坦波夫卡村，该村成为暴乱队伍的大本营。暴乱队伍占领了村小学校，并在那里建立了阿穆尔临时地区政府，首脑为Р.Г.切绍夫，而Н.И.科尔热涅夫斯基取得了武装力量的领导权，马尼科夫为参谋长。

1924年1月15日时，暴乱队伍得到了来自吉利钦斯克、坦波夫卡、尼古拉耶夫斯克、叶尔科耶茨克乡和布拉戈维申斯克县等地民众的支持，16日占领了佩夏诺奥泽尔卡村，此时，乱军已经控制了20多个村落，但不包括农场。为了平定叛乱，1月18日苏军第五军奉命剿灭阿穆尔叛军。第五军包括阿穆尔省的5个步兵团，第26骑兵团，阿穆尔师第一、第二骑兵连，N12和N14装甲列车，以及库班骑兵大队。

1月23日，苏军击溃了坦波夫卡村东南地区的叛军，2月1日，苏军收复了位于该村东北部的佩夏诺奥泽尔卡村，此后，暴动走向瓦解。在剿灭乱军的过程中至少有1000人阵亡。

这次暴乱席卷了阿穆尔省的尼古拉耶夫、吉利钦、坦波夫和阿穆尔—结雅县等地。其间，"阿穆尔临时地区政府"没有解决任何群众关心的问题。后来，苏联红军对暴乱的武装分子进行了镇压，到2月6日才基本肃清暴乱武装分子。暴乱者有1008人被捕，伤107人，死167

人，苏维埃政府工作人员有 5 人牺牲，8 人负伤，6 人冻伤，2 人失踪。

苏维埃政府通过平息暴动，巩固了当地苏维埃政权，形成了未来的军事力量，维护了苏维埃领土完整，调动了所辖地区的军事、劳动力和经济资源，维系了周边地区的稳定。

2. 锡安暴动

1930 年苏维埃政权号召向富农进攻后，迫使大量的富裕农民离开家园，形成了一股抵制国家政策的反对力量。农民们希望通过起义来捍卫自己的合法权益，由此，引发了一场农民反抗的浪潮。在苏联 30 年代的历史文献中，对农民起义的记载并未给出特有的定性。1930 年在阿穆尔锡安地区爆发的，由捷连季·佩列伦金领导的阿穆尔农民武装反抗，一直被社会各界称为"结雅兵变"[①]。直到 1989 年阿穆尔的《共产主义劳动报》才将其称为"锡安起义"[②]。实际上，锡安地区的农民起义者只占到起义者总数的 30.3%，其中包括起义领导者捷连季·佩列伦金。除此之外，起义者占领的地区多在"锡安村苏维埃"的管辖范围内，为了不与 1924 年爆发的结雅起义混淆，因此称为"锡安起义"。

1930 年 4 月 12 日，阿穆尔锡安起义波及了新旧锡安村、新旧乌斯佩诺夫卡、乌斯季乌姆列坎、乌斯季杰普等村子的富裕农民，他们占领了新锡安地区的国防及航空化学建设促进会，其间没有发生战斗，反而争取到了该促进会中的一些人员的支持。为此，苏维埃政府与起义农民进行了为期一个多月的谈判，后来，捷连季·佩列伦金领导的 135 名武装人员中有 101 人自愿放下武器，这场起义通过政治途径得以解决。从起义的全过程来看，起义者可能并不想推翻政权，而是希望国家政策有所改善，使政权更加稳定，更能维护自身的利益。

3. 乌伦加暴动

在比金河地区爆发的旧信徒起义——乌伦加起义则是根据起义支持者和起义中心地来命名的。1932 年，在比金河上游爆发了由旧信徒社区领导的大规模起义。关于这次起义的信息记载于滨海边疆区的国家档

[①] Г. Б. Куртина. Как это было... Из практики работы УФСБ с материалами архивных уголовных дел периода массовых репрессий. Материалы международной научно – практической конференции. 29. 08. 01. Благовещенск, 2001. С. 142 – 149.

[②] Коммунистический труд. 22 апреля 1989. С. 3.

案馆（档案号 No. 229）。多数俄罗斯学者将旧信徒社区作为一种宗教团体（Кобко）和民族文化群体来加以研究，因而一般并不把这次起义看作军事政治行动。在平息起义的过程中，苏维埃政府发现了一个叛乱组织——旧信徒社区。这个组织在 75 个居民区建立了聚点：从萨马尔加湾以北到奥莉加湾以南（450 千米）和比金河流域的锡霍特山脉。[①] 这次起义的原因主要是经济、政治、思想三个层面：经济方面就是反对苏维埃政府执行的粮食收购政策和全盘集体化政策；政治方面就是反对用政治、行政手段强制推行集体化；思想方面就是反对苏联执行的宗教政策，因为无产阶级政党强调无神论。[②] 当时，这些旧信徒认为，"一切权利来自上帝"，并认为苏维埃政权是"反基督政权"[③]。应该说，这次起义表现得相对温和，没有造成恶性的人员伤亡，但还是造成了人民财产不同程度的损失。到 1932 年冬季，旧信徒起义者开始抵制集体化在乌伦加河和洛乌希地区的推广。他们甚至拒绝让孩子去学校来抵制在该地区办学，并拒绝执行木材收购政策和肉类食品收购政策等。

总结这三次农民暴乱和起义，我们看到苏维埃政权在推行国家政策的过程中，由于方法和措施不当而受到了来自底层民众的拒斥。这在一定程度上是由远东特殊的自然条件和经济条件决定的：远东个体经济非常发达，国家征收粮食税、向富农进攻、推行集体化都是对个体经济利益的损害，自然招来不满和反抗；另外，国家政策推行过程中粗暴的行政手段更是激起了人们的不满。因此，现代俄罗斯学者普遍认为这三次起义都不具有推翻政权的特点，只是底层民众的反抗。

第二节　远东经济的恢复与发展

一　新经济政策时期的远东经济

国内战争基本结束后，苏俄党和政府立即着手恢复遭到严重破坏的国民经济。但是，仍在执行的"战时共产主义"政策成为经济恢复的

---

① ГАПК. Ф. 1588, Д. ПУ-7048, Т. 1, Л. 90（пакет）.
② ГАПК. Ф. 1588, Д. ПУ-7048, Т. 19, Л. 90（пакет）.
③ ГАПК. Ф. 1588, Д. ПУ-7048, Т. 1, Л. 93.

羁绊。严酷的现实使苏俄领导人认识到,从资本主义向社会主义过渡是一个很长的历史时期,在这个历史阶段商品货币关系、市场机制还将起很大作用,国家资本主义、私人资本主义还将在一定范围内存在和发展。基于这种思想,苏俄党"十大"通过决议,停止实行"战时共产主义"政策,改行新经济政策。新经济政策的实施深得民心,使国民经济恢复工作很快收到成效。

从1923年春起,远东在摆脱了日本帝国主义的武装干涉后,开始废除旧的土地关系。剥夺了"老住户"和哥萨克相当一部分多余土地,分给无地或少地的居民。在没收的土地中有一大部分被用来安置移民。由于远东地区没有实行"战时共产主义"政策,因此这里向新经济政策的过渡比较顺利。

1922年至1930年,苏联政府对远东地区采取了一定的财政政策,使得远东地区逐步建立起了财政管理机构,确立了标准货币,创建了银行系统。其中,预算规划成为财政政策的一部分。为了更好地恢复和发展远东经济,国家预算给了一定的倾斜。同时,在人员配备等相应保障的基础上,进行了信贷改革,并调整了税收制度,以保证新经济政策的顺利实施。

新经济政策在农业中的措施,主要是以粮食税代替余粮收集制,农民有权支配纳税后所剩余的粮食、饲料和原料等农产品。

新经济政策在工业中的主要措施是,利用各种经济杠杆,调动企业积极性,在企业中实行经济核算制,给企业供、产、销的自主权。在管理体制上,取消总管理局制度,代之以部门和地区性的托拉斯和联合企业。

与此同时,远东的劳动工资、人事制度也进行了改革。到1922年时,制定了统一的17级工资等级表,成为1923—1926年工资制度的基础。工人的工资额拉开了档次,高低相差1.5倍左右。

但是,新经济政策时期经济核算制没有确立起来,只是在轻工企业中实行,而在一些重工业部门(冶金、机器制造、动力、燃料等部门)供、产、销仍由国家一手包揽。

随着新经济政策的实施,1921—1926年远东的民营企业以及私人贸易得到了发展。主要是私人资本在远东工业中发挥了积极作用;外国私人特许公司在一定程度上得到了发展；形成了对民营企业的税收、信贷政策及价格管制制度等。但是，到 1927—1930 年，远东民营企业的发展在一定程度上又影响了国家的计划经济。

实际上，从 1921 年 5 月开始，苏维埃政府正式允许开展私人贸易活动，为更大规模的私人资本的投入提供了条件。1921—1926 年，国家出台了一系列民营企业管理措施（税收、价格、信贷政策等）。当时，苏共中央还通过共青团、工会、社区组织等途径进行政治宣传，在一定范围内允许使用私人资本。

其中，租让制作为私人资本使用的一种表现形式，成为新经济政策的重要组成部分之一。1920 年 11 月 23 日，列宁亲自签署了租让法令。苏维埃俄国规定的租让原则是，必须保证苏维埃国家在国民经济中的统治地位；必须对承租人的活动进行监督；租让地不应成为外国的势力范围；在苏俄工作的外国资本家必须遵守苏维埃政权的一切法令；苏俄有权优先购买租让企业所生产的产品等。[1] 到 1925 年 4 月 1 日，在工业部门中已有 91 份租让合同生效。[2] 很大一部分租让地集中在西伯利亚和远东，如英国公司承租了滨海地区野猪河流域的铅锌矿，该公司在那里建起了苏联第一座选矿能力为 12 万吨的选矿厂和炼铅工厂。到 1928 年 10 月 1 日，该公司共开采矿石近 10 万吨，精选出 1.13 万吨铅矿石和 2.79 万吨锌矿石。据 1929 年 10 月 1 日统计，有 2208 名工人在这一租让企业中工作。[3] 1925 年，日本的株式会社承租了北萨哈林的石油、煤炭产地，还在远东建立了若干渔业和林业租让企业。此外，美国、挪威、芬兰等国的公司也在远东组建了租让企业。

这些租让企业的兴建和投产使苏联获得了一定的经济利益，如苏联不用任何投资即可得到北萨哈林石油、煤炭总产量的 1/2。租让制是社会主义国家利用外资搞建设的一次尝试。然而对于远东来说，租让企业促进了当地经济的发展。

---

[1] В. И. Касьяненко, Л. Ф. Морозов, Л. К. Шкаренков. Из истории концессионной политики Советского государства // История СССР, 1959. № 4.

[2] Большевики, 1925. №8.

[3] И. Д. Брин. Государственный капитализм в СССР в переходный период от капитализма к социализму. Иркутск, 1959. С. 103.

另外，在新经济政策时期工业和交通运输业恢复的过程中，增加了社会就业岗位。远东在1925—1926年失业人数比上年度减少50%，工人的收入也有所提高。1925—1926年国营企业工人实际工资比恢复初期增长约1.7倍，达到战前工资总额的94%左右，日劳动时数由1913年的10小时降至1925年的7.6小时。工人还享有劳动保护和社会保险，并有休假。

1924—1925年远东工业总产值达到了战前水平的53.1%，而这其中私营企业所创造的产值占工业总值的16%以上。①

商业是恢复国民经济，开展社会主义建设的重要环节。依靠商业来组织工农业产品正常交换，也成为新经济政策的一项最重要任务。苏维埃政权初期，特别是国内战争和外国武装干涉时期，地区商业实际上是停顿了。商业设施，如仓库、商店、批发站或者被破坏，或者被移作他用。商业机构解体、地区商业联系中断。在"战时共产主义"时期，货币、信贷、价格等最重要的商品流通工具已丧失了自身的经济意义，交易场所和集市业务也停止了。

因此，恢复正常的商品流转是十分困难的。最初，打算把商品流转限制在农民商品生产者和小型工业之间的地方流转范围内，但是，实物的商品交换没有得到多大发展。正如列宁所指出的："商品交换没有丝毫结果，私人市场比我们强大，通常的买卖、交易代替了商品交换。"②苏俄党和政府及时地重新审查了与农民商品交换的性质和形式问题，指出"在有可能和有利的地方改为货币交换形式"，准许私人商业存在是必要的。

在经济恢复初期，商业中的私人资本比较强大。为了有效地控制和排挤私人商业资本，国家调整了商业领导机构。1924年成立了国内贸易人民委员部，原有的省级国内贸易委员会作为其地方机构。国家控制了批发业务，排挤了个体批发商，规定了生活必需品的最高价格。在农村加速进行国营合作社商业网点的建设工作，1923—1924年，国营商

---

① А. П. Окладников. История Сибири с древнейших времен до наших дней（4 том）. Л., 1969. С. 199.

② 《列宁全集》第33卷，人民出版社1959年版，第373页。

业部门在各类商品经营单位中仅占 7%、合作社占 46.2%、私人占 46.8%。1925—1926 年，相应比重为 15.5%、59.1% 和 25.4%。

远东地区的私人商业资本更为强大。1922 年末远东共和国撤销时，城镇商店有 92%—96% 是由私人开设的，而且还有一部分是外国资本。根据 1922 年 9 月统计，在外贝加尔和阿穆尔地区商店中，外国人经营的分别占 40% 和 58.8%。为排挤外商，实行了外贸许可证制度，限制进口。同时开展反走私斗争，打击了外国商行。根据 1923 年 7 月的统计，在布拉戈维申斯克市不到 3 个月有 90% 的外国商行倒闭，有些则变成了零售店。远东商业摆脱了外国资本的控制，加强了同国家欧洲部分的经济联系。例如，1922 年远东的纺织品全部依赖外国进口，而 1923 年至 1924 年上半年则有 85% 的纺织品是从苏联欧洲部分采购的。在这一年度从国家中部地区一共运入远东 2000 万金卢布的货物。

应该说，远东受工业品销售危机的影响较小，工农业产品的价格剪刀差比西伯利亚低 50%。国营和合作社商业网点逐步增加，1924 年夏在农村有商业网点 640 个，次年增加 1 倍，达到 1206 个。

到国民经济恢复时期结束时，远东商业中的私人资本基本被排挤出去，只剩下一些占从属地位的小零售店，而国营和合作社商业占据了统治地位。

从 1926 年起，国家采取强力措施，清除私人工商业部门。到 1926 年中，所有部门都开始执行行政命令原则。20 年代末起苏联政府陆续收回了租让企业，至第二次世界大战后全部收回。总体来看，20 世纪二三十年代远东地区经济发展的主要矛盾体现在苏联经济政策与政治制度的差异上。到 30 年代初的行政分配体系中，又完全否决了新经济政策，转而执行新的"战时共产主义"政策。

二　远东地区的工业化

20 世纪 20 年代，苏俄经济面临的最重要问题是区域发展的不平衡。1922—1929 年新经济政策在远东工业领域的实施曾使人们相信，这个政策是为了建立一个包括国家外部空间在内的联盟形式的经济空间。

在 1923—1928 年远东苏维埃化时期，远东的煤炭工业中即已存在着私人资本。其中，1922 年末至 1925 年远东苏维埃化初期，国有煤炭供应部门和私有煤炭供应机构间处于一种相对悬殊的状态，国有煤炭才刚刚起步，而私有煤炭供应的发展已经有很长的时间。20世纪20年代，远东煤炭工业经历了一个重要的转变时期，无论在生产的基础设施，还是在管理体制方面，都出现了重大的转变，这些转变与全国、区域的政策环境、经济形势等因素密切相关。1923—1924年，远东工业部门（包括煤炭工业）确立了行政管理体制，实现了行政机构对工业生产的实际领导，并在大型的、有实力的地方企业的基础上建立了国有企业。煤炭是工业发展的主要能源基础，它不仅能够为工业发展提供能源保障，而且在一定程度上关系到远东的地区安全，因此，在20世纪30年代的现代化进程中，苏联特别重视远东煤炭工业的发展。

1925—1926年，苏联远东地区的煤炭工业生产基本得到恢复，煤炭开采量比1913年增长38%。而远东的采金业恢复得比较困难，1925年的采金量仅为战前水平的53%。同时，1925年以前，租让企业和个体采金工人的采金量占到总量的一半以上。到1925年4月1日，这一部门才成立了第一个大型国营企业"远东黄金托拉斯"。森林采伐业从1923年起开始复苏，几个国营林业企业合并成一个"远东林业托拉斯"。1924—1925年，远东木材采伐量比1922—1923年增加了3倍，木材出口量随即上升。1926年远东木材出口量超过战前14倍。[①] 到国民经济恢复时期的后两年内，远东修船工业的产量增加了1倍。到恢复时期结束时，远东地区在全苏铅锌矿石产量中的比重，由0.6%增加到45%。[②]

另外，远东是国家最重要的水产品工业基地之一。国民经济恢复时期，这里建立了国营渔船队。1923年以后全苏渔民生产合作联社在远东积极组织大型渔业劳动组合。政府提供专用资金和各种优惠帮助从里海、亚速海迁往堪察加、鄂霍茨克、萨哈林岛沿岸和滨海地区的数以万计的渔民从事渔业生产。远东的消费合作社担负了收购和出售水产品的工作。1926年运出远东的鱼比1913年增加33.7%，水产品产量占全国

---

① 徐景学：《苏联东部地区开发的回顾与展望——西伯利亚开发四百年》，东北师范大学出版社1988年版，第216—217页。
② ［苏］А. Б. 玛尔果林主编：《苏联远东》，吉林人民出版社1984年版，第84页。

总产量的 27.5%，而 1913 年时只占 17.6%。

为使远东渔业由手工作业发展成机械化的经济部门，国家投入了 1.765 亿卢布，"一五"期间大型海洋捕鱼船增加 10.7 倍、沿海机动捕鱼船增加 11.5 倍。1932 年远东鱼产量占全国的 1/4 以上，其中私人捕鱼只占 15.3%，有 4/5 的渔民加入了集体农庄。至 1932 年这里有岸上鱼、蟹罐头厂 25 家，水上罐头厂 10 家。同时，堪察加半岛建设了若干渔产品加工厂，符拉迪沃斯托克的渔港和冷库也已动工。

轻工业包括食品工业的技术基础与战前相比改进不大，因为国家把绝大部分资金用于发展重工业了。但是，一些面粉厂、酒厂、金属加工厂和机械厂等企业也得到了一定的发展。

为建设社会主义的物质技术基础，消灭旧制度遗留下来的经济落后状况，提高第一个社会主义国家的国防力量，联共（布）第十四次代表大会（1925 年 12 月）确定了实现社会主义工业化的方针。在第一个五年计划期间，远东工业的增长就超过了全苏平均速度，而远东正是经过两个五年计划的实施，也奠定了其自身的重工业基础。在这些年里，全苏总投资的 4.8% 投放到远东（1924—1927 年还不到 1%）。第二个五年计划时期，远东地区主要的投资集中在机器制造业、冶金工业、电力工业、采矿工业和煤炭工业等重工业部门，其中，仅机器制造业一项，就占远东全部投资的 42%。

为实现国家的工业化，必须充分利用远东的丰富资源。在煤炭采掘方面，主要是改造旧矿井，建设新矿井，推行机械化采煤。1927—1928 年，国家向远东煤炭工业投资 400 万卢布，为彼得罗夫斯克外贝加尔冶金厂技术改造投资 52 万卢布，等等。

这一时期远东的工业发展速度较快。1926—1927 年远东工业总产值增加了 16.9%，1927—1928 年增加了 38.6%。[①] 具体情况如下：远东 1928 年采煤 100 万吨，比 1913 年增长 2 倍。1927—1928 年木材加工业产量增长 1 倍，皮革、服装业增长 68%，金属加工业增长 46%，水产品加工业增长 46.5%。远东工业总产值的 40% 来自水产品加工业。

---

① А. П. Окладников. История Сибири с древнейших времен до наших дней（4 том）. Л.，1969. С. 222.

1927—1928 年度水产品捕捞量超过战前水平 1 倍。

手工业在远东经济中占据重要地位。远东的手工业与国家中部地区相比规模要大一些。1926—1927 年，全国手工业从业人员占工人总数的 62.3%，产值占工业总产值的 27.5%，而在远东，这组数字分别为 72% 和 56%。

在社会主义改造初期，工业交通部门存在的主要问题是，一些地方随意扩大基本建设规模，打乱了国民经济的综合平衡，致使质量、成本、劳动生产率等经济指标完成得不太好。

随着社会主义改造的深入，工商业中的社会主义成分进一步增长，私人资本受到排挤。1927—1928 年远东私人工业企业数量占全部注册企业的 26.3%（全国为 1.4%），同时，小工业中私人企业数量仍很大，在远东小工业中有 93.3% 的企业属于私人资本。原因是，随着恢复时期建设的租让企业的陆续投产，使得部分地区的工业总产量中非公有制成分比重有所上升。1927—1928 年远东水产业中租让企业占 68%。

在社会主义改造时期，工人数量有所增加。实际上，早在恢复时期国家就开始了工人的培训工作。工厂艺徒学校、职业技校、职业技术训练班、专业技术训练班等如雨后春笋般地涌现出来。远东在 1928 年时有 112 所培训学校、学员 10727 人。

同时，工人的物质生活条件有了一定程度的改善。工人平均工资从 1925—1926 年度到 1928—1929 年增幅为：加工工业从 44 卢布增至 57 卢布，采掘工业从 45 卢布增至 62.5 卢布。财政预算中社会保险费从 1926—1927 年的 1900 万卢布增至 1928—1929 年的 2560 万卢布。在失业人员逐步减少的情况下，失业救济金却有所增加，即从 1925—1926 年的 97.7 万卢布增至 1927—1928 年的 263.9 万卢布。[①]

根据苏联"一五"计划规定，远东工业总产值应增加 3.3 倍，重点发展金属加工、煤炭、木材采伐与加工、建材、石油等工业部门。

但是，远东的石油工业尚属奠基阶段，到 1932 年时石油产量增至 18.9 万吨。

---

① Сибирская Советская энциклопедия. Том первый. Сибирское краевое издательство, 1929. C. 264 – 265.

"一五"期间,政府对远东的符拉迪沃斯托克"冶金者"工厂和"达利"工厂、哈巴罗夫斯克的远东农机厂等进行了根本改造。

相关数据显示,"一五"期间远东地区整个重工业固定基金增长4倍,工业第一部类的产量增长1.8倍、第二部类增长0.6倍。工业在国民经济中的比重进一步加大。

"一五"开始时,远东工业中的私人资本占44%,而到"一五"结束时,工业中的私人资本基本被消灭。

经过第一个五年计划,远东大工业中的资本主义成分被完全清除,小工业得到改造,社会主义成分在工业中取得胜利。这是第一个五年计划的突出特点。

"二五"期间,国家继续加大重工业的投入,在远东地区开发了如干新煤区:赖奇欣斯克、托尔布津、科尔弗阿纳德尔地区等。采煤机械化水平大幅度提高。滨海边疆区用机械化方法采煤,在采煤总量中所占比重从2/5增至3/4。

加强对金属加工与机器制造业的投资,新建和扩建了一批骨干企业。厂家分布向东扩展,为远东地区的工业发展提供更为便利的保障。例如,在克拉斯诺亚尔斯克边疆区大型金属加工和机器制造业固定生产基金从1932年的1229.4万卢布增至1937年的7543.1万卢布,即增长5.1倍。

"二五"期间新建和改建了一批食品工业企业,水产品加工企业几乎全部得到改造。1937年远东有41家鱼罐头厂在生产。在糖果点心的生产方面,1937年与1933年相比,远东增加了4倍,而全苏为1.1倍。

根据相关数据显示,"二五"期间远东工业固定生产基金增加3.7倍。1932—1936年远东地区工业产量增加1.6倍。

当然,"二五"期间工业发展中也存在一些失误,一些项目盲目上马,缺乏足够的科学依据,如没有考虑到远东地域辽阔,运输困难等问题,以致影响经济的发展。1939年第二次世界大战爆发后,苏联政府不得不把大量资金投入国防工业,以迅速提高自身的防御能力。

"三五"期间苏联东部地区进行了空前规模的工业建设。1938—1941年有数千家新企业投产,如远东的金矿、运输机械、农业机械制造厂等。在阿穆尔共青城建起了冶金等一系列企业,成为远东工业中心之一。"三五"和平时期给远东的基本建设拨款额占全苏的11%。同期，远东的工业品产量增加了1倍。

另外，"三五"和平时期新建了克拉斯诺亚尔斯克热电中心，阿穆尔共青城、哈巴罗夫斯克和阿尔焦姆等地的新电站。

当时，第三个五年计划规定要以更大规模发展远东的生产力。除继续发展原有各工业部门外，还要着重进行地质勘探工作，特别是石油勘探。当然，第三个五年计划中的部分任务没有能够完成。但是，从远东在40年代已经达到的各项经济指标来看，远东在苏维埃政权年代已经变成了一个巨大的工业区，可以向国家提供有色金属矿石、黄金、木材等多种贵重的产品。而且，战前远东大型工业总产量增长的速度，也远远超出全苏平均水平。全国1913年的水平到1940年已增长了10.7倍，而远东则增长了17倍。[1]

三 远东地区的农业集体化

20世纪20年代初期，远东的土地整理工作重点是进行了村与村之间土地整理。例如，把某块土地划给某个村庄，确定地界，调查垦荒资源，等等，对村庄内部的土地整理则注意不够，因此，仍保留一些远地、狭条地。[2] 国民经济恢复时期，远东土地占有的情况是：村庄占有86.5%，富农和独家田庄占有13%，集体经济占有0.5%（1925年统计），可见当时远东地区富农的势力还是比较强大的。

与此同时，国家采取措施帮助农民恢复生产。第一，向农民发放贷款。1924—1926年，远东农民得到620万卢布的贷款，贷款主要是发给贫农和中农。此外，国家还发放种子贷款，让农民购买种子使用。第二，逐步增加农机具供应的数量，并用分期付款的方法赊销给农民。国家还建立农机租赁站，帮助农民发展生产，农机具的租金低廉，而且可以后付租金。第三，推广农业技术。国家在西伯利亚和远东地区建立了数百个兽医站和几十个农业实验站。农业技术研究和畜病防治事业步入发展轨道。此外，国家还以举办农业展览会的方法吸引农民学习农业技

---

[1] [苏] А.Б.玛尔果林主编：《苏联远东》，吉林人民出版社1984年版，第85页。
[2] 徐景学：《苏联东部地区开发的回顾与展望——西伯利亚开发四百年》，东北师范大学出版社1988年版，第212页。

术。第四，降低税额。根据党的第七次代表会议决议，从1923—1924年起把粮食税、劳动畜力税、公民税（属农村农民部分）和某些地方税合并为单一农业税，含实物和现金两部分。从1924—1925年度起农业税改为全用现金缴纳。平均每户税额贫民为5.5卢布、中农为32.5卢布、富农为92.8卢布，体现了国家对贫农和中农的扶持。从税收的额度来讲，呈现减少的趋势。例如，1925—1926年度比1924—1925年度全国平均降低税额40%，而远东降低幅度达到了52.1%。这些措施提高了农民的生产积极性，促进了农业生产的恢复。[①]

这一时期，远东将发展农业合作社作为建设社会主义纲领的组成部分之一。新经济政策初期，组织农民供销合作具有重要意义。国家通过供销合作社开始有计划地取得农产品，并供应城市居民食品和工业原料。农民则通过合作社获得销售自己劳动产品和购买必需的生产资料、工业消费品的固定市场。1923年末，远东已建立了489个合作社，到1925年有1/3的农户入社。到恢复时期末，合作社组织已成为城乡经济周转的重要环节，此外，合作社还可以组织农产品加工。同时，信用合作社组织成为国家对广大农民群众给予货币帮助的重要渠道。

苏维埃政府认为，农业集体化是对小农经济社会主义改造的正确途径。应该说，农业生产主要是在小农经济基础上恢复的，但生产和产品分配的条件有了重大变化。这主要表现在：第一，苏维埃国家实行土地国有化并把土地交给农民使用，从而使农民不再向地主购买和租赁土地；第二，国家帮助贫农发展经济并限制富农；第三，由于大工业掌握在国家手中，因而国家可以组织农机具的生产与分配，使农机具主要落到贫农、中农手里；第四，国家通过建立国营采购组织及各种形式的合作社安排城乡之间经济周转，排除了富农和私商的剥削；第五，国家发挥国营农场和集体农庄的示范作用，给农民指出了农业社会主义改造的道路。

到1926年，远东地区的农业生产基本得到恢复，播种面积和牲畜存栏数都超过战前水平。农产品产量比1913年增加了3%，商品率提

[①] 徐景学：《苏联东部地区开发的回顾与展望——西伯利亚开发四百年》，东北师范大学出版社1988年版，第213—214页。

高了21%。生产结构发生了变化,增加了技术作物播种比重,并开始向多段轮作制过渡。

农业生产恢复后,苏联党和政府把小农经济的社会主义改造摆到重要位置,加快了集体化的步伐。但其中仍存在不少问题。第一,粮食单产很低,总产不稳。第二,农产品商品率低。远东农产品商品率由1926—1927年的23%降至1928—1929年的16%。1927—1928年全苏联曾出现了粮食收购危机。第三,农业劳动生产率低下。农机具使用率直到1926年还低于战前水平。双铧犁的使用率比战前低16%、收割机的使用率低37%、脱谷机的使用率低21%、扬场机的使用率低41%。第四,农村趋向"中农化",富农雇工严重。根据1927年的抽样调查,远东的富农占有26%的生产基金和28%的农机具。

远东地区农村中的"中农化"表明,新经济政策正在使农民富裕起来。但这时的富农已不完全等同于革命前的富农,其中有许多是在新经济政策时期由中农乃至贫农上升而来的。然而,斯大林却认为此时农业生产关系已不能适应经济发展的要求,应向富农进攻,全面开展集体化运动。苏联党的"十五大"决议(1927年12月)反映了这种观点。到1930年夏初,大部分富农被剥夺。据统计,1930年4月前,远东放逐富农2万人(含家属)。

1928年1月中旬,斯大林亲临西伯利亚地区,提出了征购粮食的"西伯利亚方法",即把拒绝按国家价格卖粮的富农移交司法部门追究其刑事责任,并没收其财产。1927—1928年度,远东征购粮食1540万普特,比上年增加70%。这种强制征粮的做法,使农民的生产积极性遭到打击,必然导致农业生产的下降。

这一时期,农业的技术改造刚刚起步。1929年时,远东仅有农机具800多台,农业生产仍主要依靠笨重的农具。据1928年10%的抽样调查,只有12.5%的农户有较完善的收割工具。从1929年末国家开始在远东建立国营机器拖拉机站,向周围集体农庄提供农业机械,农庄向它们缴纳实物租金。

苏联党的"十五大"后,远东集体农庄数量迅速增加。集体农庄主要有三种形式:土地共耕社、劳动组合、农业公社。在远东以劳动组合形式为主,占农庄总数的62%,拥有63%的庄员。一般来说,远东地区的集体农庄要比西伯利亚地区的集体农庄规模小些,平均每个农庄包括14户农民,拥有65.5公顷耕地(1929年时的统计)。从1928年起由转业官兵组成的集体农庄从国家其他地区陆续迁到远东。这类农庄共有85个,占远东农庄总数的17%。

为发展集体经济,苏维埃政权为集体农庄的发展创造了各种有利条件。例如,减免单一农业税、提供低息贷款、调拨农机具、种子等。到1928年时,远东有1/2以上的集体农庄使用经过精选的种子,18%的集体农庄使用了矿物性肥料,1/3的集体农庄进行秋翻地。

1928年6月,苏联党中央全会决定在西伯利亚和远东地区建设一批以产粮为主的大型国营农场,主要建在农民无力开垦的荒原上。1929年时,远东就建起了2个这样的农场。

苏联共产党认为,通过劳动农民自愿联合到生产合作的社会主义集体农庄的道路,把农民小商品经济改造为大型社会主义经济,是建成社会主义的普遍规律。第一个五年计划期间在农村最大的变革就是基本实现了全盘集体化,消灭了最后一个剥削阶级——富农。

"一五"之初,远东集体农庄中联合的农户达到8.1%,而全国平均数为7.6%。苏联党中央十一月全会提出了全盘集体化的任务,不久党中央又作出关于集体化速度和国家对集体农庄建设的援助措施的决议(1930年1月5日)。在各级党组织的领导下,广大农村掀起了集体化高潮。农村党员成为集体化的倡导者和组织者,1930年春3/4的党员都加入集体农庄中。然而,由于基层实施者的冒进,使得行政命令等强制手段盛行,到1930年2月末,集体化农户在远东达到45%。

在农业集体化的同时,苏共又组织了向富农发动进攻。苏联共产党采取消灭富农的政策,不许他们加入集体农庄,并要把已经加入的清除出去。政府给各地方都定了消灭富农的指标,但这个指标被大大突破了,有相当一部分中农乃至贫农受到非法镇压。这种混乱形势,使1930年春播面积比上年减少了19.1%。并刮起退出农庄的风潮,到同年5月前远东集体化农户减少到25.7%。[①]

[①] 徐景学:《苏联东部地区开发的回顾与展望——西伯利亚开发四百年》,东北师范大学出版社1988年版,第244页。

有鉴于此，党中央通过了关于在经济落后的民族地区实现集体化和打击富农的决议，关于纠正集体农庄运动中党的路线的决议，斯大林发表了《胜利冲昏头脑》一文，批评冒进和行政命令方法。但是，苏共领导并没有真正认识和纠正自己的左倾冒进错误。"十六大"后掀起了更为激进的集体化高潮。1931年远东实现集体化农户提高60%。1931年8月2日中央决议规定了完成集体化的标准：集体化农户不少于68%—70%，耕地面积不少于75%—80%。到1932年末，远东集体化农户占农户总数的60%，耕地面积占总面积的88%。集体化基本完成。

在集体化过程中，劳动组合的形式逐步显示出优越性。在1930年3月政府批准的示范章程中肯定了这种集体化形式。劳动组合在基本生产资料实行公有化的同时为庄员保留了辅助性个体经济。1932年中，远东劳动组合占集体农庄总数的94.8%。

农业集体化在一定程度上促进了单位粮食产量的提高。"一五"期间，远东平均粮食单产达到7.1公担/公顷，与全国平均7.5公担/公顷相差不多。

到"二五"期间，在吸引个体农户走集体化道路方面开展了更广泛的工作。到1937年中，远东集体化农户占农户总数的94%，个体农户耕地面积占耕地总面积的1.2%。除个别民族地区外，农业集体化彻底完成。

根据形势和工作需要，"二五"期间对国营农场进行了改组和整顿。为克服规模过大，难于管理的弊病，大农场被分为若干较小单位，并把没有能力开发的土地转让给集体农庄。到1935年初，远东有50个国营农场，每个农场平均拥有土地2.8万公顷（其中耕地2900公顷）、拖拉机25台、全年平均劳动力400人。国营农场改变了过分专业化的倾向，成为谷物、畜牧并举的多种经营的生产单位。农场的技术设备程度高于集体农庄。但是，没有实现生产过程的综合机械化，缺少技术人员，管理落后，因而无法扭转亏损的局面。1937年，远东庄员人均劳动日发2.8公斤粮食，而畜产品、蔬菜、马铃薯则主要靠宅旁地经济获得。

"二五"期间，远东完成了农业的社会主义改造，集体化程度达到了全苏指标，同时农产品产量也大幅提高。如1935年在阿穆尔州的别洛戈尔斯克市建立了面粉、米和混合饲料联合加工厂,该厂产品不仅满足阿穆尔州的需要,而且运往远东其他地区。①

到"三五"期间,苏联政府对发展远东农业又提出了新任务,主要是在大城市周围计划建立近郊农业区,以供应城市马铃薯和蔬菜,并最大限度地供应肉类和乳品等。但是,受战争的影响,很多任务没有很好地完成。不过,远东地区在第二次世界大战期间充分发挥了大后方的作用,这一点是毋庸置疑的。

四 远东交通运输业的发展

国民经济恢复时期,远东的内河运输还处于落后状态。尽管1922—1924年阿穆尔国营轮船公司货运量增加了70%,但直到1926年,阿穆尔水系货运量还不及战前的30%。相对比远洋航运则恢复得较快。到1923年末,远东太平洋沿岸各港口海上运输基本恢复。1924年末,阿穆尔河的尼古拉耶夫斯克港修复,扩建了苏维埃港。符拉迪沃斯托克港于1924年恢复了同苏联欧洲部分港口之间的海上航线。1925—1926年度该港货物吞吐量超过战前水平。

1920—1930年,苏联远东北方海运得到继续发展。1923—1925年,完成了远洋运输业的重组,在1924年时完成了对现有船只的修复工作,并根据1925年1月的远洋贸易前景规划,开始建造新船。1932—1941年,确立了北方海路的主要路线,实现了从符拉迪沃斯托克到纳卡耶夫和安巴尔奇克港的货运和客运。北方海运的发展为远东的发展提供了有利的贸易环境和物质保障。

"一五"期间从事海上运输的苏联商船队和远东航线船队船只数量增加1.5倍,载重量提高2.3倍。1931年,其货运量比1928年增加2倍。20年代已开发了北海航道的西段,30年代则从白令海峡到科雷马河口,然后到勒拿河口,安排了定期通航。1932年开辟了经北极地带连接大西洋和太平洋的通道。北极地带沿海地区交通运输从这时起实现了统一通航。北极地带的开发促进了鄂毕河、叶尼塞河、勒拿河下游区段通航的发展,有利于吸引极北地区各民族参加社会主

---

① [苏] А. Б. 玛尔果林主编:《苏联远东》,吉林人民出版社1984年版,第155页。

义建设。

"二五"期间,在国家水路运输投资中,西伯利亚和远东所占比例提高1倍,即从1933年的13.7%提高到1937年的26.6%。[①] 同时,开辟北海航线的工作获得重要进展。1935年,4艘轮船完成了历史上首次列宁格勒和符拉迪沃斯托克之间的载货航行。

另外,"一五"期间公路运输网在扩大,修筑了阿穆尔—雅库次克干线（869千米）等公路。汽车的数量也快速增加。"二五"期间,改造和新修筑了若干条公路,如哈巴罗夫斯克—符拉迪沃斯托克公路等等。同时,增加了铁路通车里程,建成通车了许多线路,远东地区的有沃洛恰耶夫卡—阿穆尔共青城、卡雷姆斯卡娅—哈巴罗夫斯克（2218千米）等。没有列入"二五"计划的兴凯湖地区铁路支线也投入运营。这些陆路运输业的发展为远洋运输业的发展提供了源源不断的货物,使得远洋运输业的有效覆盖面进一步扩大。

第三节 远东社会事业的发展

一 远东少数民族的社会发展

1923年4月15—23日,联共（布）第十二次代表大会讨论了党的民族政策。斯大林在大会上作了关于民族问题的报告,其中指出大俄罗斯沙文主义是巩固苏联的主要危险。同时,斯大林还提出,为了做到各族人民事实上（而不只是法律上）的平等,单靠民族语言学校是不能解决问题的。……必须采取一切办法在各边疆地区、文化落后的共和国内建立工业基地。[②] 1923年6月9—12日,在莫斯科召开了全苏党的民族问题会议。会议的任务是拟定贯彻执行党的第十二次代表大会关于民族问题决议的具体实施办法。应该说,"十二大"关于民族问题的决议贯彻执行还不到10年。但是,这些年代被认为是民族区域自治时期。民族自治区域得到了空前的发展,民族文化和经济建设得到

[①] А. Л. Голованова. Транспорт СССР : Итоги за пятьдесят лет и перспективы развития. Москва: Транспорт, 1967. С. 158.

[②] 斯大林:《俄国共产党（布）第十二次代表大会》,载《斯大林全集》中文版,第5卷,1957年,第201页。

了迅猛发展。①

然而，在决议的贯彻执行过程中，单方面地在非俄罗斯族人民中间打击"民族主义倾向"，使得大国主义迅速抬头。

到20世纪30年代初，开始公开打击民族区域自治，公开修正联共（布）第十二次代表大会决议。这是与共产党内部权力变动（由选举产生的党机关的权力变为雇佣的党的机构的权力）相联系的。30年代初，在消灭作为一个阶级的富农的基础上进行全盘集体化时期，在加强党的机构的权力方面出现了一次大跃进。②当时，为了推进集体化，曾人为地制造饥荒（主要是在民族地区），以镇压对集体化的反抗。1932年取消了民族区域自治。

从30年代末开始，苏联共产党执行了新的民族政策。有学者认为，这项新政策是对少数民族的进一步同化和俄罗斯化。

据统计，俄罗斯人占远东人口的81%，乌克兰人占远东人口的10%，他们居住在远东各地区。在滨海边疆区和马加丹州，乌克兰人特别多，达到当地总人口的16%—18%。除俄罗斯人和乌克兰人外，远东还住有白俄罗斯人、鞑靼人、摩尔多瓦人、朝鲜人，当然，还有当地原有的土著民族。另外，1928年，苏联中央执行委员会主席团通过决议，把位于现在哈巴罗夫斯克边疆区境内的比罗河和比詹河流域的土地划归犹太移民。从那时起，犹太人便从苏联西部各区和国外陆续来到这里。1930年建立了比罗比詹犹太民族区，1934年又改为犹太自治州归哈巴罗夫斯克州领导。

根据1959年的人口调查，远东约有15个土著民族，他们是北方民族的代表，人口总数在46000人左右。这些民族都有自己的语言、自己的风俗习惯和生活特点。尽管俄罗斯移民对他们有很大影响，但他们仍然保留着古老的生产方式和大量的氏族制度残余。苏维埃政权给了北方各民族以前所未有的发展机会，他们在最短时间内转入了社会主义经济形态，改变了自己在政治、经济和文化等方面的落后状态。

---

① ［苏］伊凡·麦斯特连柯：《苏共各个时期的民族政策》，林刚译，人民出版社1983年版，第104页。

② ［苏］伊凡·麦斯特连柯：《苏共各个时期的民族政策》，林刚译，人民出版社1983年版，第119页。

在国内战争和外国武装干涉时期，本来就很落后的民族经济又受到严重摧残。由于苏维埃政权在这里建立得相当晚，使很多恢复经济发展的改革措施没得到及时的贯彻。在阿穆尔河沿岸、鄂霍次克海沿岸、堪察加和楚科奇，直到 1922—1923 年才最后确立苏维埃政权，而北萨哈林苏维埃政权直到 1925 年才最终建立。

在国民经济恢复、苏维埃国家财政拮据的情况下，政府仍拨出专款支援民族地区的经济发展。在国家的帮助下，民族地区原有的产业逐渐恢复，交通状况也得到改善。国家为从事渔猎业的少数民族运去鱼网、捕兽器、火枪、火药、铅弹等渔猎工具，帮助他们尽快恢复生产。国家还通过免除小民族全部税收（1925 年起）、发放长期贷款（仅 1927—1928 年即贷款 25.5 万卢布）来扶持其经济发展。国家给养鹿民族派来兽医，1928 年北方地区有兽医站 4 个、兽医点 13 个、流动防疫队 23 个、养鹿技术站 5 个。[1] 北方地区建立了苏维埃商业网，到 1926 年已有各类商业网点 677 个，商品销售额达到 3700 万卢布。[2] 20 年代初开始组织消费合作社。在国家税收和贷款等政策的支持下，到 20 年代末合作社网扩大了。例如，远东小民族地区的合作社从 1925—1926 年的 12 个[3]增至 1928 年的 33 个，占全部商业比重的 60%—70%。商品关系相对发达的小民族合作化水平更高，如阿穆尔各民族为 73.3%，而堪察加半岛各游牧民族则较低（1.8%）。由于国营和合作社商业的发展，私商受到限制和排挤，到 20 年代末私人毛皮贸易在北方彻底消除了。商业的活跃促进了小民族的自然经济向小商品经济的过渡。毛皮、鱼、肉、鹿皮、浆果、坚果的外运量增加了。

从 20 年代上半期开始，在北方小民族的定居群体中开展了苏维埃政权的建设工作，其基本形式是氏族苏维埃。1927—1928 年定居居民的苏维埃化基本结束，开始以地域苏维埃取代氏族苏维埃，同时把苏维

---

[1] В. Н. Увачан. Переход к социализму малых народов Севера. Москва: Госполитиздат, 1958. С. 62.

[2] М. А. Сергеев. Некапиталистический путь развития малых народов Севера. Москва; Ленинград: Изд‐во Акад. наук СССР, 1955. С. 254–255.

[3] Е. В. Яковлева. Малые народности Приамурья после социалистической революции. Хабаровск: Кн. изд‐во, 1957. С. 30.

埃化推行到游牧和半游牧群体中去。到 1929 年初，北方小民族建起 39 个地区执行委员会和 336 个苏维埃。在苏维埃化过程中，小民族逐渐摆脱了氏族上层的统治，宗法氏族制度趋向瓦解。

在经济恢复时期，苏维埃政权积极发展少数民族文化，提高他们的文化水平。广建学校，让学龄儿童入学，创造民族文字，扫除成人文盲，成为当时文化战线的重要任务。1928—1929 学年远东的小民族学校有 54 所，在学 1397 人，占全部学龄儿童的 12%。这些学校中有 14 所是投资较多的寄宿学校。[1] 除固定学校外还办有流动学校、游牧学校。同时，各民族地区都大力兴建了俱乐部、图书馆、阅览室、博物馆、电影院等文化设施。

北方小民族的社会主义改造，实质上是用社会主义的集体化生产代替原始粗放的自然经济，用社会主义的新型社会关系代替宗法氏族关系，因此，这个改造是相当复杂而艰难的。在实施改造过程中应特别慎重，要充分考虑到各民族的具体条件，不急于求成和搞"一刀切"，苏联党和政府基本做到了这一点，在引导小民族从原始社会向社会主义社会过渡的过程中创造了比较成功的经验，当然也有一定失误。如在集体化初期（1930—1932 年）出现过早地向劳动组合过渡的现象。联共（布）中央批评了这种冒进行为，于 1932 年 9 月 1 日作出关于北方各民族区集体化形式的决议，反对把全国先进地区的经验机械粗暴地搬到北方落后地区，不许强行建立劳动组合和公社。纠偏工作后，最简易的集体农庄比重上升了。1932 年在极北地区最简易的集体农庄占农庄总数的 8%，次年增至 29.3%，即增加了 2.7 倍。"二五"期间北方民族集体化的主要形式仍是最简易的集体农庄。在这里份地、牧场和刈草场、猎场和渔场以及劳动力联合起来，共同使用。大的生产资料（如农业机器）、种畜基本上属集体所有。役畜和产品畜、小农具仍属庄员私有。产品分配既考虑劳动量，也考虑所投入的生产资料的多寡。1937 年，北方小民族有 50% 的家庭实现了集体化。

从 20 年代末到 30 年代初，苏联党和政府着手在小民族聚居地区建

---

[1] А. П. Окладников. История Сибири с древнейших времен до наших дней (4 том). Л., 1969. С. 302.

立自己的民族区域自治组织。1930年12月10日，全俄中央执行委员会主席团通过决议，决定成立楚科奇、科里亚克、鄂霍次克（埃文）等民族自治区，成立阿留申人和堪察加半岛德埃文人、特姆斯克的谢尔库普人，以及阿穆尔河流域的尼夫赫人、乌尔奇人、那乃人等民族区。根据苏联民族区域自治原则建立的民族区，在领导本民族进行社会主义改造和建设方面起到了重要作用。民族区苏维埃是民族区域性的地方政权机关，它取代了原来的民族苏维埃。在选举苏维埃代表的过程中产生了小民族的第一批领导干部。在苏维埃中小民族代表占43%—90%。

与西伯利亚农业地区不同，远东北方小民族渔猎和养鹿经济的集体化运动开始得较晚，是在1929—1930年才开始的，集体化程度低，最简单的生产联合组织存在时间较长（只是组织集体生产，生产资料仍归个人所有）。苏联党的"十六大"决议指出，东部民族地区集体农庄的形式开始"可以普遍发展共耕社作为向劳动组合过渡的形式"。民族区集体农庄的基本形式是最简易的生产联合组织或协作社，近似于共耕社。1933年北方小民族88%的渔民户参加了集体农庄。冻土带养鹿民族的集体化进程相对缓慢。

1931—1932年，国家在北方地区设立各种渔猎业技术站和渔猎运输业技术站，帮助和促进小民族进行经济技术改造，加快其集体化进程。"二五"期间北方地区集体农庄完全免去义务交售。建立开发极北地区的工业运输联合企业（堪察加股份公司、北方海上航路总局、远北建设总局等）是国家帮助北方小民族进行集体农庄建设的形式之一。如，在远北建设总局的领导下，1936年底在鄂霍次克—鄂温克3个民族区成立9个劳动组合和19个最简单的生产联合组织，联合了79.5%的定居户和75.5%的游牧户。[①]

1929—1930年，国营养鹿场开始在北方地区建立起来，至1933年已有十余个，并联合城养鹿业托拉斯，还成立了养鹿研究所。这些对于普及兽医和畜牧知识，传播科学养鹿方法无疑有重要意义。在集体化过程中渔猎、养鹿经济得到合理的技术改造。工厂生产的渔猎工具在生产

---

① Н. А. Жихарев. Очерки истории Северо - Востока РСФСР. Магадан: Кн. изд - во, 1961. С. 201.

中发挥了决定性的作用,一些渔业劳动组织已使用摩托艇、大渔网等工具。应该说,"一五"和"二五"期间北方地区的民族经济有了一定的发展。

20世纪30年代也是北方小民族文化教育事业大发展时期。学龄儿童的入学率很高,有些民族区甚至能达到100%,如蒂姆的谢尔库普人和阿留申的民族区学龄儿童全部入学。七年制学校的数量也增加了,同时还建立了中学。

"三五"期间各自治共和国和自治州着重从组织上、经济上巩固以前建立的集体农庄和国营农场。因为集体农庄制度虽然已经确立,但其优越性还没有充分发挥出来,尤其在民族地区,农牧业生产水平还十分低下。

按照苏共中央1939年7月8日决议,各民族地区要大力发展畜牧业生产。国家为鼓励远东地区发展养鹿业和马鹿饲养业发放了优惠贷款。

"三五"期间,北方小民族的社会事业发展成效显著。最简易的集体农庄在经济上得到巩固,从1938年开始向劳动组合这一较高级的集体化形式过渡。至1940年,鄂温克和科里亚克民族区基本完成了这一过渡。这一年北方民族地区的集体农庄联合了75%以上的农户。[1]

在"二五"末和"三五"初,北方地区开始了使游牧和半游牧民族居民有计划、有组织地转入定居生活方式的工作,并且这一过程是伴随着集体化实现的。1937年,有170个集体农庄希望转入定居。国家拨出大笔款项帮助游牧民定居。集体农庄本身也拿出相当数量的资金兴建住宅、学校、医院等设施。这项工作直到战后才全部完成。

尽管这些土著居民一直是苏联政府改造的对象之一,但不可否认的是,土著居民也对远东的开发事业作出了重要贡献。他们非常熟悉泰加森林和冻土带,体力上极其适应这里的自然环境特点,在同自然界打交道时,在遇到自然灾害时,他们有着丰富的经验和智慧。他们是第一批地形测量人员、地质工作者、森林管理人员、新村镇建设人员的向导和顾问。北方民族传统的经济部门中形成的某些形式和方法,在现代的养鹿业、捕鱼业和狩猎业中也加以采用。

---

[1] Народы Сибири. Москва;Ленинград:Изд-во Акад. наук СССР, 1956. C. 562-563.

二 远东文化事业的发展

工业的发展，促进了城市人口的增加。"一五"期间远东城市人口迅速增加，从1928年的25%增至1932年的40%。居民的物质生活有所改善，工人、职员的工资约增加1倍，并实行7小时工作制。大批妇女也参加了生产劳动。

"二五"期间，新兴城市不断涌现，如阿穆尔共青城、马加丹、苏维埃港、诺里尔斯克等。工人、职员的数量也增加了，工人队伍扩充的主要来源是当地农民，也有一些来自乌拉尔、伏尔加河沿岸和中央地区的农民。

"三五"和平时期，远东城市的数量和规模都扩大了。新兴的城市有奥哈、阿尔捷姆、比金、比罗比詹、奥勃卢奇耶等。同时，市政建设的开支也在增加。1939年滨海边疆区市政建设开支为1130万卢布，1940年增至1480万卢布。同时，职工的生活水平有了提高。国家规定在西伯利亚和远东地区实行地区工资补贴和其他优惠待遇，并提高井下采煤工人的工资。因而，到战前为止远东城市面貌发生了很大变化。

经济发展、人口增长为教育事业的发展提供了保障。十月革命前，远东是俄国经济最不发达的地区之一，也是文化教育事业最落后的地区之一。革命前的远东只有三座较大城市：符拉迪沃斯托克、布拉戈维申斯克和哈巴罗夫斯克，在城市里有几所中学和一二所中等专科学校。实施普通教育的学校很少，而且基本上是低年级，符拉迪沃斯托克有一所远东唯一的高等学校——东方大学（远东大学）。十月革命后，苏联党和政府十分重视发展国民教育事业，为普及初等义务教育而开始增设学校。根据1923年的调查，这里一半男人和3/4的妇女不会写字，不会读书，在北方民族中，识字的人不超过2%，许多土著民族都没有自己的文字。到1928年时，远东地区学校数量比1922—1923学年增加了1.5倍，学生数量增加了188%，学龄前儿童入学率达到83%。[1] 高等教育快速发展，到1923年时，西伯利亚和远东地区的高等院校有：鄂

---

[1] 徐景学：《苏联东部地区开发的回顾与展望——西伯利亚开发四百年》，东北师范大学出版社1988年版，第237页。

木斯克农学院、兽医学院、医学院,托木斯克大学、工艺学院、伊尔库次克大学、远东大学(符拉迪沃斯托克)。高等教育经费1927—1928学年比1922—1923学年增加了2.5倍,学生人均支出经费从每年166卢布增至每年620卢布。远东大学1926—1928年共毕业学生187人。[①] 1934年,远东大学有学生2000人,1937年增至2700人。

国内战争之后,远东同全国一样,也开展了大规模扫盲工作。1923—1928年远东地区8—35岁居民识字率提高9%,但扫盲工作的任务仍然还很繁重。30年代时,一些北方民族创立了文字,这有助于在土著民族中消除文盲,并促进其本民族文学的产生。[②]

"一五"期间远东国民教育事业重要成就之一就是普及了初等义务教育。国家加大了教育投入,1929—1934年人均教育经费增长近2.5倍。[③] 1930年,布拉戈维申斯克建立了远东第一所师范学院。

1923—1929年,苏联政府对远东南部地区的国民教育体系进行了改革。建立和重组了职业教育网络,旨在消除文盲,以适应产业升级,消除文盲的人群主要集中在18—35岁的成年人中。当时,最多且最典型的是2—3年制的农村学校,每学年学习150—170天。这项教育改革给贫穷的居民造成了比较大的负担,因为他们一面学习还要去工作养家。到1929年时,强制性普及小学教育。1930—1931年对远东南部适龄儿童进行登记。"二五"计划提出的文化战线的基本任务是普及七年制义务教育和扩大十年制中学教育。同时,扫盲工作持续开展。

然而在此期间,国民教育出现了教育方法的意识形态化和政治化倾向,而教育机构也逐渐由民主向集中管理过渡。

与此同时,医疗卫生状况也有了明显改善。在两个五年计划期间,国家给远东的卫生保健事业拨款增长17.5倍。1937年人均卫生经费33卢布,是革命前的54倍。医疗网点增加了,设备获得进一步改善。例如,1928—1937年远东的医疗器械数量增加了1.5倍,病床数量增加

[①] [苏] 奥克拉德尼科夫、顺科夫主编:《西伯利亚史》,第四卷,列宁格勒,1969年,第199页。

[②] [苏] А. Б. 玛尔果林主编:《苏联远东》,吉林人民出版社1984年版,第105页。

[③] 徐景学:《苏联东部地区开发的回顾与展望——西伯利亚开发四百年》,东北师范大学出版社1988年版,第247页。

了1倍，医务工作者增加了2.5倍。①

另外，从1930年开始，艺术博物馆逐渐在远东南部地区建立并发展起来。

两次世界大战期间，苏联远东地区体育事业得到了确立和发展，体育事业相关技术准备和体育人才培养有了显著的改善，创下了区域和边境地区的纪录。体育运动最初是建立在科学研究的基础上，展现出远东地区培训运动员的新方法。

20世纪30年代后期，一种自愿性质的体育协会产生并逐渐扩展开来，协会的出现改善了远东体育事业的结构，发展了数据基础。尽管存在不足和困难，体育文化和体育运动开始在远东地区城市和农村的青年学生生活中发挥了积极作用。青年们从事体育运动的重要目的就是强身健体，加强军事体能训练、参与竞技体育和群众体育活动工作等。

三　远东国防教育的开展

1922—1939年，远东地区军事教育处于初创和早期发展阶段，这一时期的军事教育为苏联工农红军和红海军指挥人员的教育和培养作出了特殊的贡献，培育出了一大批年轻的军事人才。需要指出的是，从20世纪20年代开始，苏联就开始注重对军事人才的思想教育，当时加入远东地区红军队伍的也多是经历过国内革命和战争洗礼的工人。

20世纪20年代末，一场促进苏联国防及航空化学建设的运动在苏联国内兴起，远东地区国防及航空化学建设促进会成员得到迅速发展，并对日后在远东开展的居民军事教育和军事工业准备等问题作出了积极的努力。

与此同时，保卫苏联的国防教育在体育运动的实践中也得到重视，使其成为教育群众的一个重要的方式方法，在对远东青年进行军事爱国主义教育实践中发挥了重要作用。实际上，所有的体育运动都与青年人的军事准备工作紧密地联系在一起。

---

① 徐景学：《苏联东部地区开发的回顾与展望——西伯利亚开发四百年》，东北师范大学出版社1988年版，第255页。

为了巩固远东的国家安全，苏联政府加强了对该地区的文化宣传和思想教育工作。两次世界大战期间，远东地区青年的爱国主义教育进一步加强，通过军事训练与军事体育的开展，为远东地区的国防事业打下了基础。1922—1941 年，苏联远东青年参与群众保卫工作受到多种因素影响，主要是历史、外交、文化、道德、心理和宗教等方面：

首先，从历史因素看，俄国历史上曾多次与外部发生武装冲突，保卫祖国成为俄国历史中的重要内容，成为全体民众的神圣事业。相关研究表明：两次世界大战期间苏联领导层充分认识到了民众的这一心理，高度重视庆祝十月革命胜利、粉碎白匪和国外干涉、参加红军等焕发出的民众的爱国热情。

其次，从外交因素看，苏联远东当时所面临的国际局势异常复杂，对国家主权和领土完整存在着现实威胁。从 1923 年下半年开始，境外的白匪和武装干涉势力不断地侵扰远东边境地区。当时，帝国主义干涉国在中苏边境地区挑起了很多流血事件，妄图推翻远东地区的苏维埃政权。为了粉碎外国武装干涉，保卫远东的领土安全，必须培养青年人的国防观念。

最后，从社会因素看，20 世纪 30 年代，苏联远东地区国防的巩固与国家政权在经济、文化、社会、军事等领域开展的一系列革新有着紧密的联系。在远东地区社会经济领域，积极动员各种力量、国家资源、社会组织来为可能发生的战争做必要的准备。

对远东民众防卫工作起到积极作用的是在远东居民中的文化革命。30 年代末，远东文化革命取得了一些成果，建立了数百家电影院，数百所学校和学前机构，卫生防疫机构得到普遍推广。实现了向普及小学教育的过渡，以及向所有劳动者提供报纸、杂志和书籍。经济、社会、文化等领域状况的普遍改善，为远东加强国防提供了必要的准备。[①] 现当代俄罗斯学者认为，1922 年至 20 世纪 30 年代初，是

---

① В. Г. Сиянов. Оборонно‐массовая работа с молодежью Дальнего Востока в 1922 - 1941 гг. Москва. 2011. http://www.dissercat.com/content/oboronno-massovaya-rabota-s-molodezhyu-dalnego-vostoka-v‐1922‐1941‐gg.

一个在共产主义政党原则框架下自由辩论的时期，关系到国民经济的重建和苏维埃化。它的特点表现在，许多历史著作的作者就是当时远东很多历史事件的参与者，用他们的亲身经历来激发民众的爱国热情是非常有说服力的。

应该说，正是1922—1941年的历史与现实状况，决定了民众防卫工作的必要性，以及加强青年国防培训的意义。

其中需要解决的问题是，青年人共产主义世界观的形成、对帝国主义的阶级仇恨的培养、对红军和红海军的尊重、男女青年的爱国主义和国际主义情结、军事技能的培养、身体耐力的训练、治疗措施保障等。1922—1941年，国家机构和社会组织在远东青年参与民众防卫工作方面的实践主要表现为：

一是不断深化和扩大民众防卫工作的水平和规模。通过各种形式和方法来改善对青年人的军事能力培养，以提高区域防卫能力。

二是有计划、有针对性地通过各类系统对远东青年开展军事爱国主义教育。当时国家机构和社会组织的各项实践活动大多与军事、鼓动和宣传密切相关。

三是对青年的军事培养要符合时代要求。应符合武装力量的发展要求，重新装备红军、红海军的要求，以及适应国内外环境的变化。

四是扩大和改善远东地区的医疗设施，号召青年投入医疗卫生领域的各项工作，以备战时保障医疗设施的数量。

当然，引导青年参与远东民众防卫工作也遇到了困难和矛盾，主要体现在：一些地区存在分离主义情绪，沿海和陆路边境地区的人口密度过低，城市和农村人口分布不均衡，农村居民点之间距离远通信不便利，国家和地区内部的经济政治局势较为复杂，在农村缺乏民众防卫工作物质基础和合格的防卫人员，青年军事训练覆盖不全，对法律和军事法规的推广不足，边境地区的国际局势复杂，等等。

应该说，远东地区对青年人的国防教育，不仅对巩固国防起到了巨大的作用，同时也激发了青年人和劳动者的爱国热情，1922—1941年远东民众防卫工作逐渐向深度和广度发展，在学生中建立的共青团和先锋队，也发挥了积极的作用。①

第四节　苏联在远东地区的军事外交活动

一　二三十年代的苏联远东对外政策

1923年秋季，是苏联的"多事之秋"。在经济上，卢布行市不稳，货币贬值严重；工农业产品"剪刀差"扩大，引起严重的"销售危机"。这不仅导致农民的强烈不满，也引起了工人的罢工。在政治上，党内又出现了新的工人反对派。在国际上，保加利亚和德国的革命失败，西欧革命运动正转入低潮。

自1924年起，国际局势出现了新的变化，资本主义世界出现了暂时的稳定局面，资本主义经济有所发展。苏联中央高层所希冀的世界革命局面没有出现。在这一形势下，正确地评估国际局势，制定出符合苏联实际情况的外交战略和政策，十分迫切地摆在苏联中央高层决策者面前。

从激烈反对"道威斯计划"，到同英国展开外交大战，再到1926年苏联外交人民委员部向国际联盟提出"裁军建议"。苏联政府在外交领域表现出了积极的作为。1929年资本主义世界经济危机爆发，这场持续到1933年的经济危机为苏联外交提供了有利的契机。苏联采取一系列对策，竭力从资本主义世界中获得最大的利益和经济好处。其间，苏联机器和金属的进口超过计划5.7%，工业设备的进口超过计划7.8%，重工业需要的原料进口超过计划的26.2%。② 到"一五"时期末，苏联进口的机器和设备占据世界第一位。总体来说，1921—1925

---

① 根据苏联时期的档案记载，1939年12月7日，军事体育部门委员会和市、区共青团召开会议的记录（ГАХК. Ф. 617. Оп. 1. Д. 16）；1940年，哈巴罗夫斯克区体育事业执行委员会的工作报告（ГАХК Ф. 617. Оп. 1. Д. 73）；1927年，市共青团表彰大会中军事辅导委员会的会议记录（ГАХК Ф. 618. Оп. 1. Д. 106）；国防及航空化学建设促进会（1927—1948年）中央委员会代表的工作报告（РГИАДВ. Ф. 3764. Оп. 1. Д. 3）；哈巴罗夫斯克县级医疗大队的医疗会议记录（РГИА ДВ. Ф. 2267. Оп. 1. Д. 4）等，我们可以对上述历史史实进行专门的梳理，从中得到有益的结论。

② 邢广程：《苏联高层决策70年》第2卷，世界知识出版社1998年版，第358页。

年，苏联与40多个资本主义国家签订了各种条约和协议。①

1931年11月20日，苏联外交人民委员李维诺夫在回答日本驻苏联大使广田的声明时表示："苏联政府在同其他国家的一切关系中，一贯严格执行和平与和睦关系的政策。"② 他认为，维护和加强同日本的现有关系具有很大的意义。1933年3月3日，苏联副人民委员卡拉汉向党中央写信分析远东局势，他指出："对美国和其他欧洲国家来说，摆脱危机和远东现有状态的最理想出路是让苏日之间发生战争，这是不会有异议的。我们将被拖入战争并被推动着去进行这场战争。"③

1934年1月，苏共召开第17次代表大会。斯大林在大会上所作政治报告中，对国际局势进行了分析，代表了当时党中央对国际局势的基本看法。斯大林认为：在经济方面资本主义的经济危机还在延续；政治方面资本主义国家之间的关系和这些国家内部的关系更加尖锐化。斯大林的判断是"新的战争显然逼近了"。"资产阶级和平主义现在正苟延残喘，而废除军备的空谈正在被扩充军备和补充军备的'认真的'言论所代替。"④

由此，苏联开始积极地与世界各国建立正常的外交关系，尝试建立一个集体安全体系，如苏美建交、苏法和苏捷互助条约的签订等。苏联还跃跃欲试，建议签订区域性的太平洋公约，可能参加该公约的有苏联、美国、日本、中国。1937年，罗斯福总统对苏联全权代表说："公约是靠不住的"，真正的保证只有强大的海军舰队。⑤

日本侵华战争爆发后，日本对苏联感到不放心，想试试苏联的实力。但是，苏联在哈桑湖（1938年）和哈勒欣河（1939年）打败了日本军队的进攻，教训了日本。与此同时，苏联同德国签订了互不侵犯条约，也使日本与德国夹击苏联的希望暂时变得模糊。由此，日本在

---

① Н. Л. Мамаева. Включение《восточного вектора》в сферу внешней политики СССР. Российско/советско－китайские отношения в 1910 х—1920 х годах//Проблемы Дальнего Востока, 2021. № 6.

② Ведомости, 21 ноября 1931.

③《苏联外交政策史》上卷（1917—1945年），中国人民大学出版社1988年版，第339页。

④《斯大林全集》第13卷，第259页。

⑤ 邢广程：《苏联高层决策70年》第2卷，世界知识出版社1998年版，第370页。

1940年主动提出与苏联签订苏日中立条约。当时，这个条约使苏联避免了两线作战的危险局面，但该条约有些条款侵犯了中国的主权。

面对复杂的国际局势，苏联政府决定在远东建立远东革命委员会，指导远东各领域的实际工作，主持重建工业和铁路运输业，大力扶持农村经济的重建，并为远东革命委员会工作的推进提供必要的财政支持和优惠政策。

同时，在两次世界大战期间，苏联政府还采取各种有益的举措来吸引远东居民参与保护边界安全。事实上，远东居民在巩固区域和边界领土安全方面也确实起到了积极的作用。从1922年到1941年6月，苏联在军事威胁不断加剧的条件下进行着现代化进程。在这种情况下，如果没有地方居民的参与，边境防务工作是很难奏效的。

首先，存在走私问题，当时很多居民由于物资供应不足而参与走私。其次，犯罪团伙的活动，迫使人民群众为了保护自身财产的安全而团结起来。显然，在这方面国家得到了广大居民的积极支持。最后，一系列国家对苏联实施的侵略政策，在远东地区，1931—1932年日本在占领了中国东北三省后，即开展了一系列针对远东地区的情报收集和颠覆活动。

当时，苏联政府采取了各种措施吸引远东居民保卫边疆。20世纪20年代在苏联远东的很多区域内在居民的支持下呈现出统一的、有组织的反对边境非法活动的情形。通常情况下，村委会、区、县执行委员会是开展斗争的前沿。从1931年起，苏联政府曾将动员居民参与边境防卫工作作为一项保障国家边防安全的政策。

二 苏联远东海军建设

1922—1935年，是苏联远东海军的建立和发展时期。这一时期主要分为三个阶段：一是1922—1926年苏联远东海军的组建时期；二是1926—1932年苏联远东海军克服组织问题时期；三是1932—1935年苏联远东海军的重建时期。[①]

[①] С. Л. Гуринов. Формирование и деятельность военно‐морских сил на Дальнем Востоке. Москва. 2010. http：//www.dissercat.com/content/formirovanie-i-deyatelnost-voenno-morskikh-sil-na-dalnem-vostoke.

20世纪二三十年代，远东海军力量的发展在一定程度上巩固了苏联在太平洋地区的海岸线，阻挡了日本对远东地区的入侵。

1917年之前，远东地区的沙俄政府作战船只还没有创建驻地的分支系统，并且在受到日本的军事威胁之前沙俄作战船只更多地表现出外交功能。20世纪初，对马海战惨败后，沙俄远东海军失去了对太平洋地区的实际掌控，同时沙俄政府将黑海和波罗的海的海军发展列为优先地位。

然而，在远东地区发展海军力量却有着非常重要的现实意义。首先，日俄虽同属协约国成员，但在远东地区两国之间仍存在一系列悬而未决的领土问题；其次，远东地区的国际海运贸易活动正处于繁荣发展阶段，希望获得更多的保护，而西伯利亚地区的沙俄舰队却无法保障整个海岸线的安全。这些因素都成为发展远东海军力量的推动力。

十月革命后，苏维埃政权在远东地区海防方面的表现较差，主要是由于相关海防技术准备不足和一些徒劳无果的作战。远东地区苏维埃政权建立初期，对收编的原沙俄政府舰队缺乏必要的信任，导致当时西伯利亚地区的收编舰队无法参与到驻地附近的作战中。而当时组建的西伯利亚舰队中央委员会也更多地表现为一种政治需要，并不是联合作战方面的军事组织。因此，远东地区第一支苏俄海军力量存在的时间非常短暂，从1917年12月到1918年4月，这是由当时苏俄政府采取的怀柔政策导致的。远东地区在失去实际的海军力量保护后，苏维埃政权只能努力通过外交手段来与其他国家展开斡旋。

在这种情况下，日本和其他干涉者利用原属沙俄政府的军事力量实施以反叛为目的的白色运动。而苏俄政府为了抵御日本等外国干涉势力不断袭扰边境和海岸线，决心创建西伯利亚舰队。然而，在苏俄西伯利亚舰队初创时期，由于倚重的海军力量仍为收编的原沙俄海军力量，致使苏维埃政权在西伯利亚舰队高层指挥人员中无法得以确立，而由此建立的西伯利亚舰队中央委员会也变得有名无实。后来，西伯利亚舰队中央委员会逐渐被西伯利亚舰队司令部所取代，而舰队司令部是个军事组织，成员主要由原沙俄舰队军官组成。于是，这样一支苏维埃政权不信任并无法倚重，而且长期处于外国干涉势力利用之下的海军舰队，在俄国内战后便不存在了。因此可以说，苏联远东舰队的创建完全是从零开始的，无论是作战船只，还是服务设施、机构等。

1922年11月中旬，苏维埃共和国海军最高统帅部决定创建远东海军，并将符拉迪沃斯托克舰队编入其中。由于外交实践的结果，苏日关系走向正常化，1925年末远东海军指挥部召回了曾被派往萨哈林岛的阿穆尔舰队，阿穆尔舰队的回归壮大了远东海军的力量。

然而，最初的远东海军指挥官 И. К. 科扎诺夫在远东地区无所作为。长期停泊在金角湾海域的日战舰"尼松"号，利用远东城市中的日本人民主协会谋划反叛活动，致使符拉迪沃斯托克地区一度陷入紧张的局势之中。

待苏联远东海军指挥体系形成后，苏联政府开始着手打捞沉船，并对其进行修复和维修，以此来补充远东海防实力。当时，苏联政府有能力对打捞船只进行维修，尽管所采用的技术已经相对过时。即便如此，苏联远东海军的军事实力仍然无法执行军事作战和抗击领海盗猎任务。面对当时紧张的周边国际局势，苏联高层对远东舰队的发展前景表示担忧，决定适当集中资金加强编制不大、实力较强的阿穆尔舰队。1926年9月，苏联政府在滨海地区进行了部分武装力量的重组，取消了远东海军的建制，其原因显然是构成其重要组成部分的符拉迪沃斯托克舰队中船只非常缺乏，并且存在大量过了服役期的船只，无法适应当时的海防要求。苏联远东海军建制取消后，苏联政府加强了对符拉迪沃斯托克舰队的船只补充，并将其改建成了海上边防警卫队，这是对远东地区苏联海防力量的谨慎定位。

遗憾的是，当时苏联远东海防的实力没能抵挡住日本军事力量的入侵，远东海岸线变得十分薄弱。20世纪30年代初，远东由于缺乏海军力量，使局势变得非常复杂，苏联的海洋生物资源遭到了大规模的掠夺。战争可以说一触即发，但是苏联海上警卫队是无法赢得这场战争的。

1932年3月30日，苏共中央决定再次组建远东海军指挥部。到1935年初，苏联政府认为苏联远东海军舰队已经形成，并于同年1月11日将远东舰队更名为太平洋舰队。应该说，当时舰队的战斗力还十分低下，这一时期苏联远东海军的存在只是一种对世界的展示，并没有形成真正的战斗力，在太平洋海域的军事格局中没能形成有效的威

三　中东路事件

1929年5月28日，张学良下令搜查苏联驻哈尔滨领事馆，导致中东路事件爆发，至1929年12月22日《中苏伯力会议草约》签订，标志"中东路事件"结束。由于这场战火起于中国东北地方当局用武力收回中国境内的中东铁路路权，因而成为影响苏联在远东地区外交政策的重要事件。中东路事件期间，苏联占据中国领土黑瞎子岛[①]，这是此后中俄在领土争端中最难解决的问题之一。

1929年7月13日，苏联政府向南京国民政府发出最后通牒，要求中国政府立即取消关于强行接收中东铁路的命令并释放被拘留的苏联人员。通牒中强调，如三日之内苏联政府无法得到满意答复，将采用其他方法以保护苏联之合法权利。

苏联政府在通过外交手段要求中国政府妥协的同时，开始在远东地区集结兵力，准备通过武力手段夺回中东铁路。8月6日，苏联成立远东特别集团军，设司令部于哈巴罗夫斯克，任命布留赫尔为总司令。经过两个多月的备战，苏军通过西伯利亚铁路向远东集结了超过8万人的强大兵力，共计有3个步兵师、1个骑兵师，另外还有远东舰队。此后，苏军陆续集中于中苏边境，与中国东北边防军不断发生武装冲突。

10月12日早5时，同江战役打响。苏联红军阿穆尔河舰队的10艘军舰在远东特别集团军参谋长拉平指挥下，突然向东北海军及驻守在三江口地区的东北海军陆战队发起攻击。遭到攻击后，东北海军开始还击。[②]

此次战役，苏军侵入中国领土百余千米，均为边境地区的镇县，主要包括胪滨、室韦、奇乾、鸥浦、漠河、瑷珲、呼玛、萝北、绥滨、富

---

① 黑瞎子岛又称抚远三角洲，满语名字叫摩乌珠岛，意思是"马头"。黑瞎子岛是位于黑龙江和乌苏里江交汇处的一个岛系，地处中国版图最东端鸡冠的位置。它是中国历史上的固有领土，近代被沙俄侵占，2008年后中国收回半个黑瞎子岛的主权，其西半部为中华人民共和国所有，东半部为俄罗斯联邦所有。

② 邱夕海：《民国时期东北海军的兴衰》，《军事历史》2009年第1期。

锦、同江、绥远（今抚远）、饶河、虎林、密山、东宁、汪清、珲春。[①]

12月3日东北方面谈判代表蔡运升与苏联代表斯曼诺夫斯基在双城子签订了《停战议定书》（又称"双城子会议纪要"）。《停战议定书》规定，东北当局将中东铁路理事长吕荣寰撤职，由苏方推荐中东铁路局正、副新局长；双方重申遵守中俄、奉俄两协定。

12月22日，蔡运升与苏方代表梅里尼可夫签订《中苏伯力会议草约》（也称伯力协定）。《中苏伯力会议草约》规定中苏两国停战，中东铁路恢复到中苏两国共管状态，苏军退出中国领土，双方彼此释放所俘军民，恢复7月10日后被免职之苏方人员的职务，重设领事馆。1930年1月1日，中苏双方同时开始撤军。1月20日中东路全线通车，中东路又恢复到事件爆发前的状态。但是，此事件的发生严重影响了苏联在远东地区的外交格局，在这次事件中，日本获取极大收益。此后，日本到处寻找时机与苏联在远东地区展开角逐。

四 苏日在中苏边界上的军事冲突

1. 张鼓峰事件

中朝交界的图们江上游20余千米的东岸，在中国与苏联接壤处有一座小山叫张鼓峰。张鼓峰地处中国、朝鲜和苏联交界的吉林省珲春县敬信乡，在图们江入海口的东岸，是个海拔152米的高地。张鼓峰又名刀山，原来在峰顶有一块岩石，形状如刀，因而得名。张鼓峰事件时，被苏空军扔下的炸弹炸碎，已不复见。峰南麓有防川湖，湖畔是防川屯，与朝鲜的豆满江市隔江相望。峰东是哈桑湖，峰北是波谢特草原。峰东南3.5千米处有土字碑。峰西北2千米处是沙草峰，高度略低于张鼓峰。按1858年《中俄瑷珲条约》，此处为两国国界，但无标桩，界线不明。苏联称其为哈桑湖地区，它是从东方俯瞰海参崴的战略要地。1938年7月末至8月初，日、苏两国围绕着张鼓峰、沙草峰这两个高地进行了一场军事冲突。

日俄战争后，日本陆军一直把俄国作为假想敌国。1938年6月底，苏军突然占领了张鼓峰，在山上构筑工事，布置铁丝网。已经把

[①] 岳丙寅：《中东路事件阵亡将士悼念活动研究》，辽宁大学，2012年。

东北划为伪"满洲国"、把朝鲜作为自己殖民地的日本人认为，苏军占据张鼓峰等于拥有了可以控制朝鲜和中国东北的战略要地。但是由于日军正准备进攻武汉，各路日军正在频繁调动，难以大规模地与苏军冲突。大本营只好命令日本关东军进入了一级战备状态，同时内阁指示日本驻苏大使重光葵与苏联进行调解。苏联明确表态，不可能从张鼓峰撤军。重光葵的外交斡旋陷入了僵局。于是，日军大本营痛下决心，夺回张鼓峰。为了避免事态的进一步扩大，而使战火引向东北，从而影响与中国军队决战的华中战局，大本营命令驻朝鲜日军完成此项任务。

1938年7月，日军开始进攻中国武汉地区，此时日本在中国东北（满洲国）的关东军特种情报机关截获了一份苏联远东军的密码电报，内容为："应在香山洞（位于张鼓峰东北方约12千米处）以西的高地部署兵力。"此情报使日方决定借此机会试探一下苏联军力的虚实，同时也等于向伙伴德国表明签署共同反苏的同盟决心，自此开始策动军事挑衅计划。

1938年7月14日，日本向苏联提出抗议，表示张鼓峰已非苏方领土，要求已占据张鼓峰、沙草峰的部队撤退至哈桑湖以西的位置，该处为苏联境内的南滨海一带，接近海参崴，属苏联与朝鲜的边境，苏联方面回应表示该地属俄方领地，并回绝日方的撤军要求。

1938年7月30日黎明，日军方面开始发起进攻，一个步兵营占领张鼓峰。7月31日，日本另一个步兵营占领沙草峰。8月2日，苏联开始首波的反击，动用了战车（T-26型）以及用军机炸射日军阵地以及朝鲜境内的军事补给线，此后两军皆再度增援，使战事扩大蔓延至边境6千米内的范畴。8月6日，苏联动用了2个师的兵力以进行规模更大的第二波反扑行动，此后连续五天的攻势而将日军击退。

1938年8月10日，日本方面向苏联提出停战和平协议。8月11日，双方都无意扩大战事，日方意在试探，主要战事重点仍在侵华战场，而苏方也只在自卫、威吓与实力展示而无意进犯，因此双方通过外交人员的交涉而正式停战，事件发展告终。

这起事件并没有受到西方太大的重视，同时在亚洲发动侵略的日本也未将此事件列计在第二次世界大战中。

2. 诺门罕事件

诺门罕战役，或称哈拉哈河战役，又叫诺门坎事件，是第二次世界大战初期日本及苏联在远东地区发生的一场战役。日本将 5 月 11 日至 6 月上旬的事件称为第一次诺门罕事件；此后至 9 月 16 日停火为止，称为第二次诺门罕事件。

战事于 1939 年在当时的满洲与蒙古的边界诺门罕发生。日、苏双方的军队分别代表"伪满洲国"及"蒙古国"交战（以苏联朱可夫元帅和蒙古人民共和国乔巴山元帅为领导的苏蒙联军），但是日、苏双方并没有向对方正式宣战。战事以日本关东军大败结束。日、苏双方此后在第二次世界大战中一直维持和平状态，直至 1945 年 8 月 6 日美军在日本广岛投下原子弹后，苏联在 8 月 8 日向日本宣战并攻击伪满洲国的八月风暴行动为止。

诺门罕战役起因于侵华日军和外蒙军为诺门罕以西，直至哈拉哈河这块呈三角形地区的归属问题引起的战役，战役结果以日本关东军的惨败而告终。诺门罕战役使东北关东军向西侵略的企图彻底落空，进而促使日军不得不放弃"北进政策"而选择"南进政策"，进攻太平洋诸岛，偷袭珍珠港，最终导致日本法西斯完全覆灭。日本史学家称这场战争为"日本陆军史上最大的一次败仗"。这是蒙古国历史上重要的战役之一，蒙古国曾为战争爆发 70 周年开展纪念活动。

战争第一阶段：1939 年 5 月 4 日至 6 月 16 日，在新巴尔虎左旗境内诺门罕布日德地区及蒙古国哈拉哈河中下游两岸，爆发了一场震惊世界的"满蒙"边境战争，即日本、伪满洲国与苏联、蒙古人民共和国的大规模军事冲突事件。

战争第二阶段：6 月 18 日，朱可夫被苏军统帅部任命为第 57 特别军军长。朱可夫到达塔木察格布拉格后，开始集结兵力，储运军需，在塔木察格布拉格、桑贝斯（今乔巴山）等地开辟野战军用机场，苏战斗机开始在空中与日机周旋。6 月 19 日，苏机轰炸阿尔山、甘珠尔庙和阿木古郎附近的日军集结地，500 桶汽油被炸起火。6 月 20 日，第 23 师团全体出动，小松原带着 2 万人向诺门罕进发。关东军司令部调第 1 坦克团和第 2 飞行集团支援第 23 师，共有 12 个步兵营、70 辆坦克、180 架飞机。

战争第三阶段：7 月 23 日，日军在诺门罕前线各部队经过半个月的补充和休整后，集中 25000 名兵员，82 门大炮全线发动总攻击。24 日，苏军发动反攻，日军退回原地。25 日，关东军司令部下达"停止进攻，构筑阵地"的指示。

战争第四阶段：8 月 20 日凌晨，苏蒙军发起总攻战役。苏蒙军以 3 个步兵师，2 个骑兵师，5 个装甲旅，1 个机枪旅，1 个空降旅以及大量的飞机、大炮，开始举行大规模的反攻。

1939 年 8 月中旬，欧洲形势急剧变化。苏、日两方亦在 8 月底后加紧外交谈判。苏军虽然在远东取得战役的胜利，但无意扩大战果。双方于 9 月 16 日停火，事件最后以日本退让，承认现存边界结束冲突。1940 年 6 月 9 日，苏、日双方正式缔结协议。

诺门罕之战历时 135 天。双方投入战场兵员 20 余万人，大炮 500 余门，飞机 900 架，坦克、装甲车上千辆，死亡 6 万余人。

西方媒体评价这次战争"是一场陌生的、秘而不宣的战争"。1939 年 7 月 20 日，《纽约时报》评价苏联红军和日本军队在蒙古草原上的这场苦斗，是"（他们）在人们注意不到的世界角落里发泄着愤怒"。

但是，我们更应该看到，相对于第二次世界大战其他战役来说，尽管诺门罕战役是一场规模不大的战事，但它对第二次世界大战的局势发展却有着非常深远的影响。

总之，两次世界大战期间的苏联远东在政治、经济、文化、军事、外交等诸多领域中发生了巨大的变化，在主要的经济领域中完成了社会主义改造。这些变化为其在第二次世界大战中发挥重要的大后方作用，提供了有力的保障。政治上，苏维埃政权在各级地方政府中得到巩固，并通过共产主义教育，培育了雄厚的群众基础，通过爱国主义教育，培养了年轻的国防力量；经济上，远东基本实现了工业化、农业集体化，交通基础设施建设得到了长足的发展，使充分地调集远东资源，为战争提供重要的物质保障成为可能；文化上，远东在战前经历了教育的大发展时期，民众的教育水平普遍提高，包括土著的少数民族群众的教育也从无到有，发生了巨大变化。文化的发展为赢得未来的战争提供了必要的人才保障。军事和外交上的成就，为苏联恢复时期经济社会的发展提供了相对稳定、宽松的国际环境。可以说，两次世界大战期间，苏联远东地区顺利地完成了角色的转变，从对外缓冲带和战事前沿变成了可靠的大后方。

第八章

卫国战争时期的远东

1941年6月22日凌晨，德军越过苏联边境，对苏联实施"闪电"攻势。当天上午，德国外交部发表声明，正式对苏宣战，苏德战争全面爆发，苏联卫国战争就此拉开帷幕。苏联远东地区积极投入这场反法西斯战争，在卫国战争中发挥了重要作用。独特的地理位置使远东地区在这一时期具有双重地位：一方面，远东地区远离西部苏德战场，是苏联抗战的大后方，承担着组织生产支援前线的任务；另一方面，远东地区又紧邻东亚轴心国的日本，是对日斗争的前沿阵地。因此，积极支援西部前线和开展对日斗争是这一阶段苏联远东历史发展的主线。

第一节 战前远东国际关系

一 苏中关系的改善

20世纪上半叶，东北亚地区存在复杂的历史遗留问题，其中包括中苏间的中东铁路和外蒙问题、中日间自清末以来的侵略与反侵略问题、苏日间的领土和渔业问题。到卫国战争爆发前，东北亚地区的三大国之间又面临着复杂的现实利益纠葛。首先，在中苏之间，苏联谋求将外蒙古和新疆地区变为其控制之下的"战略缓冲区"和殖民地，不惜以牺牲中国的利益来换取与日本的和平。其次，在中日之间，日本谋求吞并中国，发动全面侵华战争，中国不得不进行长达14年之久的抗日战争。最后，在苏日之间，苏联希望收回之前让渡给日本的利权，并援助中国抵抗日本，防止日本北上侵略苏联远东与西伯利亚；日本则长期犹豫是否要北上进攻苏联，并希望苏联停止援华和继续保持日本在苏联远东地区攫取的权益。卫国战争爆发之前，以中日苏三国为首的远东国际关系主体，围绕着这些历史问题和现实纠葛纵横捭阖，斗争复杂。

1924年5月31日，在经过艰难的反复交涉磋商后，中苏两国签订《中俄解决悬案大纲协定》《暂行管理中东铁路协定》及8个附件，宣示两国正式相互承认和建立外交关系。但是，此时的中国正处于军阀割据、革命四起的动荡局面，不仅北京政府对全国的控制力弱，就连北京政府本身也走马灯式地更迭。因此为了长远谋划苏中关系，更为了"输出革命"，苏联在与北京政府谈判的同时，也开始在中国寻找新生力量，支持中国革命。长期从事革命事业的孙中山及其领导的国民党成为苏联主要的争取对象。1923年1月，孙中山和苏俄外交代表越飞签订了《孙文越飞宣言》，标志双方合作的正式开始。在苏联的援助和支持下，国民党先后确立了"联俄、联共、扶助农工"的三大政策，重组国民党，建设黄埔军校，并于1926年发动北伐战争。但随着孙中山的突然辞世、国共关系的恶化，以及苏联对北伐态度的转变，以蒋介石、汪精卫为首的国民党开始排共反苏。1927年12月，在苏联的支持下，中国共产党发起反对国民党反动派的广州武装起义。起义失败后，南京国民政府于12月14日公开宣布与苏联断绝邦交关系。但在此时，由于为各国承认的中央政府仍是北洋军阀控制下的北京政府，苏联驻北京、哈尔滨等北方城市的使领馆仍然存在，苏联与中国的外交关系并未完全中断。1928年4月，国民党领导的国民政府发起"二次北伐"，南京国民政府击溃北京政府已是大势所趋。随着北伐军的节节胜利，5月30日把持北京政府的张作霖见大势已去，遂命令部队撤出京津地区。6月4日，张作霖在撤往沈阳的途中被日本人炸死，其子张学良继任东北保安总司令，继续统治着东北地区。新上任的张学良，不顾日本人威逼其在东北"独立"的压力，于1928年底发表通电，宣告服从国民政府，至此南京国民政府完成了全国形式上的统一。1929年为夺回中东铁路北段的权利，在南京国民政府的支持下，张学良派军警搜查苏联驻哈尔滨总领事馆，导致"中东路事件"爆发，后苏联宣布与中国全面绝交，并出兵中国东北，中苏两国关系进入低谷。

威逼张学良失败后，觊觎中国东北已久且受国内危机困扰的日本迫不及待地要发动一场战争来达到这一目的。1931年9月18日夜,日本关东军安排铁道"守备队"炸毁沈阳柳条湖附近的铁轨,并诬陷是中国东北军所为,借此炮轰东北军驻地北大营。次日,日军侵占沈阳,在东北军奉行"不抵抗"政策的情况下,日军迅速占领了东北的大片土地。日本的侵略行动打破了这一地区的力量平衡,引起苏联、国民政府和中国共产党政策的连锁变化。

苏俄与日本在东北亚地区的利益争夺由来已久,在经过"三国干涉还辽""日俄战争"、日本干涉苏俄革命等一系列事件后,苏俄始终将日本视为潜在的敌人,防范着日本对苏联远东和西伯利亚地区的侵占野心。根据日俄战争后两国签订的《朴茨茅斯条约》的规定,俄国承认日本在朝鲜的特权,旅顺口、大连湾租借及附属特权让与日本,南满铁路及其支线、利权、煤矿等让与日本,南库页岛割让给日本。[①] 由此可见,俄(苏)日两国在东北亚地区存在诸多的利益纠葛,所以苏联对于日本在中国东北的行动非常敏感。九一八事变的第二天,苏联副外交人民委员加拉罕即召见日本驻苏大使,声明:"我们认为奉天事变具有重大的意义,希望得到更详细和更深入的通报,并希望得到日本政府对该事变的解释。"[②] 而苏联国内舆论也开始谴责日本的侵略行径,揭露日本以中国东北为跳板侵略苏联远东地区的阴谋。但是,苏联政府并未在外交场合公开谴责日本,也未能像当时中国及欧美主流舆论宣传的那样——武力介入满洲事变。当时苏联国内正致力于实施"一五计划",在国际上苏联仍面临着帝国主义国家的封锁,因此营造和平的发展环境,避免卷入帝国主义国家的冲突,尤其是避免遭到帝国主义国家的联合进攻是影响当时苏联外交政策的决定性因素。苏联领导人甚至怀疑日本的行动是帝国主义国家联合发动的一场阴谋,是借机让苏联涉入与日本的冲突,进而发动帝国主义国家对苏联的联合进攻。[③] 因此,为了不刺激日本及欧美列强,同时又能牵制日本的侵略行动,对于日本在中国东北的侵略行径,苏联采取了双向政策:一方面,苏联官方确定了"不干涉"的

[①] 在1925年苏日签订的《日苏基本条约》中,苏联承认《朴茨茅斯条约》的内容继续有效。

[②] 李鑫:《试论九一八事变后苏联的对外政策》,《抗战史料研究》2012年第2期。

[③] 沙青青:《九一八事变前后苏联对日政策再解读》,《历史研究》2010年第4期。

中立立场；另一方面，指令中国共产党动员国内的进步力量积极抗日。

此时的国民政府正处于宁粤矛盾激化阶段，蒋介石忙于国民党内部的派系斗争和剿灭共产党的武装割据力量，因此不愿与日本发生冲突，奉行对日忍让妥协政策。在军事上国民政府"严格命令全国军队，对日避免冲突"；在外交上诉诸国联，请求国联主持公道，钳制日本。与此同时，与苏联复交的问题也被提上议事日程。1931年9月23日，在国民党中执委会议上王柏龄提出："在外交上，我们现在对俄国是可以复交的。除俄国外，没有人会来帮助我们。这也不是说俄国独厚于中国，因为日本是中俄两国共同的敌人。苏俄远东的利益，是和日本起正面冲突的。"[1] 9月30日，特种外交委员会第一次会议也讨论了对苏复交问题，会议决定对苏复交可以进行，但不必立刻实行，以便保留与欧美交涉的余地，同时指出了对苏复交应注意的三个问题，即蒙古问题、中东路问题、共产党问题。[2]

1931年10月，日本违背对苏承诺，开始进军北满，直接威胁到苏联在北满铁路和北满地区的利益。但为了不与日军发生冲突，苏联认为，必须"保持谨慎态度，不让那些惯于从中渔利的战争挑拨者把我们卷入冲突中去"[3]，因此苏联选择了退让和妥协。苏联默认了日本对北满地区的侵占，并在12月底向日本建议签订苏日互不侵犯条约。[4] 1932年1月，日军进攻上海，发动一·二八事变，以此来转移国际社会对东北问题的关注，并试探欧美在对华问题上的态度。不久，日本在中国东北拥立清朝末代皇帝溥仪，策划成立日本控制下的伪满洲国。此时，在日本步步紧逼下的国民政府已感到"靠国联是没有希望的"[5]，遂放弃了以往单纯依靠英美和国联调解的政策，而是一

---

[1] 刘维开：《国民政府处理九一八事变之重要文献》，近代中国出版社1992年版，第181—182页。

[2] 侯中军："九一八"事变后国民政府派系之争下的中苏复交》，《晋阳学刊》2015年第6期。

[3] 《斯大林文选》，人民出版社1962年版，第22页。

[4] 曹艺：《〈苏日中立条约〉与二战时期的中国及远东》，社会科学文献出版社2012年版，第10—11页。

[5] 秦孝仪主编：《中华民国重要史料初编——对日抗战时期：绪编》（三），台北"中央"文物供应社1981年版，第660页。

面抵抗日军侵略,一面积极与日本进行直接交涉,并开始与苏联进行复交谈判。1932年3月伪满洲国成立后,任命李绍庚为中东铁路督办,并要求苏联方面予以承认。苏联政府表示同意伪满洲国的任命,中东铁路从中苏共同经营转变为满苏共同经营,等于苏联实际上承认了伪满洲国。在对日退让的同时,苏联为了实现依托中国抗战拖住日本侵略苏联远东的策略,也在尝试与国民政府进行接触。

为了调动中国政府对苏复交的胃口,苏联采取的是"欲扬先抑"的方针。4月28日,在土耳其总理访问苏联时,苏联政府邀请各国外交团参加欢迎宴会,却唯独把当时在莫斯科交涉中东路等问题的中国代表团拒之门外;5月1日,苏联举行阅兵大典,各国代表团均受邀参加,但上一年受邀的中国代表团当年却独独未被邀请。[①] 感受到这种信号的中国代表团立即致电国民政府外交部,建议尽快复交。6月6日,国民党中央政治会议决定发展对苏关系,但应先订立互不侵犯条约,再实行复交。6月22日,在日内瓦出席国际会议的中国代表颜惠庆将中方的意思传达给苏联代表李维诺夫。李维诺夫认为此一提议违背国际惯例并表示反对。6月中旬,蒋介石在庐山召开会议,正式确定了"攘外必先安内"的国策,并决议:"对苏复交虽正慎重审议之中,但目前尚非其时,仍以维持现状为要。"[②]

由此可以看出,在对苏复交问题上,国民政府仍旧秉持拖延回避的政策。其原因主要有以下几点:第一,国民政府希冀通过对日直接交涉解决中日矛盾,决策层认为"日本国内反陆军政策之势力并不弱……惟此时均被军部举国一致之威力所屈服,但至军部政策用尽时,一切反陆军政策之势力,必将继起执政,至此中日间方入纯正外交时期"[③]。第二,中共领导的中央苏区久攻不下,且在一·二八事变期间,中共将日本侵略视为推翻国民党政府的大好时机,使得国民政府将共产党视为此时的心腹大患,因此对其背后支持者——苏联自然也敬而远之。第三,苏联在新疆和外蒙古的行动威胁到国家的统一和主权,中东路问题

[①] 鹿锡俊:《1932年中国对苏复交的决策过程》,《近代史研究》2001年第1期。
[②] 鹿锡俊:《1932年中国对苏复交的决策过程》,《近代史研究》2001年第1期。
[③] 鹿锡俊:《1932年中国对苏复交的决策过程》,《近代史研究》2001年第1期。

也悬而未解，国民政府希望以先订立的互不侵犯条约约束苏联在新疆、外蒙古及中东路的活动。第四，日本打着"反共反苏"的旗号，国民政府担心与苏联靠近会刺激日本。第五，此时英美法意等国尚未与苏联恢复邦交，国民政府认为苏联与英美及国联存在巨大矛盾，担心自己与苏联复交会引起这些国家的反对，丧失他们对国民政府的"国际同情"。

与此同时，国民政府抱定先订互不侵犯条约再行复交的方针与苏联交涉了几次，均无结果。1932年9月15日，日本正式承认伪满洲国，国民政府对与日和解的希望落空，国内联苏抗日舆论高涨，国民政府不得不重新考虑对苏复交政策，以改变自己孤立无援的境地。10月5日，国民党中央政治会议决定"对苏无条件复交"。之后，经过两个多月的谈判，中苏两国代表于1932年12月12日在日内瓦互换恢复两国外交关系的照会，中苏两国正式复交。

曲折的复交之路并未给中苏两国关系的发展扫清障碍，中东路、蒙古、新疆等问题仍然掣肘着两国关系的发展。两国关系受日本这个主要变量的影响，其中新增加的影响因素是德国法西斯势力的快速发展。1933年1月，打着反苏反共旗号上台的德国纳粹党取得国家政权，并很快在全国推广实施法西斯制度，西欧最大的共产党——德国共产党被禁止活动，党组织被破坏。苏联西部面临的现实威胁越来越严峻。而此时在东北亚地区，苏联控制的北满铁路受到日伪势力的不断骚扰和恐吓，如何避免潜在的两线战争成为苏联领导人迫切需要解决的问题。对此，苏联决定在东北亚地区继续奉行对日妥协政策，收缩苏联在中国东北的势力，并致力于与日本签订互不侵犯条约。1933年5月，苏联正式向日本提出出售中东铁路的建议，6月26日苏联与日伪在日本东京正式开启关于中东铁路出售问题的谈判。苏联的做法引起国民政府的强烈反对，国民政府通过声明、外交照会等多种形式表达抗议。但苏联对中国的反对置之不理。在对华问题上，苏联主要从5个方面进行：第一，与国民政府进行合作试探，试图以推动国民政府抗日来实现自己远东地区的安全；第二，指示中国共产党借助日本侵华之机进行推翻国民政府的活动，同时指令中国共产党联合国内的积极力量进行抗日斗争；第三，默认伪满洲国在中国东北的统治权力，奉行对日伪的让步妥协政策，谋求苏日和平；第四，积极推动苏蒙联合，加强苏联在蒙古的势力；第五，与新疆地方势力进行合作，增加对华施加影响的砝码。此时的国民政府，一方面奉行攘外必先安内的政策，对日本的侵略实施有限的反抗，集中大批军力和财力用于剿灭中国共产党；另一方面批判苏联对日本的绥靖政策，谋求与苏联的联合。

1933年5月11日，国民政府向苏联提交中苏互不侵犯条约草案，苏联同意就互不侵犯条约进行谈判。但由于双方关系的调整仍存在一些障碍，在是否加入互不干涉内政条款等原则问题上分歧较大，加之苏美建交后苏联谋求建立集体安全条约体系，中苏互不侵犯条约的谈判一度被搁置。1935年，日本发动华北事变，扩大侵华规模，国内抗日舆论高涨，国民政府面临巨大压力，于是放弃了在中东路问题上的立场，加紧联苏步伐。与此同时，日本加大对国民政府的和平攻势，提出"日中提携、承认满洲国、共同防共"的对华三原则。国民政府在对日问题上的模糊态度，导致苏联担心中日可能达成妥协。为防止这一局面的出现，苏联也开始积极推动同国民政府的对话。1936年11月，日德签订《反共产国际协定》及《反共产国际协定的秘密附属协定》，将矛头直接对准了苏联。苏联破获这一情报后，紧急调整对华关系，指示中国共产党改变反蒋抗日的政策，代之以联蒋抗日。1936年12月12日，西安事变爆发，苏联积极敦促事变和解，指示中国共产党放弃杀害蒋介石的方针，推动国共第二次合作。西安事变的和平解决为中苏两国关系的发展奠定了信任基础。1937年7月，日本发动全面侵华战争，退无可退的国民政府唯有奋起反抗一条出路，为争取外援，遂加快对苏谈判。而鉴于日本在华侵略的迅速扩大，苏联也日益感受到日本的侵略威胁，苏联开始转向更为灵活的"中立政策"——援华抗日与对日妥协并重。至此，国民政府与苏联在和解问题上的主要障碍基本被消除，中苏缔约谈判进入快车道。

1937年8月21日，中苏两国签订《中苏互不侵犯条约》，有效期五年。条约规定，缔约双方保证互不侵犯，一方遭到第三国侵犯时，另一方对该第三国不得提供任何直接或间接的援助。依托这一条约，中苏关系在对日问题上取得了快速发展。1938年3月，苏联开始对华提供贷款和军事援助，同时派遣大批军事顾问、军事技术专家和志愿飞行员来华支持对日作战。

总之，在第二次世界大战爆发之前，苏中关系实现了彻底和解。为了牵制日本北上侵略苏联，苏联采取了支援中国抗战的政策，为中国抗日战争提供巨大的物资、人员和精神支持。正如孙科后来所说："外援方面，自1937年七七事变以后，直至1941年6月苏德战争爆发以前，整整四年间，我们作战所需的物资，大部分独赖苏联的援助。苏联同时更在革命精神和人类道义上寄予我们以无限的同情和鼓舞。"[①]

二　苏联驻兵外蒙古和新疆

自清末到民国，随着中央政府式微、军阀割据混战，中央政府对外蒙古和新疆的控制能力减弱，沙俄与苏俄趁此机会不断向两地区渗透势力，试图鼓动外蒙古独立成为其卫星国，将新疆变为其殖民地。民国初年，经过三百多年的扩张，沙俄已从东北、北方、西北三个方向逼近中国，外蒙古、新疆和东北地区成为与沙俄（苏俄）直接相邻的地区。苏俄在三地的干涉与侵略活动也成为第二次世界大战时期影响中苏关系的重要因素之一。

1904年，沙俄在日俄战争中失败，中国东北南部地区成为日本的势力范围。沙俄在东北地区的活动范围被压缩，于是加大了对蒙古地区的势力渗透。苏联借清政府在蒙古推行新政失败之机，派遣间谍对外蒙古上层封建王公进行拉拢和利诱，并广开洋行和大肆放贷，对外蒙古进行经济侵略，渲染鼓动外蒙古各界的反华情绪，培植外蒙古的反华势力。而此时的外蒙古上层势力也不满清朝政府在蒙古推行的"新政"，企图联合沙俄反抗清朝政府，最终实现蒙古的独立。1911年8月底，沙俄派遣驻恰克图骑兵800多人前往外蒙古首府——库伦（今蒙古国乌兰巴托市），以支持外蒙古王公的分裂活动。10月辛亥革命爆发后，中国多省相继宣布独立，清廷统治即将崩溃，中国陷入混乱状态。外蒙古独立派封建王公和沙俄欲趁此机会谋取外蒙古的独立。沙俄火速向外

---

① 孙科：《我们的唯一路线》，《中苏月刊》1944年第15卷第5期。转引自李嘉谷《九一八事变后中苏关系的调整》，《抗日战争研究》1992年第2期。

蒙古王公提供了15000支步枪、750万发子弹和15000把军刀，并向蒙俄边界派兵。随后，在沙俄的支持下，外蒙古王公驱逐了清政府驻库伦的办事大臣三多及其随员，并于12月28日宣布成立"大蒙古国"，推举哲布尊丹巴活佛为皇帝，定都库伦。

但沙俄此时并不希望外蒙古直接独立，而是希望外蒙古从中国政府手中获取自治权，同时扩大沙俄在外蒙古的特权，变外蒙古为沙俄的殖民地。于是，1912年9月沙俄与外蒙签订《俄蒙协约》，主要内容为：①俄罗斯帝国政府扶助蒙古保守现已成立之自治秩序，及蒙古编练军队，不准中国军队入蒙境及以华人移植蒙地之各权利；②蒙古及蒙古政府，准俄国属下人等及俄国商务照旧在蒙古领土内，享有此约所赴专条之各权利及特权，其他外国人在蒙古得享之权利自不能多于俄国人在彼得享之权利；③如蒙古政府认为，须与中国或别外国立约时，无论如何，其所订新约，不经俄罗斯帝国政府允许，不能违背或变更此协约专条各条件。协约还附有商务专条17条，规定了俄人在蒙古享有的各项权利及特权。1913年11月，中俄双方就外蒙问题经过多轮交涉达成《中俄声明》及《声明另件》，规定"中国承认外蒙自治，外蒙有自行办理本境内一切工商事宜的专权，民国政府不向外蒙设官署，不派兵，不殖民。沙俄承认中国在外蒙的宗主权"。紧接着，1915年中俄蒙三方签订《中俄蒙协约》，正式确立了蒙古的自治权和中国的宗主权，但赋予了俄国大量的实质利益。至此，中国在外蒙古徒有名义上的宗主权，已无任何实质权利，沙俄获取了外蒙古军队的训练指挥权和多项经济特权，外蒙古实质上沦为沙俄的殖民地。

1917年，俄国先后爆发二月革命和十月革命，沙皇帝制垮台，资产阶级临时政府被推翻。十月革命后，苏维埃俄国进入国内战争时期，在欧、美、日等国的武装干涉，以及国内旧俄势力和白军武装叛乱的形势下，俄国在外蒙古的势力收缩。一方面，中国北洋政府趁机扩大在外蒙古的控制力，力图收回外蒙古。另一方面，由于经济特权长期被俄国人把持，俄国代表实际上成为外蒙古的"太上皇"，与外蒙古上层僧侣和王公设想的"独立"大相径庭，再加上日本人的觊觎野心，部分僧侣和王公也产生重新归并中国的想法。经过长期的磋商和谈判，1919年11月17日，外蒙古王公会议决定撤销自治，并递交撤治呈文。11

月 22 日，北洋政府批准外蒙古放弃自治请求，同时宣布废除 1913 年和 1915 年签订的《中俄声明文件》《中俄蒙协约》等损害中国在外蒙古主权的文件，外蒙古重新回到中国的怀抱。

但是，随着 1920 年中国国内直皖战争的爆发，驻守内蒙的皖系将领徐树铮率大部驻蒙军士撤回内地参战，造成外蒙古兵力空虚。白俄谢苗诺夫的下属恩琴领导的一支部队趁机进入外蒙，于 1921 年 2 月占领库伦，与当地活佛合作恢复了外蒙古"自治"。此时，新生的苏维埃政权为了巩固革命成果，一方面在国内打击白俄势力，另一方面开始对外"输出革命"。其中，与苏俄毗邻的外蒙，自然，成为苏俄对外输出革命的重要对象。1921 年 3 月，在苏俄的支持和直接帮助下，外蒙古革命力量组织成立"蒙古人民革命党"，建立蒙古临时人民政府，筹建蒙古人民军。6 月，苏俄红军在未得到中国政府的允许下进入外蒙古作战。7 月苏俄红军一万余人协同蒙古人民军击溃白俄军队，攻占库伦，正式成立蒙古人民革命政府。8 月 10 日，苏俄政府声明，应蒙古人民革命政府邀请，红军留驻外蒙古，直到彻底消灭外蒙古的白军为止。[①]之后，苏俄政府借口于此，长期留驻红军于外蒙不肯离去。11 月，苏俄再次违背国际公法准则，与蒙古人民革命政府签订《苏蒙关系协定书》，承认蒙古人民政府为蒙古唯一合法政府，并建立正式外交关系。1924 年中苏两国签订《中俄解决悬案大纲协定》，苏联承认"外蒙古为中华民国之一部分，及尊重在该领土内中国之主权"。但背地里，苏联仍在支持蒙古人民政府建立"蒙古人民共和国"。

1925 年 1 月，苏联政府照会蒙古政府："由于贵国内已建立了安定的秩序……并因残余的白卫匪帮已被完全肃清，苏联政府认为苏联军队已无驻蒙古人民共和国境内的必要"，声明准备撤军。并于同年 3 月照会中国政府，宣布自驻外蒙古苏军已全部撤走。但这只是苏联借军队换防制造撤军的假象，实际驻军并未减少，更未撤尽。1931 年，日本发动"九一八"事变，不断加快对华侵略步伐。为了应对日本的势力扩张，苏联进一步加强对外蒙古的控制，扩大在外蒙古的驻军。1936 年，

[①] 王春良、李威：《论苏联是怎样把中国的外蒙古分裂出去的》，《聊城大学学报》（社会科学版）2009 年第 5 期。

苏蒙签订《苏蒙互助议定书》，规定双方有责任在任何一方遭到军事攻击时给予彼此任何援助，且允许苏联军队进入外蒙古。在这一背景下，1936年6月，苏联增派摩托化部队开进外蒙古，1937年增派大批苏军驻扎外蒙东南部，以应对日本的威胁。1939年，日本与伪满洲国军队在"满蒙"边界发起诺门坎战役，苏联调集3个步兵师、2个坦克师、3个装甲旅、1个重炮营及100余架战斗机投入战斗，重创日军。[①] 自20年代末以后，苏联对外战略思想逐渐由"世界革命"方针转向"民族主义"，外蒙古成为苏联国家安全"战略缓冲区"中的重要一环，因此驻军外蒙古，加强对外蒙古的控制是苏联外交方针的重要内容。但苏联出兵外蒙古也遭到了历届国民政府的反对，在第二次世界大战全面爆发前，一直是影响中苏两国关系的负面因素。

沙俄涉足新疆地区始于19世纪中期，在19世纪下半叶侵略扩张活动加剧。1853—1856年，沙俄在争夺巴尔干半岛控制权的克里米亚战争中受到英、法、奥等欧洲国家的联合抵制，最终以付出100万人伤亡的代价而失败。沙俄在欧洲方向上的扩张势头被压制，且面临着外交上的孤立局面。对此，沙俄希望通过在亚洲的领土兼并来获得补偿，遂加大在中亚方向上的扩张步伐。清末到辛亥革命之前，沙俄共侵占中国西北50多万平方千米土地，攻占了中亚地区的中国数个属邦，并继续骚扰中国新疆沿边地区。

辛亥革命的消息传到新疆后，引起当地革命运动的爆发。沙俄借机出兵新疆，意欲趁中国内乱抢夺领土。1912年5月，沙俄借口保护俄国在新疆的领事、商人和侨民，派遣200多人的哥萨克士兵进驻宁远（今新疆维吾尔自治区伊宁市），并派遣500名步兵、50名炮兵携4门大炮进驻伊犁。6月，沙俄借口"策勒村事件"派遣300多名哥萨克士兵与2个步兵连进驻喀什[②]，8月底又增兵千余人。沙俄的行径遭到新疆地方和民国中央政府的抗议和抵制，但由于当时国内局势混乱而并未作出有力的回应举措，导致沙俄在新疆驻兵长达2年之久，为日后沙俄

---

① 李凡：《日苏关系史（1917—1991）》，人民出版社2005年版，第98页。
② 李琪：《从俄文档案看辛亥革命时期沙俄对新疆的侵略》，《中国边疆史地研究》1999年第3期。

和苏联多次出兵新疆开了恶劣的先例。

十月革命爆发后，俄国国内陷入内战，红白双方展开激烈的争夺。随着苏俄红军的节节胜利，部分白军开始败退至中亚地区。其中，少部分白军聚集在新疆临近地带，不断窜扰新疆安宁。1920年3月，白军上校巴奇赤率部窜入新疆塔城地区。不久，另一股白卫军阿连科夫部溃逃到新疆伊犁。此时的新疆督军杨增新严守国际公法准则要求，收缴两军武器，指定地点进行安置。但被安置的白军并不安分，妄图把新疆作为其反共反苏的基地，不久即开始图谋暴乱。1921年5月白俄军官宫诺维科夫部流窜入塔城地区，与活动在当地的巴奇赤部会合，势力大增。由于当时新疆境内兵力匮乏，面对白军在境内的暴乱活动，新疆当局同意苏俄红军入中国境内打击白俄溃军，但事毕应全行撤回俄境。是年5月24日，苏俄红军2000多人进入新疆塔城追剿白军。8月，按照新疆当局与苏俄的协议，苏俄红军又派遣4800余军队携手新疆地方军队进入阿山（今新疆维吾尔自治区阿勒泰地区），追剿溃逃至此的白军。9月，新疆境内白军暴乱平定，部分残匪逃往外蒙。9月末，苏俄红军遵守协定全部撤出新疆。

但新生的苏俄政权并未完全摒弃沙俄时期的扩张政策，国内战事尚未平定，即开始谋求在新疆的政治经济特权，加强对新疆的政治经济渗透。1920年5月，苏俄与新疆当局签订《伊犁临时通商协定》，将俄商在伊犁的进出口关税限定到2%，远低于中央政府设定关税，且并未给新疆商人提供对等的优惠关税。之后，苏俄又以伊犁为突破口，不断在实践中突破《伊犁临时通商协定》中的规定，先后将喀什、塔城、迪化（今新疆维吾尔自治区乌鲁木齐市）等地均辟为商埠。新疆大门对苏俄商品几乎完全洞开。及至20年代末，随着苏联工业化的发展，苏联工业品几乎垄断了新疆市场。1931年3月哈密发生暴乱，不久演变成武装起义，甘肃军阀马仲英趁机举兵入新疆，引起当时控制新疆的军阀金树仁的不安。为了维护自己在新疆的统治，金树仁向苏联求援，并作为交换条件与苏联签订《新苏临时通商协定》及《附则》。根据协定内容，新疆向苏联增加开放莎车、吐鲁番等腹地城镇，允许苏联在新疆地区开设财政所（金融机构），并再次限定新疆对苏联的关税税率。该协定的签署，进一步加深了苏联对新疆的经济渗透，变新疆为苏联的经济附庸。

1933年4月，迪化发生四一二政变，金树仁政权被颠覆，盛世才被推举为新疆临时督办，后又兼任省主席。但此时盛世才的统治并不稳，占据新疆北部的马仲英和张培元两股军阀势力都很强大，且准备联合进攻盛世才。盛世才在争取中央政府支持无果后，将目光投向苏联。盛世才打着信奉共产主义的旗号，宣布承认1931年的《新苏临时通商协定》且愿意与苏联发展更友好关系，向苏联求援。在与盛世才订立秘密协定后，苏共中央政治局于1933年8月3日下达指示："必给新疆地方政府以积极的支持，以粉碎马仲英和其他回人的队伍。"[①] 12月，苏军先派两个旅进入塔城，后派1个加强团进入伊犁，穿着中国军服，自称"塔尔巴哈台归化军"援助盛世才击溃张培元部。1934年1月，苏军在飞机的配合下，派遣2000多名官兵打着"阿尔泰归化军"的旗号，进攻围困迪化城的马仲英军队。1937年5月，苏联再次派遣1个机械化旅助阵盛世才平定了哈密、喀什、和阗（今新疆维吾尔自治区和田地区）地区的反叛势力，使新疆完全统一到盛世才统治之下。之后大部分苏军撤回国内，剩余官兵分别驻守在疏附、和阗等地。1938年1月，苏联派遣一个机械化加强团（又称"红八团"）进驻哈密，把守新疆东大门，防止国民政府的力量进入新疆。苏联在新疆与盛世才结成联盟，获取了不受当地政府干预的特权，攫取了新疆几近全部的矿产、交通、工业资源，并且可以驻军新疆[②]，国民政府力量无法进入新疆，新疆俨然成为苏联的卫星国。1941年苏德战争爆发后，苏联陷入欧洲战场，盛世才认为苏联大势已去，遂准备投靠国民政府，开始驱逐苏联在新疆的势力。1943年1月，盛世才投靠蒋介石领导的国民政府，国民党势力进入新疆，并要求盛世才提议苏联撤退红八团。是年3月，苏联做出撤离驻新疆部队的决定，直至11月方撤离完毕。1944年，苏联支持新疆发起"三区革命"，试图再次插手新疆事务。

总之，第二次世界大战前夕，苏联为了维护自己的利益，长期抛开

---

① 何立波：《苏联红军入疆作战始末》，《同舟共进》2010年第7期。
② 苏联与盛世才当局1940年签订的《新苏租界条约》正式确定了苏联在新疆的上述权利。

中国中央政府与外蒙古和新疆地方政府保持密切联系，并对两地多次出兵和长期驻军，这样对中国边境地区的不断蚕食和威胁，严重制约了中苏关系的发展。

三 《苏日中立条约》的签订

第二次世界大战之前乃至欧战结束之前，维持苏日之间在远东的和平一直是苏联外交的重要目标，其中签订两国之间的和平条约更是苏联外交的重中之重。十月革命爆发后，日本随同协约国集团一道加入反苏维埃的武装干涉之中，积极扶植谢苗诺夫、伽莫夫、卡尔梅科夫、罗扎诺夫和霍尔瓦特等人建立反苏亲日政权，是西伯利亚和远东地区外国武装干涉的主要力量。干涉失败后，各国纷纷撤军，唯日本拖延两年之余才撤走全部干涉军。日本对西伯利亚和远东地区的觊觎野心昭然若揭。当时苏俄政权初创，国内百废待兴，国力衰弱，国际上处于帝国主义国家的孤立封锁之中，不愿在远东陷入与日本的武力冲突，因此武装干涉结束以后，苏联对日本一直奉行妥协政策。但是苏联谋求与日本缔结和平条约的路途并不平坦，双方交涉历时十年之久。

1925年1月24日，苏日两国签订《日苏基本条约》，日本承认苏联政府，并从远东地区撤军，两国建立正式外交关系。当时苏联外交发起"和平攻势"，积极推动与资本主义国家和解，希望通过签订互不侵犯条约和中立条约等友好条约形式打破外交孤立局面。为了实现这一目标，也为了缓和与日本在远东的关系，维护远东地区的安全，苏联于1926年8月首次向日本提出签订互不侵犯条约的要求，但遭到日本的拒绝。之后苏联政府先后于1927年、1928年两次向日本提议签订互不侵犯条约，均被日本方面拒绝。日本给出的理由是，"在当前国际形势下，签订这一条约是不合适的"。实际上，当时日本参谋本部正在制订对苏作战方案，计划"利用满洲和朝鲜地区作为根据地来占领苏联的滨海州"，因此不会贸然自缚手脚与苏联签订互不侵犯条约。

九一八事变后，苏联发表声明，奉行不干涉的中立政策。之后，日本关东军迅速占领南满，并不断试探苏联，意图向划为苏联势力范围的北满进军。奉行对日妥协退让政策的苏联，为了维系与日本的和平，一方面默认日本的继续扩张，不断收缩自己在中国东北的力量；

另一方面多次向日本提出订立互不侵犯条约的建议。1931年10月，苏联政府向日本驻苏大使广田弘毅正式提出缔结苏日互不侵犯条约的建议。广田弘毅以"应以先解决当前问题"为由予以回绝。1932年1月2日，苏联驻日大使特罗扬诺夫斯基向日本首相犬养毅阐述签订苏日互不侵犯条约的重要性，得到的答复是，日苏两国之间最要紧的是解决渔业问题，如果苏联在渔业问题上作出友好表示后，两国间的所有问题自然会得到解决。待苏联表示准备在渔业问题上对日让步而再次探寻日方意见时，日本仍持消极态度。面对日本咄咄逼人的侵略气焰和在互不侵犯条约上的消极态度，苏联开始调整对华关系，并于1932年12月12日对华复交，结束自中东路事件以来两国的断交局面。此时，日本正在谋划扩大侵华战争，因此中苏两国的突然复交，引起日本的不满。于是，在中苏宣布复交的第二天，日本政府即对拖延了一年多的苏联缔约意见作出正式答复，指出鉴于日苏两国都是白里安—凯洛格公约的参加国，因此再签订专门的互不侵犯条约实属多余之举，遂正式拒绝了苏联政府的建议。

　　日本的拒绝并未终止苏联缔约的努力，但也促使苏联实施更为灵活的东北亚政策。在中国东北，苏联继续奉行对日妥协、退让政策，于1933年5月通知日本同意出售中东铁路，并开始着手与日本和伪满政府进行交涉。在对华政策上，苏联则开始放弃最初严格的不干涉政策，积极与中国中央政府进行合作谈判。1935年3月23日，苏联、日本、伪满洲国三方签署《中东铁路让渡协定》，苏联以1.4亿日元的价格将中东铁路出售给伪满洲国。至此，苏联为了避免与日本的冲突，退出了自己在中国东北的所有权益。该协定的签署自然引起中国政府的不满，但面临日本大举侵略危险的中国政府不得不握住作为罪魁之一的苏联伸出的橄榄枝。对此，1937年8月中苏两国签订《中苏互不侵犯条约》以及一系列的合作协议。苏联借助中国抵抗日本，防止日本侵略苏联远东地区的战略谋划日益清晰。而此时的日本，在加大对华侵略的同时，依旧拒绝在互不侵犯条约缔约问题上与苏合作，其考虑有三：一是日本认为近期内苏联不具备战斗能力，也不愿介入武力冲突，因此苏联决不会主动发起战争；二是此时若与苏联订约势必会刺激英美，使英美认为日本会加大南扩步伐进而侵犯到两国的利益，可能会引起英美对日本在远东活动的干涉；三是此时日本内部在"北进"还是"南进"战略上争论不休，此时若贸然与苏联缔约，可能造成内部失控。

1938年末至1939年，苏日缔约发生了转机。首先，苏联打破外交孤立的努力在欧洲收获了成果。1939年8月23日《苏德互不侵犯条约》签订，苏德实现了在欧洲的协调。德国背着日本与苏联缔约违反了德日1936年11月签订的《反共产国际协定》及《秘密附属协定》，动摇了德日结盟的基础，使日本在对苏外交上陷于被动。但苏联并不相信德国，为了能够将战略重点集中在欧战，而继续寻求与日本在远东的和平。其次，1938年8月和1939年5—8月，苏日两国先后在张鼓峰和诺门坎发生局部战争，战争结局均以日本的失败而告终。通过这两次局部战争，日本认识到苏军的强大，"北进"战略在日本的扩张路线之争中式微。再次，1939年9月1日欧战爆发，英、法、荷等国先后参战，无力顾及他们在东南亚地区的大片殖民地，使日本看到了机会，"南进"战略逐渐成为主流思想。最后，日本大部分兵力陷在中国战场，日本认为欲迅速结束在华战争必须终止苏联对中国的援助。在上述背景下，日本开始考虑苏联坚持多年的缔约建议，苏日缔约有了共同的谈判基础。

但日本担心缔约会过度刺激英美，因此并不赞同与苏联签订互不侵犯条约，而是决定与苏联签订在政治上比"互不侵犯条约"疏远些的"中立条约"[①]。1940年7月2日，日本驻苏大使东乡茂德向苏联外交人民委员莫洛托夫递交《日苏中立条约》草案。该草案要求以1925年的《日苏基本条约》为依据，维持日本在苏联远东地区占有的利益，遭到了苏联方面的抗议。因为《日苏基本条约》是在苏联不利的情形下签订的，当时苏联为了让日军从本国领土上撤军和获得日本的承认，以日俄战争后双方订立的《朴茨茅斯条约》为订约的基础，对苏联是较为苛刻的。而此时苏联认为日本在订约上有求于自己，因此不能接受日方所提草案的要求，而是希望借日本主动要求缔约之机，收回1925年让与日本在库页岛北部的石油和煤炭开采权。为了稳定北部安全，10月3日日本外务省制定《调整日苏邦交要纲草案》，决定向苏联作出若干让

---

① 同《〈苏日中立条约〉与二战时期的中国及远东》，第23页。

步,支持将缔结中立条约升级为互不侵犯条约。10月30日,新任驻苏大使建川美次向莫洛托夫提交《日苏互不侵犯条约》草案,提议两国间的一切纷争问题在签订条约后再行解决。11月18日,苏联在答复中指出,在苏联领土问题得不到解决的情况下,苏联不会同意签订互不侵犯条约,如果日本不准备讨论北库页岛、千岛群岛问题,苏联政府希望只签订中立条约。莫洛托夫提出的妥协建议是:如果日本放弃北库页岛的石油、煤炭开采权,苏联将在5年内每年为日本提供10万吨石油。北库页岛能源对于资源匮乏的日本来说,是重要的能源来源地,因此日本提出希望向苏联购买北库页岛,以便彻底解决相关的一系列问题。但苏联坚持不会出卖北库页岛。双方因分歧较大,未能取得进展。[①]

进入1941年,日本已开始实施"南进"计划,为求得北方安定,与苏联缔约的要求更为迫切。在请求德国调解日苏关系失败后,日本决定派遣外相松冈洋右专门访欧进行交涉。经过几轮交涉后,双方仍在库页岛与渔业权问题上无法达成共识。到了4月,随着德国开始入侵东南欧,苏联西部的危险更加紧迫,苏联遂决定抓住这轮谈判机会。而此时的日本,也由于"南进"战略的推进,与美国矛盾加剧,因此与苏联缔约的要求更为迫切。在这种背景下,4月12日晚,斯大林紧急召见松冈洋右进行会谈。双方在进行了一番争论后,决定搁置争论问题,立即签约。[②] 4月13日,双方正式签订《苏日中立条约》。条约主要内容如下:

第一条 缔约双方保证维持他们之间的和平与友好关系,并相互尊重缔约另一方的领土完整和不可侵犯。

第二条 如果缔约一方成为第三国一个或两个以上国家的战争对象时,另一方在整个冲突过程中应保持中立。

第三条 本条约自缔约双方批准之日起生效,有效期五年。如缔约任何一方在期满前一年未通知废止本条约,则本条约应视为自动延长五年。

第四条 本条约须尽速批准,其批准书应尽速在东京交换。

---

① [韩]金东吉:《〈苏日中立条约〉的缔结与影响》,《中共党史研究》2008年第1期。
② [韩]金东吉:《〈苏日中立条约〉的缔结与影响》,《中共党史研究》2008年第1期。

同日两国发表《日苏联合声明》。内容如下：

按照1941年4月13日苏联和日本所签订的中立条约的精神，并为了保证两国之间和平与友好发展的利益，苏联政府和日本政府庄严地声明，苏联保证尊重满洲国领土完整和不可侵犯，日本保证尊重蒙古人民共和国的领土完整和不可侵犯。[1]

4月25日，双方均批准了条约及所附声明，并进行换文，条约正式生效。该条约的签订是苏日外交的一大成功，苏联得以在苏德战争爆发前巩固了东部的安全，日本得以放心"南进"。条约的签订使第二次世界大战期间苏联远东地区成为大后方，虽然苏联对日本仍不信任，但与日本爆发战争的危险大大降低，苏联得以将远东地区的精锐部队调往西部战场。但两国以中国领土为声明对象，严重侵犯了中国的主权和领土完整。此外，苏日中立条约也是苏联对《中苏互不侵犯条约》的背离。条约的签订对深处抗日战争中的中国人民造成了精神打击，动摇了国民政府的抗战信心。与此同时，根据该条约苏联大幅缩减了对华人员和物资援助，使中国的抗战变得更加孤立和艰难。

第二节　战时远东经济

一　战时工业

现代战争从一定意义上说是一场资源和工业的比拼，德国军事工业在德国本土、占领区及附庸国资源的支撑下变得异常强大，为了与之抗衡，苏联必须动员自身拥有的所有资源潜力。在德国第一轮"闪电战"攻击后，苏联很多重要的工业中心被德军占领和破坏。被德军占领的地区，战前居住着全苏45%的人口，生产着全苏63%的煤炭、58%的钢铁、60%的铝、38%的粮食、84%的糖，工业产值占全苏的33%，农业产值占全苏的47%。在这种严峻的局面下，远东地区等之前经济落后的大后方在苏联国民经济中的作用得以凸显。

战争爆发后，为了适应战争的需要，苏联将大批预算资金投入到工业发展领域。1941年7月1日至1946年1月，苏联政府向经济领域的

---

[1] 同《日苏关系史（1917—1991）》，第131—132页。

预算投资共计 205 亿卢布①，其中 88 亿卢布投入工业领域，占总投资额的 42.93%；33 亿卢布投入交通和通信领域，占总投资额的 16.1%；19 亿卢布投入农业领域，仅占总投资额的 9.27%。1945 年整个远东地区工业生产总值比 1940 年增加了 12%，其中哈巴罗夫斯克边疆区增长数额最大，增加了 43%。

战争要求国民经济迅速向军用方向转型，因此在工业领域中，军工产业成为发展的重中之重，也是苏联各级政府重点支持的发展领域。在远东地区②，不符合战时经济需要的在建工厂均被叫停，居民住房建设和市政建设大幅缩减，各地集中力量建设国防企业。仅滨海边疆区，1941—1943 年就投入 11.33 亿卢布国防建设资金③，其中约 20% 用于建设海军基地。此外，一些中央部委也拨出专门经费用于远东地区国防工业的建设。例如，内务人民委员部拨出 9.5% 的预算用于滨海边疆区重要国防企业的建设；人民委员会将 9.2% 的预算拨付给滨海边疆区管辖的造船工业、8.7% 给国防工业、5.9% 给海军建设。在这种形势下，远东地区加紧建设起具有国防意义的工厂、燃料矿场、飞机场、防御工事，并对一些生产装备和弹药车间进行技术改造。而且，随着西部局势的紧张，西部地区许多重要的军工厂向东部后方迁移，其中大部分迁移到了西伯利亚地区，仅有小部分军工企业搬迁到了远东地区。在多种因素的影响下，远东军工企业在战争期间获得了快速发展。

战争爆发前远东地区基本没有从事军工产品生产的企业，但随着战争的进行，远东地区军工企业如雨后春笋般地出现。在哈巴罗夫斯克边区，到 1941 年底，已经可以生产出包括 82 毫米迫击炮、120 毫米迫击

---

① 根据 20 世纪 80 年代初的价格水平换算值。

② 1938 年 10 月 20 日，苏联最高苏维埃主席团决议将原"远东边疆区"分列为"哈巴罗夫斯克边疆区"（Хабаровский край）和"滨海边疆区"（Приморский край）。为了与日后重名的两个主体相区分，此处将 край 译为"边疆区"。"哈巴罗夫斯克边疆区"下辖哈巴罗夫斯克州、阿穆尔州、下阿穆尔州、萨哈林州、堪察加州（含科里亚克自治区与楚科奇自治区）、犹太自治州和由原先不隶属边疆区执委会管辖的北部地区的 3 个区。滨海边疆区下辖滨海州和乌苏里州。按照现在远东联邦区的地域范围，自 1938 年 10 月 20 日到 1947 年间远东地区主要分布有三个大的主体：哈巴罗夫斯克边疆区、滨海边疆区和雅库特苏维埃社会主义自治共和国。

③ Л. М. Медведева. Транспорт Дальнего Востока СССР в годы Великой отечественной войне (1941 - 1945 гг) Владивосток: Изд - во. Дальнаука, 2005. С. 15.

炮、74毫米步兵炮和ОБ-25炮在内的20余种军工产品。从1941年底到1944年11月，哈巴罗夫斯克边疆区的军工企业共生产了719.78万颗手榴弹、1319.19万枚地雷、65.86万枚各种型号的航空炸弹、1.25万枚火箭炮等。在哈巴罗夫斯克边疆区，从事军工用品生产的企业主要有一九九厂、国防人民委员部一零五厂、莫洛托夫工厂、林业机械厂、通信设备厂、基洛夫工厂、哈巴罗夫斯克船舶修理厂、比罗比詹机车修理厂和阿穆尔金属厂等。在滨海边疆区，根据从1942年到1944年5月的统计材料，各类军工企业共生产60.74万枚炮弹、7.46万枚水雷、5.58万枚航空炸弹、182.14万颗手榴弹和19.91万枚训练用水泥炸弹等。① 在滨海边疆区，从事军工用品生产的企业主要由二零二厂、滨海边疆区金属厂、滨海边疆区第一机械厂、斯帕斯克水泥厂、滨海边疆区机车车辆修理厂和阿尔杰莫夫斯基机械厂等。

当时，远东发展军工产业的方式主要有两种。

一是新建军工厂，如六三七厂、一一六厂和三六四工厂、五一五厂等。其中位于哈巴罗夫斯克边疆区的六三七装备厂，隶属于苏联弹药人民委员部管辖，在当地多家工厂的捐助支持下，于1941年底完成厂房建设和设备的安装调试。1941年12月，六三七厂第一批产品下线。截至1944年12月1日，该厂共生产和运往前线1558.8万件产品。位于滨海边疆区的一一六厂，于1941年5月开始基建工作，战争爆发后加紧施工建设，1942年4月试制出第一架样机，并通过国家检验开始批量生产。截至1944年6月，仅UT-2型飞机一种，该厂就向苏联红军和红海军生产交付了1509架。1941年，国防人民委员部下属的第七十七工厂新开设的一批车间投入运营，主要从事坦克和牵引车的维修。1942年4月，在哈巴罗夫斯克新建的电力人民委员部下属三六四工厂开始投产运营，主要生产船用和装甲车用蓄电池组。1943年建立的弹药人民委员部下属五一五装备厂，专司枪支弹药的生产。

二是当地原有工厂转型生产军工产品。内务人民委员部下属的符拉迪沃斯托克劳改营第一机械厂，于1941年底开始安装军工生产设备，转向生产地雷。远东造船机械厂在继续维修和改装船舶的同时，开始生

---

① ГАПК. Ф. П-68. Оп. 30. д. 175，л. 49.

产弹药。哈巴罗夫斯克的远东动力机械厂战前经营拖拉机和汽车修理业务，自1941年8月开始转向生产地雷配件，自1942年起又开始承担坦克维修任务。乌苏里蒸汽机车修理厂开始转向生产炮弹。交通人民委员部下属第一九九造船厂（位于阿穆尔共青城）在组装、生产和维修船舶的同时，开始制造 АО–10 型、ФАБ–100 型、ФАБ–250 型航空炸弹和 ОФ–76 型炮弹。哈巴罗夫斯克化学制药厂则把生产的重心转向前线急需的乙醚。霍尔斯克水解厂转型制造军用机械润滑膏等军用润滑产品。"奥尔忠尼启则"石油加工厂除了继续生产柴油外，开始生产弹药制造所需的清漆和塑胶。基帕里索夫斯基玻璃厂开始生产装有可燃物的燃烧瓶。滨海边疆区的"海洋"胶合板厂，于1941年11月开始转向生产蓄电池用板、航空用板、反坦克地雷、电报线圈等军工用品。乌苏里斯克第一木材加工厂转向制造军用滑雪板、军用包装箱、军用移动营房、移动修理车间等。位于哈巴罗夫斯克的肉品联合加工厂专门建立了氢气生产车间，制造军用氢气。乌苏里油脂联合工厂开始生产浓缩食物、碳酸饮料、添加维生素的鱼肝油等军用食品。东部地区渔业管理总局下属多家企业开始生产手榴弹。

随着西部地区许多大型军舰制造基地受到破坏，远东军舰制造工业得到了飞速发展。1941年7月10日，苏联国防委员会发布第86号决议，对各军工企业下达下半年建造军舰的紧急计划，决定停止"23"级战列舰、"69"级重级巡洋舰、"彼得罗巴甫洛夫斯克"级巡洋舰和"68"级轻级巡洋舰的建造计划，集中力量建造前线作战急需的潜艇、驱逐舰、扫雷舰、猎潜艇、鱼雷艇和装甲艇。远东地区的许多造船企业积极响应这一号召，承担了多种型号军舰的建造计划。位于符拉迪沃斯托克市的"远东"二〇二造船厂在1941—1943年，生产交付了3艘驱逐舰、9艘潜艇和4艘辅助船舶，并对太平洋舰队的77艘船舶进行了大修改造，是太平洋舰队的重要后勤基地。交通人民委员部下属第三六八造船厂（又名"基洛夫造船厂"）在战争期间，为海军提供了2艘浅水重炮舰和其他一些小型船只，并对2艘"М"级潜艇和2艘炮艇进行了改装。截至1945年1月1日，交通人民委员部下属第一九九造船厂共向海军交付2艘轻型巡洋舰、2艘驱逐领舰、6艘驱逐舰、1艘护卫舰、2艘"Щ"级潜艇，对9艘"Щ"级潜艇和4艘"М"级潜艇进行了大修（见表8—1）。

表8—1　　　　　　1941—1943年二〇二造船厂年度工作量

指标	1941年	1942年	1943年
船舶制造：			
—驱逐舰	2艘	1艘	—
—"Л"级、"С"级和"Щ"级潜艇	7艘	1艘	1艘
—辅助船舶（拖船和防空驳船）	无	3艘	1艘
维修太平洋舰队的船舶	14艘	41艘	22艘
维修民用船舶	无	9艘	3艘

战争期间，很多技术工人被调往前线，而且原材料和配件都十分短缺，远东地区的军工企业面临着很多的困难。为此，远东军工企业采取了多种措施，来提高劳动生产率和产品数量。很多企业的劳动生产率都得到提升，有力支援了前线。以一二六飞机厂为例，该厂位于共青城，隶属于航空工业人民委员部。在生产过程中，一二六飞机厂积极完善生产工艺，采用流水线作业，使得工人组装设备的时间大大缩短，人均产量大幅增加。战争开始前，该厂尚处于新战斗机型的研发阶段，及至战争爆发后的6个月即完成了全年生产计划。1941年至1944年11月，一二六厂共生产飞机2243架，其中1941年生产385架，1942年637架，1943年658架，1944年563架。1942年7月，飞机厂因超额完成战斗机生产任务而被授予列宁勋章。在全苏社会主义竞赛中，飞机厂19次获得第二名和第三名的好成绩。战争期间，该厂生产的飞机厂曾飞往柏林、加里宁格勒、布加勒斯特等地参加战斗。

总体来看，战争期间远东地区的军工产业实现了从无到有、从小到大的跨越式发展。1941年，远东主要国防企业的总产值为7.6亿卢布，1942年这一数额达到峰值的9.7亿卢布，此后几年略有下降。到战争结束时，远东地区已经形成了包括一一六厂、一二六飞机厂、"远东"二〇二造船厂、一九九造船厂、六三七装备厂、一〇六武器弹药厂等在内的一批大型军工企业。

军工产业在远东地区的发展，带动了当地一批上游产业的发展，其中包括钢铁及冶金业、煤炭和有色金属开采业、木材砍伐与加工业等。

随着众多军工企业的投产，对钢铁及有色金属的需求变得越来越大。由于大多数冶金厂位于西部地区，战争的推进导致西部大片地区被德军占领，而且远东地区与苏联西部地区之间的运输变得异常紧张，因此在远东当地建设金属冶炼厂就成为当务之急。阿穆尔钢铁厂、二二五厂等金属冶炼厂就是在这种背景下建立起来的。苏联国防委员会要求阿穆尔共青城钢铁厂加速建设，尽快投产。之前需要 5 年的筹备工作，如今在 7 个月时间内即已完成。1942 年 2 月 15 日，阿穆尔共青城钢铁厂的首批生产线建成，2 个 130 吨的平炉、多台中薄板轧钢机和一些配套车间投入使用。① 由于原料缺乏，钢铁厂就动员居民捐出废旧金属进行冶炼，其中哈巴罗夫斯克边区居民仅在 1942 年就捐助了 5.59 万吨废金属。截至 1945 年 1 月 1 日，钢铁厂共冶炼出 15.63 万吨原钢，锻轧出 10.95 万吨中板和薄板。重要的冶金工厂还有二二五厂、五一五厂、希哈里联合工厂等。

工业生产的发展促进了对煤炭的需求。由于苏联主要煤炭产区顿巴斯在战争爆发之初即已沦陷，整个苏联的能源供应格局不得不作出调整。在这种情形下，为了满足远东地区自身工业生产和居民日常生活的需要，同时也为了支援西部地区，加强远东地区煤炭的开采就非常迫切。在滨海边疆区，经营大型煤矿的企业有煤炭工业人民委员部托拉斯、苏昌煤炭联合公司、阿尔乔姆煤炭联合公司，小型的矿场则由矿场管理局下辖的各种类型的企业经营。苏昌煤矿是当时远东地区最大的煤矿。从战争爆发的 1941 年下半年开始，苏昌煤矿的矿工们就开始不断增加煤炭的开采量，每个矿工的劳动生产率与上半年相比增加了 12%。苏昌煤炭公司第 1 矿井和第 20 矿井在 9 个月内就完成了全年的工作计划。苏昌矿区阿尔乔姆煤炭公司虽然受到人员短缺、组织纪律涣散等因素的制约，在战争开始后的 4 个月内即开采了 65.02 万吨煤。在滨海边疆区，1940 年全区共计开采煤炭 330 万吨，1941 年猛增到了 410 万吨。但是随着大量工人被征召入伍，以及受社会局势混乱的影响，熟练工人数量大量减少，生产事故多发，劳动生产率大大降低。因此到 1943 年

---

① ГАХК. Ф. П-35. оп. 1. д. 1685. л. 110.

时，煤炭产量开始大幅下降。其中，1943年整个滨海边疆区开采的煤炭共计为270万吨，1944年为297.92万吨。而为了满足巨大的煤炭需求，远东北部地区的煤炭产业在战争期间也得到了发展。这一地区在艰难的战时环境下新开发了很多煤矿。例如，1942年开采了奥姆苏克昌煤矿，1943年开发了"五一"煤矿，1944年在浅水湾岸边挖掘了新的煤矿。截至1945年，科雷马地区共开发了25个矿井，煤炭开采量比1940年增加了3倍。战争期间，以当地的燃料生产基地为依托，经过各界人士的共同努力，在远东北部地区建成了阿尔卡加林、埃利根诺—塔斯坎、坚津、乔恩—丘克特、奥姆苏克昌、因迪吉尔卡等多个能源供应中心。

如表8—2所示，战争期间钢铁、煤炭、电力等重要工业产品的产量全苏都有所下降，但远东地区相反，却得到了一定程度的发展。

表8—2　　　　　　　　1940—1945年部分工业品产量对比

指标	全苏联		远东地区	
	1940年	1945年	1940年	1945年
钢铁生产（万吨）	1831.7	1225.2	无	5.5
轧材生产（万吨）	1311.3	848.5	无	4.1
电力生产（亿千瓦/时）	483.09	432.57	6.36	9.24
煤炭产量（万吨）	16592.3	14933.3	659.5	702

在有色金属开采领域，远东地区加强了对黄金、钼、钨等有色金属的开采。主要的有色金属开采企业是阿穆尔金矿公司和滨海金矿联合企业。有色金属对国民经济发展和出口创汇具有十分重要的意义，因此当地政府和企业特别重视有色金属资源的开发，但是有色金属的产量并未取得快速增长。因为有色金属矿藏通常位于人迹罕至的地区，生产设备很难运抵，生活条件也十分艰苦。在这种情况下，企业很难配齐工人和维持较高的生产效率。1943年，滨海金矿联合企业共有4310名员工，仅达到工作岗位计划的88%，而且其中1770人是女性。[①] 矿产开采所

---

① ГАХК. Ф. П-35, оп. 1. д. 1442. л. 79.

需的生产设备及零配件的供应也不充足,其中表现最为明显的是挖土机。多数挖土机使用年限已达25—40年,机器磨损十分严重,工作效率非常低。而且在1944年,由于蒸汽锅炉老化,安全检查机关还在科尔比、科尔昌、哈尔加、梅恩等矿井禁止了一批蒸汽挖土机的使用,致使挖土机更为稀缺。此外,交通运输不便也是制约有色金属开采发展的重要因素。无论是在产量占阿穆尔金矿联合公司45%的"十月"矿井,还是在产量占滨海金矿联合企业55%的里木立与乌德利矿井,交通运输能力均不能满足需求。矿井通往外界的道路,往往都是乡间土路,到了冬季被大雪覆盖封堵,根本无法通行。在这种情形下,1944年阿穆尔金矿联合公司开采黄金共计3290千克,滨海金矿联合企业开采黄金1632千克,乌马利特矿山开采钼257吨。在战争期间的1941—1944年,远东地区共新开采17个金属矿,新建13个选矿厂和3个煤矿区,共开采283吨沙金、36吨银、约1.2万吨锡精砂、178吨三氧化钨。[1]

战争期间,木材砍伐与加工业也受到影响。1941年下半年,哈巴罗夫斯克边疆区的木材采伐企业均未能完成生产计划,其中"哈巴罗夫斯克木材厂"完成半年计划的62.8%,"阿穆尔木材厂"完成75.5%,"边疆"木材厂完成15%。从事木材加工的企业,大多也未能完成下半年的生产计划,其中"远东木材联合工厂"完成82%,"边疆木材加工委员会"完成69%。木材加工业是哈巴罗夫斯克边疆区的主导产业之一。1945年全区共有6个林业局、7家锯材加工厂、1家水解厂。从产能上看,这些企业均属于大中型企业。其中奥博尔斯基林业局配备有专门的蒸汽机车、车厢、大量的拖拉机、汽车等设备,拥有很高的机械化程度,每年可采伐100万立方米原木。但是工人的短缺使得很多设备无人使用,因此1945年林业局生产计划仅为20.1万立方米。木材加工企业也受到劳动力缺乏的影响。以1945年为例,当年哈巴罗夫斯克边疆区的所有锯材厂共有11个加工生产线,产能为25万立方米,但全年加工产量仅为5万立方米。

---

[1] И. Д. Бацаев. Колымская гряда архипелага ГУЛаг(заключенные)//Исторические аспекты Северо - Востока России:экономика, образование, колымский ГУЛаг. Магадан. СВКНИИ ДВО РАН, 1996. С. 60.

在滨海边疆区，木材产业发展的情形与哈巴罗夫斯克边疆区极为相似。1945年，全区共采伐200万立方米木材，其中75%供给太平洋舰队、边疆区和内务人民委员部的军事单位使用。熟练工人的短缺、机器的缩减以及零配件和燃料的匮乏，都制约着木材采伐的效率。尽管自1939年起工作计划就开始下调，但是滨海林业联合企业仍未能完成每年的计划，直到1945年秋天这一状况才得以改变。1945年8月23日，苏联国防委员会决定让日本战俘服务于苏联的国民经济。远东边疆区共分配到日本战俘54966名，其中9000人被派往林业领域，木材砍伐量得以提高。滨海边疆区主要的木材采伐企业是苏联森林工业人民委员部下属的滨海林业联合公司。该公司是当时滨海边疆区最大的木材采伐加工企业，拥有这一地区多数具有开采潜力的森林资源的开采权。滨海林业联合公司下辖苏维埃城、捷尔涅伊、尼古拉—乌苏里斯克、上道比欣、下道比欣、乌拉欣、富津诺—诺京等林业局。1941年，滨海林业联合公司共采伐112.7万立方米木材，1945年降到28.9万立方米。木材加工量在战争期间也下降了2/3。主要原因在于工人和技术设备的短缺。以1945年为例，滨海林业联合公司只有8台拖拉机、一支由1200匹马组成的运输队。木材只能由马车、汽车和拖拉机往外运输。工人的生活条件十分艰苦，连最基本的日常生活需要都不能满足。1945年，滨海边疆区共有38家从事木材采伐和加工的企业。它们隶属于不同的人民委员部，其中比较大的有位于乌苏里斯克车站的远东木材联合企业第一木材厂、东部企业管理总局包装厂、太平洋舰队管理局第136木材联合加工厂、林业人民委员部第十九木材厂、伊曼制桶厂、大洋胶合板厂、耶福根叶福卡蜂箱制造厂、阿尔乔姆煤矿下属木工厂。主要砍伐和加工的树种有柃树、椴树、枫树等。其中柃木锯材和12个等级的木板被运往全苏各地的航空企业和造船企业。但是，直到1945年，滨海边疆区木材企业仍不能完全满足自身需要。

二 农牧渔业

第二次世界大战前，远东属于农业落后地区，须从其他地区运进农产品。战争爆发后，远东农业面临更大的供应压力：一方面，前线军队和居民需要粮食；另一方面，工业企业需要农产品原料。苏联西部主要产粮区的沦陷，使苏联的农产品供应量大幅缩减。粮食缺口的补充任务落在了哈萨克斯坦、西伯利亚和远东地区的集体农庄与国营农场身上。与此同时，随着对军工等重化工业的扶持，国家减少了对农业的投入，国营农场和集体农庄的装备和技术支持无法保障，而且大量居民参军入伍造成有劳动能力的农业人口大量减少。据统计，1940年到1944年远东地区有劳动能力的农业人口减少了36%，农用拖拉机减少23%，农用汽车减少56%。[1] 这些因素都严重制约着远东地区农业的发展。

在这种情况下，为了提高农产品产量，远东地区不得不加大对自身农业潜力的发掘。首先，当地民众加大了开荒的力度。1941年滨海边疆区耕作面积从1940年的29.2万公顷增加到34.4万公顷，增长了17.8%。阿穆尔州15个区（不包括北部的2个区）的耕作面积比1940年增加了8.4%。其次，远东地区各级政府打出"城市支持农村，就是支援前线"旗号，动员城市支持农村，号召城市居民支援农业生产活动。再次，动员妇女和未成年儿童参加农业生产，补充男性农业劳动者参军入伍造成的劳动力饥荒。以女性农机师的变化为例，战前整个远东地区仅有几十名女性农机师，到战争后期的1944年，女性在拖拉机手中的比例达到了42%，在联合收割机手中的比例达到47.5%。

在滨海边疆区，1941年马铃薯、蔬菜、甜菜的产量都有所增加。1940年边区共向军队和前线供应马铃薯2.42万吨，1941年增加到4.3万吨。相比上一年，1941年滨海边疆区牛数量增加了8292头，猪增加了8668头，分别增长了15.4%和29%。1944年10月，联共（布）滨海边疆区第十七次委员会全体会议指出，战争以来滨海边区农业发展状况急剧恶化，种植面积缩减了1/3，主要农作物小麦的种植面积减少了3/5，水稻几乎绝迹，所有农作物的产量均大幅下滑。1944—1945年，滨海边疆区的粮食生产无法满足自身需求，差额部分主要依靠进口来保障，也从国内其他地区补充一部分。

在哈巴罗夫斯克边疆区，农牧业取得了一些发展。1943—1944年，

---

[1] Сидорычева. Александра. Дальний Восток в Великой отечественной войне. Реферат. Комсомольск‑на‑Амуре，2004. С. 12.

边疆区种植面积大幅度减少,其中主要作物小麦的种植面积明显减少。各种农作物产量大幅缩减,未能完全履行向国家缴纳粮食的义务,许多地方连播种的种子都未能剩下,集体农庄发放的劳动日报酬也被削减。直到1945年,种植业生产的不利状况才有所扭转。① 1945年,边疆区总种植面积为4.71万公顷,其中谷物(小麦和燕麦)种植面积2.2万公顷,马铃薯和蔬菜2.3万公顷,经济作物(大豆等)0.21万公顷。1944年初,哈巴罗夫斯克边疆区各个牧场牛存栏量5.94万头,比1940年增加了33.6%;绵羊3.52万头,比1940年增加86.2%。1944年前10个月,边疆区集体农庄共向国家和军队提供肉类26.343万公斤。1945年的牲畜数量比1944年有所减少,但相比战争初期也有一些增加,其中马8776匹,牛37600头,绵羊8090只,猪18664头。

在阿穆尔州,尽管面临很多困难,1941年的农业生产仍取得了进展。其中粮食比1940年增产1.52万吨、马铃薯增产4.7万吨、蔬菜增产5368吨。② 1941年,阿穆尔州集体农庄饲养的牛比上年增长了15.5%,猪增加22.8%;在阿穆尔州的国营农场和其他经营单位中,牛和猪存栏数分别增长了17%和30%。到1942年1月1日,在阿穆尔州的集体农庄中,共有1916个牧场。每头奶牛的年产奶量平均达到1100升,比1940年增加100升。全州集体农庄的奶牛每年可产奶151.3万公斤。

在位于远东地区北部的堪察加州,由于地处高寒地区,战前只负责向国家供应肉类产品,自1941年起也承担起供应蔬菜、马铃薯等农产品的任务。整个战争期间,堪察加州各种作物耕种面积增加了1倍,土豆和蔬菜的总产量增加了3倍多。为了保证农产品的供应,堪察加州在新开辟的土地上种植马铃薯、白菜,并新建温室种植黄瓜、西红柿等。战前,堪察加州一直都须从其他地区调运马铃薯,在1941年不仅满足了本地的需求,还向国家交纳了大量的富余马铃薯。为了保证肉类的供应,堪察加股份公司在每个联合企业下都组织成立新的牧场。1944年,堪察加州共向国家提供90多万公斤肉,而1940年只有10万公斤。

---

① ГАХК. Ф. П-35, оп. 1, д. 1901, л. 6.
② ГААО. Ф. 114. Оп. 2. д. 168. л. 32.

1945年，堪察加州牛存栏量比1940年增加了24%，马匹增加27%，绵羊增加98%。而养鹿业的发展更为迅速，到战争结束时全州共存栏60多万头鹿，占全苏的25%、全世界的15%。①

在鄂霍茨克海沿岸及科雷马河流域，1941年时共有1229个农户、23个集体农庄，主要从事猎捕毛皮兽、养鹿、蔬菜栽培、捕鱼和打捞海产品等生产活动。1941年共向国家交纳94.25万公斤鱼。毛皮是当地的贵重资源，也是当时苏联赚取外汇的重要产品，战争期间科雷马地区的猎人共向国家交纳价值400万卢布的毛皮。

在渔业领域，由于食品供应是战时摆在远东乃至整个苏联面前的难题，因此加大了对渔业发展的重视。随着西部地区的沦陷，北部海域、黑海和伏尔加河的捕捞活动受到限制，远东水域和里海成为苏联水产品的主要供应基地。但远东渔业的发展不仅受到渔船落后和数量少等问题的制约，而且远东复杂多变的水文环境和国际环境也对渔业发展提出了挑战。1941年，远东地区共计捕鱼量为2.7亿公斤，虽然远超上年的捕捞量，但并未完成当年的生产计划。其中哈巴罗夫斯克边疆区完成当年计划的96.4%，萨哈林渔业联盟完成84%，下阿穆尔渔业联盟完成65.6%，中阿穆尔渔业联盟完成73.3%，"下阿穆尔"和"中阿穆尔"国营渔品工业托拉斯都未能完成当年的计划。此外，在11个流动捕鱼站中，只有4个完成了当年的工作任务。

1942年1月，苏联人民委员会和联共（布）中央委员会决议指出，"在西伯利亚和远东的水域发展捕鱼业对于保证国家的鱼及鱼产品供应具有特别重要的意义"。苏联人民委员会和联共（布）中央委员会专门为远东地区制订了鱼类捕捞计划：1942年捕捞3.36亿公斤，1943年捕捞4.56亿公斤。在中央的号召下，远东地区提高了对渔业发展的重视程度，捕鱼量得到了大幅提高。以阿穆尔渔品工业总局为例，如表8—3所示，1942年至1944年产量分别达到8600万公斤、11810万公斤和10300万公斤，分别比1940年增长2.05%、40.1%和22.22%。

---

① В. Т. Анисков. Колхозное крестьянство Сибири и Дальнего Востока – фронту. 1941 – 1945 гг. : Деятельно сть партийных организаций по руководству сельским хозяйством в период Великой отечественной войны. Барнаул： Алтайское кн. изд – во，1966. 345.

表 8—3　　　1939—1944 年阿穆尔河渔品工业总局捕鱼量　　单位：万公斤

年份	产量
1939	8839
1940	8427
1941	8260
1942	8600
1943	11810
1944	10300

虽然捕捞量获得增长，但是鱼产品质量却出现下降。其中，属于名贵鱼类的阿穆尔河鲑鱼的捕捞量出现很大波动，并有不断下降的趋势。在下阿穆尔和萨哈林国营渔品工业托拉斯，1942—1944 年三年的鲑鱼捕获量比 1939—1941 年减少 930 万公斤。此外，捕获的鱼类中，小鱼的比重不断增加，鲢鱼、鲤鱼、鳊鱼、鲇鱼和狗鱼等名贵鱼类的捕获量却日趋减少。

在滨海边疆区，所有国营渔业企业的活动均由东部地区渔业管理总局（下称总局）统一管理。总局下辖多个船队、海产品加工厂和一些辅助企业。1941 年总局共计捕捞各类海产品 6840 万公斤，比 1940 年减少 1 倍。渔民将捕捞量减少的原因归结为，主要的捕捞鱼类——沙丁鱼①鱼群迁往深海地区，距离海岸太远，渔船无法到达。联共（布）滨海边疆区委员会指责捕捞船队对红眼鱼、胡瓜鱼、比目鱼、鲻鱼等其他非主要鱼类不够重视，导致捕捞计划无法完成。边疆区党政领导担心总局的捕捞计划完不成，采取了很多极端措施，甚至强迫船队在暴风雨天气出海捕捞。到 1943 年，东部地区渔品工业管理总局捕捞量明显增加，捕捞各类海产品共计 8955 万公斤。在鱼类产品的加工运输上，滨海地区捕捞的主要鱼产品首先运往符拉迪沃斯托克的冷冻厂加工，然后经铁路运输到西部，其中很多被制成鱼罐头供应给前线作战的苏军战士。

战争期间，堪察加地区鱼类和海产品捕捞量增长了 1 倍，鱼罐头产

---

① 1941 年，沙丁鱼捕捞量占滨海边疆区捕捞总量的 85%。

量增长了 1.5 倍。堪察加股份公司自 1942 年起从季节性生产转向全年捕捞和加工,因此捕捞量得到了快速增长。从年份对比上来看,1940 年捕捞量仅为 170 万公斤,1945 年激增长到 3020 万公斤,占全苏的 14%,鱼罐头产量也占到全苏的 27%。1943 年,堪察加渔民的捕捞量全苏联第一,成为社会主义竞赛的优胜者,赢得了苏联国防委员会授予的流动红旗和一等奖。该地区主要捕获的鱼类有比目鱼、宽突鳕、胡瓜鱼等。

根据苏联社会主义竞赛的评比结果,战争期间远东地区的渔业企业共获得 5 次苏联国防委员会的红旗,3 次获得渔业人民委员部的红旗。1945 年远东地区的苏联渔业部下属组织捕鱼总量为 30.3 万吨,比 1940 年的 30.8 万吨略有减少,但在全苏联的占比却从 1940 年的 23.8% 上升到了 1945 年的 30.4%。

三 交通运输业

卫国战争爆发之前,苏联已建立起发达的铁路网,铁路已成为苏联主要的运输工具。1941 年初,铁路运输量占全国运输总量的 85%,达到 4207 亿吨。但由于远东地区地处偏远,基础设施建设滞后,铁路运输能力相对薄弱。战前的 1940 年,远东铁路货运总量为 1320 吨,同期阿穆尔河及其支流航运量为 2140 吨,远东海洋运输量为 1470 吨[①],可以看出铁路的绝对数量和相对数量都不高。与此同时,随着战争的爆发与扩展,和国民经济的其他部门一样,远东铁路系统也面临着人员短缺的问题。战前的 1941 年 1 月 1 日,远东铁路局工人和职员总数为 27480 人。整个战争期间,铁路局工人和职员的数量一直在减少,1941—1945 年总共减少 18556 人。其中 5741 人被征召入伍(占 31%),4213 人被抽调加入"特种工程"和西部的铁路局(占 23%),1787 人因病离职(10%),其他原因(家庭状况、单位调转、犯罪等)离职者 6333 人(占 34%)。在应征入伍的职工中,有 30% 是铁路系统的高级技术工

---

① И. П. Тесельская. Дальневосточная железная дорога в начальный период Великой отечественной войны//Дальний Восток России в годы Великой отечественной войны 1941 – 1945 гг. Сборник статей. Хабаровск, 2010. С. 40.

人。直到1942年5月，随着铁路运输量不断加大，国防委员会才下令停止征召铁路工人入伍。加入"特种工程"和其他路局的职工也都是技能娴熟的高级技工。熟练工人的短缺是制约战时远东铁路运输发展的主要原因之一。

但是战争爆发后，远东铁路却要承担艰巨的运输任务，一方面要把远东地区的军队、人员、物资运往前线，另一方面承担着西部地区人员疏散及物资的运输任务。自1941年下半年开始，军事运输成为远东铁路运输的主要任务，军事运输占到总运量的40%多。军事运输的特点是高速、保密，要求在执行运输任务时做好沿途各铁路段的清理工作，专门为军事运输预留车道和卸货区。1941年夏秋战役进行前，最高统帅部决定从远东方面军①和后贝加尔方面军②往苏德战场前线调拨兵力。1941年6月29日，第一辆搭载远东方面军士兵前往西部前线的军列开动。当年共从远东地区调运了12个步兵师、5个坦克机械化师，总人数超过12万，还有2000多门大炮和火箭炮、2209辆轻型坦克、1.2万多辆汽车、1500辆拖拉机和牵引车。1941年11月，为了抵抗德军的进攻，保卫莫斯科，自远东地区运兵的速度由平时的4—12个军列/昼夜增加到36个军列/昼夜。1942年2月，交通人民委员部致电远东铁路局局长 И.А.斯梅列夫，要求严格执行军用列车运输任务，尤其是开往前线的军列，只有当燃料不足影响交通运输等极特殊情形下，才能暂缓军列运输，而逃避指定的运输任务和拖延军列运输，尤其是运送增补前线兵员的列车，将追究相关人的责任，甚至提交军事法庭处理。与此同时，远东地区工业企业和农庄生产的军工产品及大量农副产品，也需要通过铁路运往前线。此外，从美国运输到远东港口的"租借法案"框架内的物资也要通过铁路运往西部。铁路运输部门面临着空前的运输压力。为此，远东铁路部门专门为装载军用物资的列

---

① 1940年7月1日至1945年8月5日，称为"远东方面军"。1945年4月19日，将其下属的红旗第1军、第25军、第35军、空军第9军、机械化第10军团分列为"滨海集团军群"，并于同年8月更名为"远东第1方面军"，剩余部队自1945年8月5日起更名为"远东第2方面军。"除非特别标明，本书统称为"远东方面军"。

② 1935年5月17日至1941年9月15日称为"后贝加尔军区"。1941年9月15日至1945年10月9日更名为"后贝加尔方面军"。本书统一称为"后贝加尔方面军"。

车开通"绿车道",军列以前所未有的速度行进,速度每昼夜达到800—1000千米,部分列车甚至达到1200千米。尽管运力严重不足,但远东铁路系统的广大职工仍较为圆满地完成了国家交付的重要客、货运输任务。

考虑到远东铁路运力严重不足,苏联国防委员会决定将西部靠近前线的铁路部门的1万节车厢移交给远东铁路运输部门,这在一定程度上缓解了远东地区铁路系统的运输困难。但随着战争的推进,莫斯科、列宁格勒等城市的机车修理厂停止了机车和车厢的集中供应,远东地区铁路部门只得依靠自产和修复旧的零部件来弥补运营的消耗,许多零部件都是利用生产废料制作的。到1941年底,滨海铁路局可以自行生产的零件从战前的150种增加到了350种。在阿穆尔铁路局,1941年共有10列机车进行了大修,71列机车进行了中等程度的翻修,直到1941年冬至1942年初才初步满足了机车的使用要求。1943年,伏罗希洛夫车站的电气安装机修车间、鲁日诺车站的中等维修车间、曼佐夫卡车站的铸钢车间、巴拉诺夫斯基车站的客运大厦和拉佐车站的水塔均投入运营,远东铁路运营能力得到进一步提升。为了转运从美国和加拿大运至符拉迪沃斯托克港口的物资,1943年还对伏罗希洛夫(今乌苏里斯克)车站进行了改造,新建了装卸车间、平台和传送装置。

卫国战争中后期,德国法西斯占领的大片苏联国土被陆续收复。1943年8月21日,苏联人民委员会和联共(布)中央委员会决定对加里宁格勒铁路、西部铁路、莫斯科—顿巴斯铁路、东南铁路、十月铁路、莫斯科—基辅铁路等铁路线进行修复。铁路人民委员部下属的多队铁路职工和各种机器、材料被调往这些地方。[①] 1943年全年和1944年上半年,整个苏联共计修复了约3万千米铁路。1942—1943年远东铁路局和滨海铁路局将一部分 COк 型和 Эм 型机车移交给西部的铁路部门,换回的是一部分被损坏的 E-ф 型和 E-л 型机车。为了修复这些机车,并使铁路职工能熟练操作这些机车,远东铁路局和滨海铁路局投

---

① Л. М. Медведева. Транспорт Дальнего Востока СССР в годы Великой отечественной войне（1941 – 1945 гг）Владивосток：Изд - во. Дальнаука. 2005. С. 64.

入了大量的精力。①

为了从根本上提高运力,满足各方面的运输要求,远东地区加快了铁路交通线的建设。1942年5月,长达7.8千米的跨阿穆尔河地下、水下铁路隧道完工。作为"一段特殊的铁路",该隧道可以经得起当时各种形式的空中轰炸和炮击,是当时苏联最长的隧道,主要运输"租借法案"框架内的美国援苏物资。1941年8月16日,滨海铁路局新建成运营一批新的铁路线,其中包括巴拉诺夫斯基—克拉斯基诺铁路(196千米)、苏昌—谢尔盖耶夫卡铁路(42.5千米)、斯莫利亚尼诺沃—杜奈铁路(67.6千米)。② 1942年12月,从伊兹韦斯特科维到乌尔加尔的铁路线建成通车,长度为370千米,它将西伯利亚大铁路与未来的贝阿干线连接。1941—1943年,远东地区新投入运营铁路里程为651千米。为了运输"租借法案"框架内的物资,1941年被叫停的科姆索莫里斯克—苏维埃港在战争期间也重新恢复建设。截至1943年1月1日,远东地区铁路总营运里程达到4068.9千米,铁路复线里程比例达到61%。

内河运输与海洋运输,在战争期间也得到快速的发展。在1940—1945年的6年,苏联水运(包括河运与海运)运输量增加了10倍。远东海洋运输公司是当时远东地区的主要水运企业,当地的绝大多数船只均登记在该公司名下。战争爆发前,该公司的吨位量只占苏联商船运输总吨位的20%。受战争影响,黑海和波罗的海难以通航,远东海洋运输公司承担起主要的对外海上运输任务。1943—1945年,该公司商船完成了战时苏联对外海上货物运输总量的70%。远东水运运输量上升的另一个主要原因在于,符拉迪沃斯托克港是苏联承接美国《租借法案》物资的主要口岸。1941年10月1日,美、英、苏三国签署《莫斯科议定书》(又称《对俄供应第一号议定书》),确定了美、英在1941年10月至1942年6月对苏提供军事援助物资的详细内容。一个月后,美国正式宣布苏联为《租借法案》受援国,正式开始向苏联提供援助。之后又分别签订了《对俄供应第二号议定书》《对俄供应第三号议定

---

① ГАПК. ф. П-68, оп. 4, д. 69, л. 30.
② РГАЭ. ф. 1884, оп. 46. д. 740, л. 2.

书》和《对俄供应第四号议定书》，美国对苏联的物资援助一直持续到1945年5月。根据这些协议，苏联从美国获得坦克、汽车、石油、蒸汽机车、钢轨、食品和服装等物资。作为交换，苏联向美国输送原木、矿石、黄金、毛皮、鱼、鱼籽等物资。《租界法案》物资运输线主要有三条，分别是从美国西海岸港口到苏联太平洋港口的北太平洋航线、通往摩尔曼斯克和阿尔汉格尔斯克的北极航线、波斯湾—伊朗线。受欧洲战事的影响，其中北太平洋航线是最为安全的航线，也是运输量最大的航线。据统计，北太平洋航线运输物资总量占美国援苏物资总量的47.1%，总运输量达到824.34亿吨。承担此航线运输任务的船只，除了美国船只，就主要是远东海洋运输公司的船只，该公司约有300艘轮船参与了此框架内的物资运输任务。

在这种形势下，符拉迪沃斯托克港口的价值凸显。1942年春，符拉迪沃斯托克港口新建成了多个铺设地下排水管道和铁路线的码头。1942年5月，新扩建码头接收了第一支特遣船队。到1944年时，符拉迪沃斯托克港口已经拥有了24个码头，可以同时为21艘船舶装货。自1941年底，美国政府开始在《租借法案》框架内向苏联供应军用物资。远东海洋运输公司的船舶参加了北大西洋盟军运输船队，承担往摩尔曼斯克和阿尔汉格尔斯克的运输任务。穿越太平洋的航线比被大西洋航线安全得多，但也屡次遭到日本海空军的袭击。1941—1945年，日军扣押了约200艘苏联货船，击沉了18艘。苏联货船在太平洋上遭受的损失约6.36亿卢布。①

战前，由于地处偏远，远东地区航空运输业规模十分弱小。战争期间，远东地区航空运输里程从1941年的1.2万千米增加到1945年的1.8万千米，是战前的1.5倍。1941年7月1日到1945年5月31日，远东航空业共运送6.6万余人次、7000多吨货物、约2000吨邮件。②其中，远东民航管理局的机组，在整个战争期间，共完成439架次飞行，运送360余吨国防货物和大量的旅客。

---

① С. В. Плохих, З. А. Ковалева. История Дальнего востока России. Владивосток, 2002. С. 196.

② Советские войска на Дальнем Востоке в 1941 – 1945 гг. Перебос армии с запада на восток. http：//www.protown.ru/information/hide/5452.html.

四 苏日渔业问题

苏日在远东地区的渔业问题是个长期悬而未解的历史遗留问题，不仅影响苏联远东的渔业发展，而且对苏日关系的发展也具有重要而深远的影响。苏联远东地区的近海区域是太平洋暖流与白令海寒流的交汇区，为世界四大渔场之一——北太平洋渔场的重要组成部分。由于与日本在地理上临近，渔业资源又丰富，日本人自18世纪中叶或更早的时候就在这一区域从事渔业生产。后来，随着沙俄势力的东扩，两国力量在这一区域交会，渔业问题伴着领土争端成为俄（苏）日关系中的重要内容。

日俄战争结束后，两国于1907年，根据《朴茨茅斯条约》的规定，签署了第一份《日俄渔业协定》，有效期12年。主要内容为：

（1）条约适用范围为日本海、鄂霍次克海及白令海的俄国领土沿岸海域。河川、入海口海域及四个港湾的水域除外。

（2）日本人在上述海域，除海狗、海獭外，拥有一切鱼类及水产品的捕捞权利。

（3）渔业经营采用渔区竞卖方法租借。

（4）在渔区租借竞卖中，日本人与俄国人拥有同等的待遇。[1]

根据该协定，具有资金优势的日本渔业者几乎垄断了规定渔区的租借权。俄国平均每年出租渔区252个，其中日本渔业者平均可以获得207个。俄国人平均只能得到13%—18%的渔区和11%的捕捞量。[2]

1917年十月革命爆发后，苏维埃政权逐渐在俄国确立，这给1919年9月行将到期的《日俄渔业协定》的续期问题带来了变数。日本欲利用出兵干涉苏俄的机会，继续维持渔区租借制度。1919年8月26日，日本政府与高尔察克政权签署协议，宣布《日俄渔业协定》继续有效。1920年日本又与海参崴地方政权达成一致，决定当年继续沿用原渔区租借制度。但在商讨1921年渔业问题时，由于日本因庙街事件

---

[1] 小林幸男：《日苏政治外交史》，有斐阁，1985年，第299页。转引自李凡《1917—1945年的日苏渔业纠纷》，《日本研究论集》2005年，第66页。

[2] 钟建平：《浅谈十月革命前的俄日渔业关系》，《西伯利亚研究》2007年第2期。

出兵占领北库页岛，海参崴地方政权拒绝了日本方面继续沿用条约的要求。于是，日本政府单方面决定继续在俄国所属海域进行捕捞，并派兵保护。日本的这种"自治"捕鱼活动一直持续到1922年底。1923年3月2日，苏联政府公布《在远东渔业及海兽业经营规定》，明确宣布《朴茨茅斯条约》及1907年《日俄渔业条约》无效作废。但是，为了敦促日本从北库页岛撤兵和与日本进行建交谈判，苏联政府并未在远东渔业问题上采取强硬立场。苏联同意在1923年按照原规定继续执行。之后，两国又签订了1924—1926年的三年期渔区租借协定，内容基本与之前一致。① 此时，苏联国内开始实施集体化，大力发展国营大型渔业企业，尤其是远东地区的国营渔业企业，以增强与日本在渔区租借上的竞争能力。

1925年1月，苏日两国订立《日苏基本条约》，确定了两国的基本关系。同年12月，双方开始就渔业条约修订问题进行会谈。在经过数轮谈判后，双方于1928年1月23日正式签署新的《日苏渔业条约》。条约有效期为8年，主要内容有：

（1）日本可以在南起朝鲜国境的图们江口，北至白令海峡的苏联远东领海岸一带，从事渔业，但是不包括此区域中的沿岸河川及特定的37处港湾。

（2）渔区的取得以竞买为原则，每年2月在海参崴实行。但是，在两国同意的非竞买渔区，出租办法例外。

（3）日本国民可在捕鱼地段使用陆地设立渔业罐头工厂。②

（4）渔户的纳税，以经营业税为主，其多少视渔获的价格而定。渔业用品输入和渔获物输出均不需纳税。③

根据条约的规定，苏联不顾日本的抗议，坚持将捕捞产量占20%的渔区不经竞买，直接保留给苏联国营企业。自此，第二条中关于非竞买渔区的设定问题成为两国渔业交涉的重点。1929年，苏联政府制定远东渔业发展的五年计划，扶持大型国营渔业公司的发展，并鼓励支持

---

① 同《日苏关系史（1917—1991）》，第56—57页。
② 李勇慧：《第二次世界大战结束以来的（苏联）俄罗斯和日本的关系》，博士学位论文，中国社会科学院研究生院，2001年，第97页。
③ 同《日苏关系史（1917—1991）》，第59页。

渔业经营者向近海和远洋发展。与此同时，苏联采取措施限制日本渔业经营者在条约规定区域内的经营。在这种背景下，苏联渔业者租借的渔区数量逐渐增加，而且租金价格日趋上涨。在1928年的渔区竞卖中，苏联经营者获得的渔区数量占比为14.1%。1929年增加到34.9%，1930年为44.8%，1931年为50.7%，1935年为50.7%。而1928—1931年单个渔区的租金价格则分别为7585卢布、17895卢布、19831卢布和20016卢布。在双方的不断斗争和交涉下，1932年两国就渔业问题签署"广田—加拉罕协定"。根据该协定，苏联国营企业渔区的保留份额提高到捕鱼总标准量的37%，而日本也部分满足了稳定渔区的要求——日本控制的大部分渔区不需竞买即可获得。

根据规定，《日苏渔业条约》将于1936年到期，为此日苏两国在1935年即开始就新的渔业条约进行谈判。由于分歧较大，双方迟迟无法达成一致，1936年5月25日双方订立临时协定，同意将1928年的《日苏渔业条约》延长到1936年12月31日止。10月，双方就渔业问题基本达成一致，准备签字订约。但由于1936年11月25日德日两国签订针对苏联的《反共产国际协定》及附属秘密协定书，苏联为了报复日本，拒绝就该草案签字。为此，双方于1936年12月28日签署了第二份渔业临时协定，将渔业条约延长一年。之后因苏联外交政策的转向及中东铁路购买资金停止支付等问题，苏联方面仍不愿订立新的渔业条约。之后，两国多次协商均无结果，遂不得不于1937年12月29日、1939年4月2日、1939年12月31日、1941年1月20日、1942年3月20日和1943年3月25日先后签订了第3份、第4份、第5份、第6份、第7份和第8份临时渔业协定。每份临时协定都将1928年的《日苏渔业条约》延长一年期，但内容变化不大。根据这些临时协定，日本在苏联远东沿海地区的渔区租借权得以维持，但由于维持渔区稳定是日本的首要考虑，日本谋求签订长期渔业条约的要求一直未得以实现。

随着日本南进战略的实施，1941年12月日本偷袭珍珠港，太平洋战争爆发。日本与英美进入战争状态，双方在北太平洋区域的海上袭击频发。加上，日本国内劳动力和船只的紧缺，日本在苏联远东沿岸实际经营的渔区大幅减少，形成了许多渔区无人经营的局面。例如，1943年日本实际经营渔区仅为120个，而1939年这一数字为370个。由于日本在远东租借渔区的利益需求降低，日本在以往谈判中所秉持的立场也就不再那么坚定，因此双方的缔约谈判也就更加容易。这样，日苏两国在经过长期的交涉后，终于在1943年3月30日签订了新的协议。协议主要内容如下：

（1）双方同意将1928年的《日苏渔业条约》延长五年，但需对相关条款进行更改。

（2）禁止日本人在阿瓦恰湾、彼得大帝湾、德卡斯特里湾以及苏维埃港附近等区域的捕鱼权。

（3）在日本人经营渔区内捕获的渔获物，每洛特（约合12.8克）应缴纳30%的税。

（4）对捕获的西伯利亚鲑鱼、银鳟、大马哈鱼等名贵鱼种和螃蟹等征收专门的更高的税。

（5）双方同意在太平洋战争结束前，关闭堪察加半岛东海岸及奥柳托尔斯基湾附近的渔区。[1]

日本一直追求的长期性渔业条约终于得以签署。但是从条约实质来看，新订立的条约已远非1928年的条约，只是徒具了形式而已。而且受制于战争的束缚，在1944年日本方面仅仅维持了34个渔区的运营，在1945年更是停止了所有渔区的经营。1945年8月，苏联对日宣战，新的渔业条约随之失效。但苏日之间的渔业问题并未就此终结，战后渔业问题重新浮现，再度成为悬在苏（俄）日之间的棘手问题。

第三节　战时远东社会生活

一　战时的社会恐慌

作为苏德战争的大后方，与其他后方地区一样，远东地区也面临着社会心理恐慌、犯罪案件增多、文化生活匮乏等问题。对苏维埃政府和社会主义体制的质疑，在部分民众之间重又浮现。如何稳定社会局面，动员各种资源、各种系统为苏维埃政府服务，为前线服务，为反法西斯

---

[1] К. Е. Черевко. Серп и молот против самурайского меча. М.：Вече, 2003. С. 196 – 197.

胜利服务是远东地区各级苏维埃面临的重要任务。

战争开始的消息传到远东地区后，引起许多民众的惊慌和恐惧。只有部分年轻人相信战争很快会以胜利而告终，大部分上了年纪的人尤其是具有参与第一次世界大战经验的人都认为，战争将会十分艰难且将旷日持久。[①] 第二次世界大战期间，战火虽未直接燃烧到苏联远东地区，但战争却在各个方面给远东民众带来压力：渴望更多劳动并给前线大量捐赠；焦急地期盼情报局发布前线战况；忐忑不安地等待前线亲人的消息。此外，由于与日本邻近，而日本随时可能发动对苏联的进攻，使远东人民又多了一份特殊的不安。民众心理中的种种不安、焦虑和渴望在社会领域均有所反映。

法西斯入侵的消息传到远东后，在民众中掀起轩然大波。一方面引起民众的慌乱，另一方面激发起民众的爱国热情。一位在远东地区驻守的士兵在日记中写道："突然到来的战争还是给我们带来很大恐慌。德军的顺利推进，苏联军队的节节败退，大片国土的沦丧和数百万同胞的死亡、伤残和被俘，我们完全无法理解……我和战友们向指挥部递交请愿书，要求上前线，但都被拒绝了。因为我们要应对日本人随时可能发动的侵略。"[②] 这是战争爆发初期，远东地区许多年轻人的真实心理写照。

但与此同时，负面的悲观情绪也开始在民间发酵。1941年夏天、1942年春夏季和1943年夏秋季节是苏联国内失败主义情绪比较严重的三个时期。政府发布公告说战争很快就会取得胜利，但民间却传言战争将旷日持久。很多敌对分子趁乱散布谣言，阿纳德尔卫戍司令部的报告中写道："富农库捷金散布谣言，说白卫军的飞机就要来轰炸阿纳德尔了，苏维埃政权就要覆灭了。"这对很多普通民众产生了悲观情绪。在这种形势下，1941年7月，堪察加州乌斯季—博利舍列茨克市出现粮食的投机倒把活动；堪察加各地居民担心自己的牲畜会被国家征用而开

---

① Д. В. Васенин, Л. Г. Мокроусова, А. Н. Павлова. Тыловые будни периода великой отечественной войны по детским воспоминаниям//Известия высших учебных заведений. Поволжский регион. Гуманитарные науки, С. 29.

② Н. Камардина. Советский Дальний Восток в годы Великой отечественной войны: поиск ценностных ориентиров//Проблемы Дальнего Востока, 2007. No 3.

始到处转移自己的财产；有些地方的埃文基人、科里亚克人举家迁往北部冻土带，以避免与政府发生任何瓜葛。在谣言的蛊惑下，艾里卡利维姆集体农庄因庄员迁移而解散。政府和军队干部家属往后方疏散的消息也引起当地民众的恐慌。在犹太自治州斯大林区出现了这种情况，从边境地区的集体农庄迁来一些红军军官家属。由于军官家属后撤的消息在布坚内农庄广泛流传，1941 年 6 月 26—27 日，布坚内农庄的大多数农户开始变卖自己的财产，准备撤离。经过军队领导和区执委会指导员反复劝说和解释，对战争的恐慌情绪才被控制下来，很多庄员选择继续留在农庄。当时，民众对市委员会和区委员会领导将自己的家人疏散出哈巴罗夫斯克边疆区和滨海边疆区的行为十分敏感。1941 年 7 月 1 日，内务人民委员部布列亚劳改营的一名看守人对征兵动员人员说："您鼓动我为国家做什么？我有两个哥哥在前线作战，我不会去，您的祖国不需要我！"国家政治保安总局 134 营管理局的司机对同事说："迟早德军会打过来，到时你们就完蛋了！"[①] 1942 年 5 月，一个叫 M. C. 克拉西利尼科夫的向科里亚克区委员会声明："如果我的孩子们挨饿的话，那么就让苏维埃政府见鬼去吧。"[②] 奥布卢奇耶电站司炉工 B. П. 波普罗茨基则说："我们像牲畜一样工作，未感觉到时代的变化（将现在与沙俄时代对比），食堂里的伙食依然很差，商店和市场上什么也没有。总之，人变得什么都不是，而牲畜现在比人更贵重。"[③] 负面情绪也扩展到党务工作者。比如联共（布）丘古耶夫卡区委员会宣传动员处主任 З. Л. 列索夫斯卡娅战争初期表现得特别好，但是自 1943 年其母从沦陷区迁来后则开始到处散布"沦陷区不可能夺回来"的传言。在一次私人谈话中，她对宣传处的工作作出界定："以前是牧师愚弄民众，而现在我们代替了牧师的工作。"

为了应对远东地区的社会恐慌，增强民众对社会主义制度及反法西斯战争胜利的信心，各级苏维埃政府采取扩大政治宣传、加强文化控制、采用强制手段等多种举措。随着前线形势的好转，远东地区逐渐控

---

① ЦДНИКО. Ф. 2. Оп. 2. Д. 462. Л. 159.
② ГАХК. Ф. П – 35. Оп. 1. Д. 1554. Л. 3.
③ ГАПК. Ф. П – 68. Оп. 4. Д. 80. Л. 103 – 108.

制住了恐慌情绪的蔓延，保证了远东地区社会的基本稳定。

二　人口状况

20世纪二三十年代，苏联政府通过出台优惠措施、实施思想政治动员和强制搬迁等手段鼓励向远东地区的移民，吸引了大批农民、渔民、矿工、地理研究者、工人、学者、教师、医生落户远东，其中尤以农民为多。苏联政府曾在1926年12月和1939年1月进行过两次人口普查，根据普查结果显示，1926年远东地区共有人口约180万人，1939年远东地区人口增长到215.52万人，13年间增长了35.52万人，增长率达到19.73%。30年代远东地区人口的增长，一方面得益于苏联政府推动的移民进程；另一方面得益于该时间段内远东地区的高自然增长率（出生率与死亡率的差值）。1938年，远东地区的自然增长率为3.2%—3.8%，比全苏联的平均水平高近0.9个百分点。30年代，远东地区人口的自然增长量比同期全苏联的数值高25%—30%。

但是卫国战争的爆发阻断了远东人口继续增长的发展态势，战争期间远东居民大量减少。造成人口下降的原因主要有以下几点。首先，由于大量男性被征召入伍以及远东民众物质、精神状况的恶化，当地的出生率下降。但整个战争期间，甚至在形势最为严峻的1942—1943年，远东地区的出生人口始终保持着高于死亡人口的状态。以哈巴罗夫斯克边疆区为例，1942年该区共出生5.61万人，死亡3.7万人；1943年出生人口3.45人，死亡人口为3.1万人。[①] 其次，由于远东居民的外流。与西伯利亚和中亚地区不同，由于日本威胁造成远东地区的紧张局势，战争期间自西部前线地区往后方的人员疏散并未惠及远东地区。况且为了补充西部前线军员力量的不足，又需要不断从远东地区抽调军人和适龄居民。因此，远东地区居民外流的数量要高于流入的数量。其中，流出量最大的是20—45岁的男性居民。在战争的前两年，远东地区居民的净增长数量为负，约减少8万人。人口减少的态势一直持续到战争结束。此外，从战争爆发到1943年，没有特许不准迁入滨海边疆区也是

---

① ГАХК. Ф. 719. Оп. 27. Д. 35. Л. 57.

远东地区人口减少的原因之一（见表8—4）。

表8—4　　　　　　　远东部分政区的人口数量变化　　　　　　单位：人

地区	1926年12月	1939年1月	1945年1月
滨海边疆区	638952	906805	898500
哈巴罗夫斯克边疆区	605223	1459729	1368300
两地合计	1244175	2366534	2266800

资料来源：А. А. Исаев. Миграционные процессы на Дальнем Востоке СССР в 1930 – е— первой половине 1940 – х годов. //Гуманитарные исследования в восточной Сибири и на Дальнем Востоке, 2013. №1.

人口的减少首先导致劳动力和技术人才的匮乏。在北萨哈林岛，1941—1943年从事国民经济生产的人口从3.1万降到2.6万。在滨海边疆区，1943年的劳动人口比1941年减少了3.5万人。[1] 自1943年起，苏联政府开始有计划地向远东地区移民，然而仍无法扭转远东地区人口减少的态势。但远东地区的工业部门的工人饥荒因此得到了一定程度的缓解。当时补充工人数量的主要方式是：从在校的青少年儿童和原先不参加工作的人群中培训工人。通过简单、短期的培训，新生的工人即进入生产工作岗位。由此，也导致产品质量的下降和生产事故的频发。远东地区工业产品的计划指标曾因此而一度被打乱，对外供货也曾多次出现紊乱。与此同时，远东地区国营农场和集体农庄中的居民数量也大幅缩减。以集体农庄为例，1940年从事生产活动的集体农庄居民为13.4万人，1945年减少到8.9万人。其中，机械操作人才短缺尤其严重。从年轻人中新培养的青年机械师，其中大多数掌握新技能不久即被调往前线。因此农作物单位产量出现大幅下降：1941年每公顷产出农作物770公斤，1944年下降到450公斤。为了弥补农业劳动力的不足，远东地区号召城市居民参加农业生产活动。1943年，仅哈巴罗夫斯克边疆区就有3.55万人在政府的号召下参加了农业生产（见表8—5）。

---

[1] А. А. Ткачева. Население Дальнего Востоккa за 150 лет. М. : Наука, 1990. С. 86.

表8—5　　　　　远东地区居民社会构成变化　　　　　单位：人

社会阶层	1926年12月	1939年1月	1945年1月
工人	126908	1262345	502600
农民	839835	298179	89900
知识分子	277456	717050	（缺少数据）
军人	21915	542891	1025486

资料来源：А. А. Исаев. Миграционные процессы на Дальнем Востоке СССР в 1930 - е — первой половине 1940 - х годов. //Гуманитарные исследования в восточной Сибири и на Дальнем Востоке, 2013. №1.

据统计，截至1945年1月，远东地区（不含科雷马区）共有人口约229.71万人，比1939年减少约6.94万人。[①] 其中工人约502600人、农民约89900人、军人1025486人。与1939年相比，工人减少759745人，下降幅度为60.19%；农民减少208279人，下降幅度为69.85%。除了知识分子的数量缺少统计资料，从表8—5中可以看出，只有军人的数量大幅增加，比1939年增加482595人，增幅为88.89%。此时，远东地区军人的大幅增加主要有两个原因：第一，欧洲战争结束后，大量复员军人返回远东地区；第二，为了准备对日作战，苏联将大批军队集结到远东地区。太平洋战争结束后，许多参战士兵留在远东地区，为战后远东地区的生产恢复提供了帮助。

三　犯罪问题

战争的爆发打乱了原本平静的生活，冲击了原本稳定的家庭、社会结构，为犯罪的滋生提供了温床。在战争开始后的最初几个月，国家采取战时特别措施，加强社会治安和国家财产保护工作，一度遏制了犯罪活动的增长，刑事犯罪案件数量在1941年下半年甚至出现下降。例如，在哈巴罗夫斯克边疆区，刑事犯罪案件的数量从1941年上半年的3930件，下降到下半年的3054件，减少了22%。但是自1942年起，随着一些刑期未满的犯人被从监狱和劳改营里释放出来和大量征召男人入伍，

[①] ГАХК. Ф. 719. Оп. 27. Д. 2. Л. 27 - 28；ГАПК. Ф. 131. Оп. 10. Л. 24. Л. 3, 9.

造成了后方社会环境变化，使得包括远东在内的各后方地区社会治安形势急剧恶化。与此同时，很多新兵长期滞留在征兵站，常常因不满和无所事事而寻衅滋事；许多企事业单位不愿接收有犯罪前科的人进入本部门工作，一些服过刑的人，尤其是酒徒，自己也不愿从事生产工作，而是再次走上偷窃等违法犯罪的老路；很多人逃避服兵役，出现大量的逃兵，而从军队出来的逃兵通常携带枪支出逃，实施持枪抢劫和敲诈等，都导致了犯罪率的急剧提高。为此，政府和警察局紧急出台了一些措施，阻止了社会治安的恶化，但是据远东司法机关的统计，犯罪率仍非常高。在哈巴罗夫斯克边疆区，与1941年相比，1942年刑事犯罪案件数量增加了26.2%，从6984起增加到9458起。1943年刑事犯罪案件整体数量开始下降，从9458起降到7433起，但是严重暴力犯罪数量案件呈现上升趋势，比如杀人抢劫案件增加了44%，杀人案件增加42%，盗窃牲畜案件增加50%，重大盗窃案件增加4%，流氓案件增加33%（见表8—6）。

表8—6　1942—1943年哈巴罗夫斯克边疆区登记犯罪案件对比　　单位：件

犯罪种类	记录件数	
	1942年	1943年
敲诈	8	6
杀人抢劫	4	6
（非杀人）抢劫	5	5
杀人	43	73
盗窃牲畜	91	179
盗窃		
—重大盗窃	2448	2548
—普通盗窃	2708	2253
—扒窃	596	495
流氓	96	143
诈骗	574	297
性犯罪	13	13
非法流产	59	104
其他案件	2770	1282
总计	9458	7433

资料来源：АУВД ХК. Ф. 36. Оп. 1. Д. 13. Л. 204.

值得关注的是,战争期间,未成年人犯罪呈上升趋势。卫国战争的爆发,从根本上改变了年青一代的成长环境。生活条件艰苦和流浪儿、孤儿数量迅速攀升,为未成年人犯罪的增加提供了土壤。在哈巴罗夫斯克边疆区,1941 年,未成年刑事犯罪案件共 379 起,1942 年为 751 起,1943 年为 575 起,1944 年为 721 起,1945 年时出现下降为 367 起。1942 年 9 月,苏维埃最高主席团下令撤销对未成年人的判刑,其中包括很多惯犯,直接造成 1942 年底儿童犯罪案件的急剧增加。流浪儿和孤儿是未成年人犯罪的高发群体。1944 年上半年,哈巴罗夫斯克边疆区警察局共拘捕了 2752 名未成年人,其中流浪儿 158 人、孤儿 2594 人。同期,滨海边疆区逮捕未成年人 3904 人,其中流浪儿 194 人、孤儿 3710 人。导致未成年犯罪增加的原因主要有以下几点。第一,由于征召大量成年男性到前线、剩余家庭成员生产任务繁重、家庭中双亲或单亲的离世,弱化了家庭对子女的教育和管理,出现了很多无人监护的少年儿童。第二,护法机构的失职和政府下属儿童管理委员会的不作为,也是造成流浪儿和孤儿群体壮大的一个重要原因。第三,中小学的教育管理疏忽,对儿童课余时间和假期的组织管理不够也间接造成了未成年人犯罪的增多。第四,工厂对占工人总量 20%—30% 的未成年工人的教育也存在不足,工厂不考虑未成年人文化教育工作的特点,盲目领导组织工作,扭曲了未成年工人的人生观和价值观。此外,铁路警察局在列车和车站检查流于形式,为流浪儿童流窜作案提供了机会。

与此同时,战争期间远东地区劳动改造营羁押人员的境遇十分恶劣。1941 年 6 月 27 日,远东边疆区长官命令劳改营犯人改为 12 小时工作制。同年 8 月,远东边疆区组建军事法庭,加强对完不成工作定额的劳改营犯人监督和惩罚。与之相伴的是,劳改营内的饮食条件不断恶化,衣服和鞋子常年匮乏,犯人死亡事件频发,犯人死亡率迅速上升。羁押在远东边疆区科雷马劳改营的犯人数量因此大幅减少。1940 年在押人数为 17.67 万人,1941 年为 14.83 万人,1942 年降到 12.6 万人。自 1943 年起,劳改营开始采取一些改善犯人生活条件的措施,但是并未能遏制犯人死亡数量的增加,因死亡减员的趋势一直持续到战争结束。

四 宗教解冻

战争前夕，苏联政府长期推行限制、消灭和瓦解宗教的政策，对各个教会尤其是作为主要宗教的东正教会，在各个方面予以打压和限制。苏维埃政权在建立之初的1917年，先后颁布《土地法令》《俄罗斯各族人民权利宣言》《离婚法令》《婚姻、子女和办理户籍登记法令》，剥夺了教会占有的土地，取缔了东正教原先作为国教的诸种特权，撤销了教会对婚姻、出生、死亡登记的权力。1918年1月，人民委员会公布《关于教会同国家分离和学校同教会分离》法令，以法律形式明确规定教会不得占有财产，不得在学校讲授教义，并确定不信教的自由。内战期间，许多教会的土地、财物被布尔什维克没收。1921年大饥荒爆发后，苏维埃政权以赈济灾民为由，发动了没收教会珍宝的活动。教会、教士礼拜祭祀用的圣器、圣像、祭服、福音书等物品被大量没收，教会的日常礼拜活动无法正常进行。[①] 1926年颁布实施《苏俄刑法典》，对宗教活动进行了严苛的规定和限制。1929年，苏联全俄中央执行委员会和人民委员会颁布一部新的宗教法——《关于宗教组织的决议》，对宗教组织的申请、批准、活动、使用的建筑物和财产进行了详细规定，确立了教会团体组织登记成立制度。在苏联政府的高压政策下，大批神职人员被捕入狱或被关押在劳改营，许多寺院和教堂被查封、拆毁。受反宗教和反教会政策的影响，卫国战争前夕远东地区的所有教区均被取缔。

卫国战争爆发前夕，为了争取信教群众的支持，官方舆论对宗教组织的社会政治观念进行了大力宣传，政府与宗教人士及信徒的关系开始缓和。自战争爆发之初，苏联政府就着手规范与宗教组织之间的关系：扩大宗教团体的出版活动（书籍、传单），准许进行宗教集会，取消从事非祭祀活动的限制，禁止进行反宗教宣传，停止激进无神论者联盟的活动。卫国战争爆发后，为了利用宗教的宣传和抚慰机制，苏联宗教政策转变加速，政府逐渐放松了对宗教的限制政策。在

[①] 傅树政、雷丽平：《俄国东正教会与国家（1917—1945）》，社会科学文献出版社2001年版，第33—73页。

这种情形下，远东地区注册成立了很多基层的宗教团体，充实和丰富了当地民众的宗教生活。在战争形势下，民众对宗教生活的需求大幅上涨，民众日益增长的宗教情怀需求与无法满足的实际情况之间的矛盾日趋加大。远东地区的群众不断突破政府的宗教政策，争取宗教生活的权利和自由。

1941 年，在哈巴罗夫斯克市东正教信徒寄给权力机关的一封信中，明确表达了进行宗教祈祷的必要性："我们的孩子在西部为了保卫神圣的俄罗斯而牺牲了，进行祈祷是我们在艰苦岁月里的唯一慰藉。"①1942 年，远东地区民众开始递交开放东正教教堂和成立教区的申请。远东地区开放的第一个教堂是位于哈巴罗夫斯克市的圣布拉格维尔大公亚历山大—涅夫斯基大教堂。1943 年 11 月 7 日，依托这一教堂注册成立了教区，Д. Е. 福尔曼司祭当选为教区的首任主教。不久，该教区开办了蜡烛厂，除了生产蜡烛，还生产一些神香、随身佩戴的小十字架和祈祷经文，大大丰富了当地群众的宗教生活。在滨海边疆区，1943 年拉佐车站和斯帕斯克的信徒试图恢复东正教教区，未获批准。1944 年 2 月 5 日，根据俄国东正教事务委员会决议，在符拉迪沃斯托克市成立了滨海边疆区的第一个教区——圣—尼格里斯克教区。教区登记注册时，共有 90 个信徒，其中大多数都是 60 岁以上的老人。1944 年 9 月 2 日，在滨海边疆区登记注册了第二个教区——滨海铁路局拉佐车站宗教社团，共有 108 名信徒。

在哈巴罗夫斯克和符拉迪沃斯托克等远东地区的一些大型城市，举行祭礼仪式的场所空间不足是许多教区面临的重要问题。例如，在哈巴罗夫斯克，1944 年和 1945 年参加复活节祭礼的信徒达几千人，祭礼教堂十分拥挤，窗户玻璃都挤坏了。因此，远东信徒多次申请要求开放新的教堂。1944 年 5 月，В. Г. 叶尔金领导的符拉迪沃斯托克东正教徒向俄国东正教事务委员会滨海边疆区负责人 А. С. 毕梅诺夫和滨海边疆区执委会主席布罗先科请愿，要求在市中心再设立一个东正教教区，并把之前的路德教教堂转给这个新成立的教区使用。边疆区劳动代表苏维埃执委会以"符拉迪沃斯托克市内已经有了活动教堂"为由，拒绝了该

---

① ГАХК. Ф. Р-1359, оп. 1, д. 1, л. 36.

项请求。哈巴罗夫斯克市信徒在 1945 年成功地开设了第二座教堂。1945 年 8 月 19 日，在新开设的教堂里举行了庆祝耶稣降生的首次活动仪式。由于宗教封锁政策的长期实施，新开设教堂的祭祀用品和书籍，往往由当地的博物馆和图书馆资助。①

与此同时，宗教人士和信徒团体也积极支援与德国法西斯的战争。1943 年哈巴罗夫斯克市亚历山大—涅夫斯基教堂管辖的教区向苏联国防基金捐款 3.83 万卢布，其中 2.5 万卢布用于建设德米特里·顿斯科伊坦克纵队。据俄国东正教事务委员会特派员 А. С. 皮缅诺夫给 Г. Г. 卡尔波夫的电报，1944 年初符拉迪沃斯托克教区募集了 5 万卢布现金，捐给国防基金用于建设坦克纵队。总之，战争期间，远东地区的宗教活动开始苏醒，以东正教为主的远东宗教组织获得了发展，并为远东地区的稳定及前线战斗的进行作出了贡献。

五　支前运动

反德国法西斯战争的进行激发起远东民众强烈的爱国热情。很多民众涌向兵役局、党团机关，递交参军申请，踊跃要求上前线。这些申请书表达出远东民众的爱国热情。其中，哈巴罗夫斯克河港工人 В. И. 纳恩斯在 1941 年 7 月 5 日递交的申请书中写道："对凶恶的德国法西斯的仇恨充盈着我的胸膛，无法抑制地让我热血沸腾；万恶的德国法西斯集团像一群疯狗一样，侵犯我们可爱的家园，我要用自己的牙齿咬碎这群凶残法西斯疯狗的喉咙……我日夜向往着能够上前线，打击法西斯侵略者。如果能够去前线为荣誉、为自由、为伟大的苏维埃民族的独立、为苏维埃、为联共（布）、为伟大的斯大林而战斗将是我莫大的幸福、快乐和荣誉！"② 当时，整个远东边疆区收到多少参军申请已无确切的统计，仅滨海边区，在战争爆发三天后的 1941 年 6 月 24 日，就收到 788 封参军申请书。

初期的抵抗失利后，苏联政府迅速发布征兵动员令，大力号召适

---

① ГАХК. Ф. П-35. Оп. 1. Д. 950. Л. 154-155.

② Из неопубликованной книги К. В. Распутина "Воспоминания и суждения" о событиях Великой Отечественной войны//Трудный путь к победе：Сб. документов ГАХК, С. 407.

龄民众入伍参军。6月23日，苏联各地苏维埃首先对23—25岁的公民实行动员，7天之内就组建了96个野战兵团，应征入伍人数达到530万。8月，各地进一步动员18岁和40—50岁的公民入伍。在高涨的参军热潮影响下，远东地区的党员、团员、工人和集体农庄庄员纷纷响应号召，参军入伍，奔赴前线。战斗在各条战线上的远东士兵均以勇敢、经得住考验而著称，其中有180多人在战争期间获得"苏联英雄"称号。在强渡第聂伯河的战役中，仅哈巴罗夫斯克边疆区征集的士兵中就有32人获得"苏联英雄"称号。将胜利的旗帜插在德国国会大厦的士兵中也有很多来自远东地区，其中犹太自治州列宁村的居民 П. П. 卡基金在柏林战役中，因表现勇敢获得"苏联英雄"称号。原比罗比詹市汽车制造厂员工 И. Р. 布马金甚至做出了马特洛索夫式的壮举：1945年4月24日，当波兰军队进攻弗洛茨拉夫市时，在战斗的紧急关头，他用自己的身体堵住敌军堡垒的火力点。整个战争期间，远东地区共有51.7万人被征召入伍，其中8.3万人战死沙场。[①] 如今，刻着英雄名字的墓碑遍布远东地区的每座城市、每个乡村，只有它们记载着那些英勇地为祖国而战的勇士以及那个年代远东人民为获得胜利所付出的代价。

在加强士兵动员的同时，苏联政府也积极在后方开展普及性的军事训练。1941年7月，苏联人民委员会通过《关于全面培训居民防空知识的决议》。远东地区尤其是与中国东北相邻地区的党政机关，开始积极对居民进行基本的防空和防化学攻击培训。到1941年底，仅滨海边疆区就有2000多名防空和防化学教练员在基层进行培训工作。1941年9月，苏联国防委员会作出《关于在苏联公民中实行普遍义务军事训练的决定》。自10月1日起，远东地区开始施行普及军事训练活动。这一工作由远东集团军普及军事训练部负责组织，主要对16—50岁的男子进行军事作战培训。1941年11月，普及军事训练计划的第一批毕业生在哈巴罗夫斯克边疆区进行了三天的演练。此次演练显示了学员们已经掌握了比较高的理论知识和进行现代化战争的实践技能。整个战争期

[①] С. В. Плохих, З. А. Ковалева, История Дальнего востока России. Владивосток, 2002. С. 192.

间，根据普及军事训练计划，在远东地区共培训学员20多批，有效提高了远东民众应对战争的能力。

大量青壮年劳力参军入伍造成各经济部门劳动力的缺乏，许多原先不工作的民众在政府的引导下投入工厂生产一线中。一些妇女和儿童走上工作岗位，承担起繁重的生产劳动任务。妇女们走出家庭，担任拖拉机手、机械操作工、钳工等原先由男人占据的岗位。同时，她们还积极学习卫生护理知识，分担日常的医疗救护工作。战争爆发不久，远东地区就有上万名妇女获得了护士执业技能。此外，很多退休工人又返回生产岗位，工厂学校、技工学校和铁路中专也加紧进行人才的培养工作。战争期间这些学校共培养出6.1万多名技能熟练的工人。

由于生产劳动者数量减少，提高劳动生产率变得极为迫切。在工人群体中，超标准完成工作量活动获得推广和普及。1943年，远东地区每个工作日超倍完成工作量的工人已超过1.8万人。1941年12月，莫洛托夫工厂的钳工塔拉巴尔克日工作量超出定额3倍；一九九工厂的切特韦里科夫工作组每天完成超出生产定额1倍以上的工作；卡冈诺维奇工厂的青年钻工先后完成超额150%、170%、200%的工作，不断地刷新自己的生产纪录。工人的自我牺牲精神，在一定程度上弥补了劳动人手的缺乏。除此之外，社会主义竞赛、"支前活动""支前周"和"支前月"等活动在战争期间也比较普及。各青年工作组争相竞赛抢夺"支前"称号。1942年，哈巴罗夫斯克边疆区共有450个青年工作组参加"支前工作组"竞赛。部分工作组成员打着"像在前线一样工作"的标语开展工作。例如，远东造船机械厂1943年底时就有497个青年工人参加了"支前工作组"。在乌苏里蒸汽机车修理厂，有17个"支前工作组"，他们每天的工作标准是定额的4—6倍。在远东地区，1942年初"支前"工作小组只有1个，到1945年1月增至1000个。与此同时，为了应对艰难的战时环境，远东民众积极推广节约运动。当地人民不论在生产还是在生活中都厉行节约，既节省了日常用品，又节省了资源、材料，一定程度上弥补了工厂原材料的缺乏。

远东居民还通过自愿向国家和前线提供资金援助等形式支援前线。人们自发把钱、国家债券和贵重物品捐给国家银行的办事处；工人和职员把几天的工资收入捐给苏联国防基金；集体农庄庄员把自己的部分劳动所得捐给国防基金；响应一些社会组织关于开展"星期日劳动者"活动的倡议，人们把当天的劳动报酬捐给苏联国防基金。远东地区民众还踊跃捐款，用于建造战机、坦克、装甲列车、海军舰艇等贵重武器装备，"苏维埃滨海""哈巴罗夫斯克共青团"等轰炸机航空大队由此获得大量装备。很多远东人还请求政府批准他们乘当地民众捐献的坦克上前线，仅科雷马地区就有60多人通过这种方式前往前线。整个战争期间，远东人民共捐款12亿多卢布，认购国家军事债券约20亿卢布，共募集和运往前线200多万套冬装以及被褥和鞋子。虽然远东民众为前线慷慨解囊，但是他们的生活并不富裕。为了应对后方的物资紧缺，国家被迫大幅缩减食品、物品供应量，把节省下来的物品投放到前线，用于最需要的地方。1941年秋，在全国范围内实行凭证供给制，其中集体农庄庄员一个劳动日获得的粮食不到500克，企业工人每天每人为500—600克面包。

六 文化教育活动

卫国战争爆发后，为了适应整个国家向战时轨道的转变，苏联在文化教育领域也加紧进行了调整。所有的文化教育活动都围绕"一切为了前线，一切为了胜利"这一总的目标开始实施。

在文化领域，为了抵御负面情绪的扩展，包含远东地区在内的整个苏联都加大了对文化活动的资金支持，积极进行爱国主义宣传，以发挥文化宣传对民众的舆论引导和价值导向作用。其中，剧院的活动较为突出。战前，整体而言，苏联政府对文化机构的支持是比较弱的。但由于远东地区长期面临来自日本的军事侵略威胁，苏联把剧院视为抵御侵略的重要思想工具，因此自30年代起就加大了对远东地区剧院建设的支持力度。到30年代上半叶，远东地区即已形成了较为完整的剧院网络。仅在滨海边疆区，剧院数量就从20年代末期的两家增长到九家，分别为"高尔基边疆区剧院""边疆区青年剧院"、符拉迪沃斯托克小剧院、苏昌矿工剧院、伏罗希洛夫话剧院、红旗第一军剧院、太平洋舰队剧院、滨海铁路剧院。为了高效发挥剧院的宣传作用，卫国战争爆发后，远东剧院工作者新创作了大量弘扬爱国主义和奉献精神的剧目。其中，有歌颂1918年乌克兰人民与德国侵略者抗争的《从前线来的士兵》，有描绘战争刚爆发时苏联人民爱国举动的《鸽子伊万》，有赞美1812年卫国战争的《历史往事》，以及《我们城市的年轻人》《马木留克教授》《入侵》等。① 远东地区的剧院通过展演和巡演的方式，在远东各界进行广泛的宣传演出，有力地促进了远东民众情绪的稳定以及爱国情怀的激发。

在音乐领域，远东地区呈现出异常活跃的态势。当时，远东地区涌现出一大批作曲家，他们根据形势的需要，创作了许多卫国战争题材的歌曲。其中，Ж. 茹科娃创作了包括《神圣的战争》《俄罗斯人的刺刀》《为伟大而神圣的列宁格勒而战》《红旗下的誓言》《红军礼赞》等30多首爱国歌曲。Л. Д. 西塞宁创作了15首歌曲，其中较为流行的是《我们在黎明中行进》《卢金中尉之歌》《两个朋友的生活》。此外，作曲家Г. 布坚内、В. А. 列伊纳尔德特等也创作了很多歌曲。当地影响比较大的音乐剧团有"哈巴罗夫斯克广播电台交响乐团""远东方面军歌舞团""红旗阿穆尔河舰队歌舞团"与"内务人民委员部红旗边防军歌舞团"等。"哈巴罗夫斯克广播电台交响乐团"有近50名演奏员，经常通过广播向远东民众转播演奏会。主要的演奏曲目有В. 卡里尼科夫的音乐和里姆斯基—科萨科夫、波罗金、格林卡等人的歌曲咏叹调。军队所属的歌舞团不仅为军队服务，还经常深入远东地区的民众之中进行歌舞巡演。"远东方面军歌舞团"在1941年11月，就为远东地区的红军士兵和劳动大众举行了62场演出。军队歌舞团表演的种类包括：歌颂保卫祖国、前线红军英雄功勋的歌曲，俄罗斯民族歌曲，俄罗斯经典歌曲，苏联民族歌曲与舞蹈。经常表演的曲目有《胜利一定属于我们》《伟大领袖斯大林》《起来，俄罗斯人民！》《鼓起勇气》《兄弟们，站起来！》，歌剧《静静的顿河》中哥萨克和士兵的合唱曲，等等。②

---

① Е. В. Кищик. Репертуар военных театров Дальнего Востока в годы Великой отечественной войны. //Гуманитарные исследования в восточной сибири и на Дальнем Востоке, 2015г. № 4.

② Л. В. Колесникова. Деятельность музыкальных коллектива Хабаровска в годы войны. //Дальний Восток России в годы Великой отечественной войны 1941 – 1945 гг. Сборник статей. Хабаровск, 2010. С. 103 – 105.

此外，远东地区的苏维埃还借助五一劳动节、列宁诞辰和逝世纪念日、十月革命纪念日、红军节等重要时间节点开展纪念典礼和庆祝活动，培养远东地区民众的社会主义价值观念和爱国主义情怀。

在教育领域，战争的爆发对远东地区的教育发展产生了重要的影响，打乱了教育秩序，改变了原定的教育计划。战争发生之初，第十八届党代会确定的初级教育与中等教育发展规划被中断实施。教育系统面临着严峻的考验。在苏联全国范围内，数万所中小学校舍被毁，中小学校教师数量缩减了近1/3，很多儿童失去了接受教育的机会，学校教材和文具用品的供应也开始紧张。这些问题的存在，导致中小学校数量在战争期间减少了一半多，大量儿童未能接受初级义务教育。

远东地区的高等教育体系，在战前已经基本成形，共有8所高等院校，分别是远东工学院（1918年成立，位于符拉迪沃斯托克）、哈巴罗夫斯克铁路运输工程学院（1937年成立）、布拉戈维申斯克师范学院（1930年成立）、布拉戈维申斯克教师学校（1934年成立）、哈巴罗夫斯克师范学院（1938年成立）、哈巴罗夫斯克教师学校（1936年成立）、符拉迪沃斯托克师范学院（1940年成立）、远东医学院（1930年成立，1939年更名为哈巴罗夫斯克医学院）。苏德战争的爆发打乱了远东高等教育的发展计划，使远东高等教育的发展陷于停滞。1941年6月22日，苏联最高苏维埃主席团签发《关于国家进入战争状态的命令》，确立了苏联公民在战争期间的劳动义务，规定地方政府和军事机构有权征召具有劳动能力的公民，其中包括中学生和大学生，从事不超过两个月的国防建设工作（搭建工事，加工食品、能源、饲料，抵御自然灾害等）。1941年7月26日苏联最高苏维埃主席团发布《关于战争期间工人和职员的工作时间制度》，取消了休假制度，增加了工作日，并将义务劳动时间延长3小时。为了执行这两项命令，远东高等院校召回休假中的教师，撤销了入学考试、毕业考试和毕业论文，缩短了教育期限和假期。1941年秋，远东地区的所有高校开始使用新的战时教学计划，教学课程量没变，教学期限被压缩。暑假和寒假都被缩短，教学量增加到每周42—44小时，在车间参加生产实践学习工作技能的时间被延长，每天需要上课10—12小时。1941年9月17日，苏联政府决定，自当年 10 月 1 日起对国内年龄在 10—50 岁的男性公民进行为期 110 小时的军事培训。从 1942 年起，适龄女性也被纳入培训范围。因此，远东地区的高校也开始对在校大学生进行各种军事技术培训，主要包括通信、电报、跳伞、汽车驾驶、射击、护理等军用技术。在 1941 年，哈巴罗夫斯克铁路运输工程学院共培训了 85 名机枪手、84 名冲锋枪手、50 名狙击手、48 名护士。为了培养军事技术人才，自 1943 年起，哈巴罗夫斯克铁路运输工程学院新开设了两个学制为一年的专业，分别是"机车管理"和"交通与货运"。远东工学院在 1942 年至 1943 年共培训了 28 名迫击炮手、41 名无线电报务员、51 名话务员、57 名机枪手。远东工学院还联合太平洋舰队工程处对所有在校大学生进行海上军事技术培训，并为所有在校学生开设"军事防御及工事建设"课程。1943 年，远东工学院"船舶制造"专业、"船舶内燃机"专业和"船舶蒸汽机"专业的首批毕业生毕业，共培养出 13 名船舶制造工程师和 18 名轮机工程师，其中大部分毕业生被分派到远东造船机械厂工作。

　　随着战争的发展，很多远东高校的教师和学生自愿前往前线参加战斗。其中，1941—1942 年，哈巴罗夫斯克师范学院有 200 余名教师和学生前往前线，布拉戈维申斯克师范学院有 66 人，哈巴罗夫斯克医学院约 300 人。由于大量教师和学生上了前线，导致远东地区的高校师资力量下降，男学生的比例下降，学生人数和教学质量都出现下滑。远东工学院的教师数量仅达到正常数量的 70%，而且有一半的教师是从生产岗位上退下来的工程技术人员。许多教师都身兼多门课程。1941—1945 年，远东工学院的在校学生从原先的 1500 人，减少到 450 人，缩减了 2/3。布拉戈维申斯克师范学院在战争期间培养的学生也比战前缩减了近 1 倍。战争期间，针对一些特殊专业人才的需求，远东高校新开设了一些系和专业。1943 年 2 月 1 日，哈巴罗夫斯克师范学院新开设北方部，主要承担为北方小民族培养俄语教师的任务。为了培养远东地区的动力工程师，自 1944 年 8 月起在远东工学院开设动力系，下设"电站、电网和电力工程专业""热能装置专业"。在布拉戈维申斯克师范学院，1943 年增设"地理系"，1944 年增设"历史系"①。在课外时间，远东高校的师生在医院、国营农场、集体农庄内工作，从事货物装卸和各种应急工作，并参加秋季捕鱼等日常生产活动。战争期间，大学教师和学生的日常生活与其他苏联社会阶层的民众一样，都服务于"战胜敌人"这个目标。"一切为了前线，一切为了胜利！"是凝聚包括大学师生在内的所有苏联社会阶层的口号。

在战争形势下，远东地区军事院校的发展备受重视。在战争爆发前，远东地区共有3所军事院校，分别是"太平洋高等海军学校""符拉迪沃斯托克步兵军事学校"和"哈巴罗夫斯克步兵军事学校"。战争爆发之后，对军事人才的需求急剧增加，为此远东地区临时新建了几所地方军事院校。1941年8月12日，成立了"阿穆尔—共青城步兵军事学校"，同年10月学校更名为"符拉迪沃斯托克第二步兵学校"，1943年改组之后再次更名为"符拉迪沃斯托克机枪军事学校"。1941年11月4日，在远东方面军炮兵指挥培训班、炮兵器械侦察学校和方面军炮兵团的基础上成立了"远东炮兵学校"。最初学校位于伏罗希洛夫—乌苏里斯克，以巴拉诺夫炮兵试验场为基地，自1942年7月15日起，迁到哈巴罗夫斯克市。1942年2月27日，成立"哈巴罗夫斯克机枪迫击炮学校"，1943年更名为"哈巴罗夫斯克迫击炮步兵学校"，1945年4月再次更名为"哈巴罗夫斯克第二步兵学校"。1942年1月2日，在哈巴罗夫斯克边疆区的斯克托沃镇建立了"斯克托沃步兵军事学校"。还有一所培养空军人才的"沃兹涅先斯克空军飞行员学校"（见表8—7）。战争期间，这些学校普遍采取压缩培训课时、提高教学强度的紧急教学模式，培养军队急需的各类人才。以斯克托沃步兵军事学校为例，如表8—8所示，该校不仅为远东地区，也为苏联其他地区提供了急需的军事人才。据不完全统计，远东地区的军事院校在战争期间共培养各类军事人才1.8万余名，有力支援了苏联各条战线上的战争。

---

① В. Г. Макаренко. Подготовка специалистов с высшим образованием на Дальнем Востоке СССР в годы Великой Отечественной войны.//Россия и АТР, 2015. № 2.

表8—7　　　战争期间远东军事院校毕业军官数量统计　　　单位：人

序号	学校名称	毕业军官数量					
		1941年	1942年	1943年	1944年	1945年	总计
1	哈巴罗夫斯克步兵军事学校	1643	—	442	586	222	3993
2	哈巴罗夫斯克第二步兵军事学校	—	298	506	704	98	1606
3	符拉迪沃斯托克步兵军事学校	1713	2289	1784	624	381	6791
4	斯克托沃步兵军事学校	—	2158	178	747	107	3190
5	远东炮兵学校	—	—	1218	449	587	2254
6	沃兹涅先斯克空军飞行员学校	238	273	238	312	87	1148
7	阿穆尔—共青城步兵军事学校	无统计资料	—	—	—	—	—
8	太平洋高等海军学校	222	152	256	216	105	951
	总计	3594	5018	4366	3422	1482	17882

资料来源：Н. В. Фомина. Деятельность военно–учебных заведений Дальнего Востока в годы Великой отечественной войны (1941–1945). //Омский научный вестник, 2007. No 3.

表8—8　　1942—1945年斯克托沃步兵军事学校毕业生分配去向　　单位：人

序号	分配去向	毕业生数量
1	远东方面军	1435
2	西伯利亚军区	451
3	西北方面军	200
4	斯大林格勒方面军	170
5	西南方面军	273
6	北高加索方面军	72
7	波罗的海第二方面军	153
8	白俄罗斯军区	50
9	奥尔洛夫军区	186
10	国防人民委员部干部管理总局	200
	总计	3190

第四节　苏联对日作战

一　太平洋战争爆发与苏日关系的变化

避免对日作战，是苏德战争期间苏联外交的重要任务。但随着国际反法西斯战争的进展，世界反法西斯联盟成立，反法西斯力量逐渐强大，并在各条战线上日益取得优势。由于苏联远东地区紧邻日本且具备强大的军事资源，因此动员苏联力量加入远东对日作战，成为中、美、英等盟国的重要使命。但为了保持战斗能力，确保对德战争的胜利，在第二次世界大战前期苏联始终严奉中立政策，拒绝盟国的对日作战邀请。随着苏德战场上苏联形势的好转，苏联的胜局已定，苏联对日作战问题再度被提上日程。

美日在远东地区的矛盾由来已久。近代以来，日本侵略势力膨胀，逐渐加大在远东地区的扩张，谋求在朝鲜、中国东北乃至整个中国的独霸利益，与美国推行的"门户开放"政策存在根本性的冲突。但是受孤立主义影响和国内民众对和平的要求，九一八事变后，美国并未对日本的侵略行径作出明显的反应，而是采取了中立的绥靖政策。1938年后，随着日本侵华战争的扩大及日本侵略势力向东南亚地区的伸展，严重威胁到美国的利益，美国对日政策发生变化，对日本采取了一系列的经济制裁和封锁措施。1938年6月，美国政府出台针对日本的"道义禁运"政策，决定拒绝向使用军队攻击平民的国家发放出口飞机及航空设备许可证。1940年7月，美国宣布冻结日本在美的全部资产。同年8—12月，美国先后对日发布石油、废钢铁、铁矿石、生铁和钢制品禁运令。在日本方面，1939年2月，日本占领海南岛，3月宣布对南沙群岛拥有主权；1940年7月，以外交方针文件的形式正式确定"南进"战略，8月提出建立"大东亚共荣圈"的口号，9月日军进入印支北部，染指东南亚地区意图日益显现。苏德战争爆发后，日本政府内部在是配合德国进攻苏联还是继续南进趁机抢占殖民地的两个路线选择上出现犹豫，最终日本决定维系与苏联的中立关系，继续推进"南进"政策。当时，美国占有菲律宾、夏威夷等多个太平洋岛屿，在东南亚地区拥有重大的政治经济利益，又与英法等反法西斯国家存在结盟关系，与日本存在间接的敌对关系。在这种形式下，与美国的冲突就成为日本南进扩张无法避免的问题。因此，日本决定出其不意，先发制人。1941年12月7日，日本偷袭美国在太平洋上的重要海军基地——珍珠港。之后，美国对日宣战，太平洋战争爆发。

太平洋战争的爆发改变了远东地区的力量对比。日本与美英等强国在南方的开战，大大缓解了苏联远东地区的战略紧张形势，日本北上进攻苏联的可能性降低。这一时期，苏联忙于应付西部的德国入侵，日本则在扩大对华侵略的同时，积极向东南亚和太平洋方向推进，因此两国都希望维持彼此之间的和平，避免双线作战。恪守《苏日中立条约》成为两国对彼此的重要诉求。在突袭美国珍珠港之前的11月，日本外相东乡茂德曾反复向苏联政府确认，苏联是否能够遵守《苏日中立条约》。太平洋战争爆发的翌日，东乡茂德外相约见苏联驻日大使，宣布自即日起，日本与美、英两国进入战争状态，并指出这不会影响日苏两国关系，如果苏联遵守中立条约，日本也会遵守该条约。[①] 此时的苏联在西部战场上正遭受着德国的猛烈攻击，损失巨大，战争形势极为不利。因此，为了巩固大后方，苏联对日本有关中立条约的遵守事宜均给予了积极的回应。此间，双方关系整体平稳，矛盾主要集中在两个方面：

第一，反法西斯同盟与苏日中立关系的冲突。1941年底，世界反法西斯同盟基本形成，苏联与美英成为盟国。一方面，苏联的盟友美英两国与日本是交战国；另一方面，苏联与日本又要维持中立关系。虽然，苏联反对在针对日本的联合协议上签字，但这种复杂关系的维持在现实中仍面临着许多困难。例如，负责运输租借法案物资的美国船只以及在太平洋和印度洋海域活动的苏联船只多次受到日方的监视和攻击。而苏联也借地理之便，为执行侦察和轰炸任务的美国飞机提供停靠、补给等便利。在这种关系框架下的冲突，是苏日两国战争期间交涉的重要问题。

第二，库页岛北部利权及渔业合作问题。根据1925年《日苏基本条约》的规定，日本获得库页岛北部煤炭、石油勘测量50%的租借权。

---

① 同《日苏关系史（1917—1991）》，第150—151页。

此条约是在苏联成立之初，国力薄弱的情形下签订的。随着苏联国力的发展，收回库页岛北部利权成为苏联政府的外交目标。但日本已在库页岛北部经营多年，该地煤炭株式会社和石油株式会社开采的煤炭、石油资源是资源贫瘠的日本的重要能源产地，因此日本不愿轻易放弃这一权利。太平洋战争爆发后，日苏双方围绕这一问题展开了长期的交涉，最后日方准备放弃租借权，但双方在善后赔偿问题上迟迟无法达成一致。直到1944年3月，经过多轮协商，双方终于达成协议，解除库页岛北部日本人的利权，但苏联要向日方提供500万卢布补偿，并在战后5年内，每年向日本提供5万吨石油。[①] 渔业问题前文已有详细论述，此处不再叙述。

1942年6月，日本在中途岛战役中惨败，海、空优势丧失。自此，日本在太平洋战场开始走下坡路。在苏德战场，1942年8月至1943年2月，德国调集主力部队进攻伏尔加河畔的斯大林格勒，最终被苏军战败。此战过后，苏联获取了战场上的优势，由战略防御转向战略进攻。这两次战役标志着反法西斯同盟的胜利，也对苏日关系的发展产生了影响。在双方关系中，苏联的底气越来越足，不再过度迁就日本，而日本方面也不再似此前那般硬气和强横。这在双方关于渔业问题和库页岛北部利权问题的处理上具有明显的表现。随着外部环境的优化，对于美英中等国多次提及的苏联对日出兵问题，苏联方面严守对日中立的政策开始出现了松动。加之，对未来自身安全、远东国际关系格局以及战后国际政治地位的考虑，苏联政府日益倾向于对日出兵作战。1943年10月，在克里姆林宫为美国国务卿赫尔举行的告别晚宴上，斯大林表示，苏联将在德国溃败之后参加对日作战。11月，在德黑兰美英苏三国首脑会议上，斯大林指出"从战争开始之日起，日本就破坏了苏日中立条约并实行敌视苏联的政策。鉴于此，为缩短在远东的战争时间，苏联代表团表示愿意接受美英多次提出的对他们的对日战争给予支持的请求"[②]。这意味着，苏联做出了对日出兵的承诺。之后苏联与美英就作

[①] 同《日苏关系史（1917—1991）》，第157页。
[②] 王昌沛：《姑息养奸与同仇敌忾——二战时期苏日关系的发展和变化》，《河北理工大学学报》（社会科学版）2006年第1期。

战计划和苏联参加对日作战的政治条件进行了交涉。最终，1945年2月11日，美英苏三国在雅尔塔会议上签署了《三大国关于远东问题的协定》。协定规定，在德国投降及欧洲战争结束2—3个月后，苏联将参加盟国方面对日作战，并附属了一系列的政治条件。1945年4月5日，苏联拒绝了日本延长《苏日中立条约》的提议，提前一年终结为期5年的中立条约。苏日中立关系彻底终结，苏联对日作战开始拉开序幕。

二 战前远东军事部署

苏德战争期间，为了应对日本的潜在威胁，苏联在远东地区的防御并未松懈。1941年4月《苏日中立条约》签订，表面上避免了日军"北上"侵略苏联的危险。但实际上，日军入侵苏联的可能性并未消除。为此，苏联在远东地区仍保持着强大的军事力量，以保证对日本的军事威慑。如表8—9所示，苏德战争爆发前后，为了应对西部前线的严峻形势，苏联从远东方面军、后贝加尔方面军、太平洋舰队和红旗阿穆尔河舰队抽调了大批精锐部队和装备。

表8—9　　　　　　　　自远东地区抽调军力统计

军力来源	时间	抽调军力数量	抽调武器装备情况
远东方面军和后贝加尔方面军	苏德战争爆发前	第16诸兵种合成集团军、2个机械化步兵集团军、2个空降旅，共计5.7万人	670余门火炮和迫击炮、1070辆轻型坦克等
	1941年夏秋战役期间	12个步兵师、5个坦克和摩托化师，总兵力12万多人	2000余门火炮和迫击炮、2209辆轻型坦克、12000辆汽车、1500辆牵引车
	1941年12月5日至1942年4月30日	自后贝加尔方面军抽调2个步兵师，自远东方面军抽调1个骑兵团	
	1942年5月1日至11月19日	10个步兵师、4个步兵旅，总计约15万人	1600余门火炮和迫击炮以及其他武器装备

续表

军力来源	时间	抽调军力数量	抽调武器装备情况
远东方面军和后贝加尔方面军	1942年冬	1个步兵师、3个骑兵师、6个榴弹炮兵旅、3个迫击炮团，总计约3.5万人	557门火炮和迫击炮、32辆轻型坦克以及其他武器装备
	1943年3—5月	8个榴弹炮兵旅，总计与9000人	230多门大口径野战炮
	1944年夏秋战役期间	1个空降旅、4个大威力榴弹炮兵团	
	总计	39个师、21个旅和10个团，总计约40.2万人	5000多门火炮和迫击炮、3300多辆坦克
太平洋舰队与红旗阿穆尔河舰队	1941年至1944年	12个以上的海军旅，共计约14万海军士兵	

资料来源：Советские войска на Дальнем Востоке в 1941 – 1945 гг. Перебос армии с запада на восток. http://www.protown.ru/information/hide/5452.html.

与此同时，苏联政府积极进行军事动员，征召大批青壮年进入远东方面军和后贝加尔方面军的部队，进行军员训练和储备，并加紧组织国防军事生产，表面上仍维持着强大的军备，以应对《苏日中立条约》框架下的对日关系。远东方面军和后贝加尔方面军，实际上，成为战争期间苏联重要的练兵场。1942年和1943年，由莫斯科军区征召入伍的12.5万和17.5万新兵被运到远东和后贝加尔方面军参加军事训练和战斗防御。在完成军事训练后，这些军士再被调往西部前线。苏德战争期间，苏联在远东地区始终保持32—59个陆军师、10—29个空军师、约6个师和4个旅的边防内卫警备队，共约100万人和8000—16000门火炮及迫击炮、2000余辆坦克和自行火炮、3000—4000架战斗机、100多艘大型军舰。在战争期间的不同阶段，远东地区驻扎着全苏联15%—30%的武装力量。从表8—10中可以看出，战争期间，远东苏军保持了较强大的军员数量和装备规模，即使在苏德战场形势极为不利的1942年，苏联在远东地区的防御力量仍未明显减少。这也间接证明，苏联党和政府对日本的戒心始终未减。苏联在远东地区的强大军事存在，有力地遏制了日本"北进"的战略意图，是苏联远东地区能够维持和平的重要原因之一。

表 8—10　1941—1945 年驻远东地区的士兵和武器装备数量统计

时间	人员（人）	火炮和迫击炮（门）	坦克和自行火炮（台）	作战飞机（架）	作战舰艇（艘）
1941 年 6 月 22 日	703714	10080	3188	4140	94
1941 年 12 月 1 日	1343307	8777	2124	3193	96
1942 年 7 月 1 日	1446012	11759	2589	3178	107
1942 年 11 月 19 日	1296822	12728	2526	3357	98
1943 年 7 月 1 日	1156961	13843	2367	3949	101
1944 年 1 月 1 日	1162991	16827	2069	4006	102
1945 年 5 月 9 日	1185058	20695	2338	4314	93

资料来源：同《〈苏日中立条约〉与二战时期的中国及远东》，第 229 页。

1944 年，随着美英在欧美开辟第二次世界大战场和苏军跨过国境作战，苏军的伤亡大大减少，苏德战场形势已无悬念。在这种情形下，为了防卫远东地区的安全和准备已许诺的对日作战，苏联停止"东兵西调"，开始向远东地区增兵。仅 1944 年，苏联就向远东地区增加了 5—10 个步兵旅和 500 架飞机。截至 1945 年 1 月，苏联远东军总数达到 75 万人以上。[1] 1945 年 5 月 9 日德国投降。不久苏军最高统帅部秘密下达对日作战准备命令，要求在 1945 年 7 月 25 日前完成战争准备。1945 年 5—7 月，苏联依靠西伯利亚大铁路加紧向远东调运军队、装备和粮草。其中，从德国前线调回第 5、第 39 集团军，从捷克斯洛伐克战场调回近卫坦克第 6 集团军和第 53 集团军，还从西部调集了大批的装甲兵、航空兵、炮兵、工程兵、通讯兵以及后勤部队。[2] 到 1945 年 7 月下旬，部署完毕的远东苏军共有 11 个诸兵种合成集团军、1 个坦克集

---

[1] 孟宪章、杨玉林、张宗海：《苏联出兵东北》，中国大百科全书出版社 1995 年版，第 95 页。

[2] ［苏］弗诺特钦科：《远东的胜利》，沈军涛译，辽宁人民出版社 1979 年版，第 38—39 页。

团军、3个空军集团军和1个战役集群。其中包括80个各类师（包括6个骑兵师、2个坦克师和2个摩托化步兵师）、4个坦克军和机械化军、6个步兵旅、40个坦克旅和机械化旅，太平洋舰队、红旗阿穆尔河舰队以及一些守备部队。官兵总数1577725名，火炮和迫击炮27106门，坦克和自行火炮5250辆，飞机5171架。[①]

而此时驻扎在中国东北的日本关东军共有31个步兵师团、9个步兵旅团、1个特种旅团、2个坦克旅团和2个航空军，加上南萨哈林岛和千岛群岛驻军以及伪满洲国和朝鲜的军队共有100多万人、1215辆坦克、6640门火炮和迫击炮、26艘军舰（主要是松花江舰队）和1907架战机。日军沿苏联和蒙古边境共设置了17个防区，其中8个针对滨海边境方向，4个在朝鲜，1个面向北萨哈林岛。日军在南千岛群岛构筑了大量的岸防炮台，且派驻守备部队防卫，拥有很强的防御能力。但是，由于大量精锐师团调往太平洋战场，此时关东军的战斗能力已远不如全盛时期。

1945年7月30日，苏联正式成立远东军总部，任命华西列夫斯基元帅为总司令，希金上将为军事委员，伊凡诺夫上将担任总参谋长。远东军下辖后贝加尔方面军、远东第一方面军、远东第二方面军以及太平洋舰队和红旗阿穆尔河舰队。苏军最高统帅部制订了详细的作战计划，对各方面军的构成和作战任务进行了安排。

后贝加尔方面军是三个方面军中最强大的一支，是此次战役的主力。方面军总司令为马林诺夫斯基元帅，辖第17、39、53、36诸兵种合成集团军、近卫坦克第6集团军、苏蒙机械化骑兵集群和第12空军集团军，官兵总数60余万人。后贝加尔方面军沿中国东北西部的中蒙、中苏边界分布，战线总长度2300千米。其作战任务是：兵分三路，中路突击，南北两翼策应辅助，对长春、沈阳方向的敌军实施毁灭性打击，预定推进到赤峰、沈阳、长春、扎兰屯一线，作战纵深达800千米。

远东第一方面军下辖红旗第1集团军、第5、25、35集团军、楚古

[①] С. В. Плохих, З. А. Ковалева История Дальнего востока России. Владивосток, 2002. С. 204.

耶夫卡战役集群（包括两个师和两个堡垒群）、机械化第 10 军和空军第 9 集团军，官兵总数 60 余万人，总司令为麦列茨科夫元帅。该方面军沿中国东北东部的苏朝、中苏边界分布，战线总长度达 700 千米。作战任务是：兵分三路，主力部队从牡丹江突击，向吉林、长春、哈尔滨方向发动进攻；北路军从密山方向突击，从北面策应和保障主力部队的进攻；南路军向汪清、延吉方向突击，从南面保障主力部队的进攻，负责切断日军撤往朝鲜的退路，并分兵一路占领北纬 38°以北的朝鲜半岛。[①] 同时，远东第一方面军还要承担与太平洋舰队协同防御日本海沿岸的任务。

远东第二方面军辖红旗第 2 集团军、第 15、16 集团军、独立步兵第 5 军、堪察加防御驻防军、空军第 10 集团军和红旗阿穆尔河舰队，官兵总数 30 多万人，总司令为普尔卡耶夫大将。该方面军沿黑龙江和乌苏里江分布，部分兵力部署在库页岛北部和鞑靼海峡沿岸，战线总长度 2130 千米。根据苏军最高统帅部的作战计划，远东第二方面军担任此次战役的辅助突击力量和机动力量，首先确保黑龙江、乌苏里江防线不被敌人突击，而后视战局进展，适时从饶河、富锦、布拉戈维申斯克等地向齐齐哈尔、哈尔滨方向进攻。此外，远东第二方面军还奉命防御鞑靼海峡西岸、北库页岛和堪察加半岛，同时在太平洋舰队和航空兵的协同下进攻南库页岛和千岛群岛。

太平洋舰队负责破坏敌军在日本海的交通，封锁朝鲜北部港口；保障苏方船舰在日本海和鞑靼海峡的通行；协助地面部队的海岸防御，防止敌军在苏联海岸登陆；夺取朝鲜北部港口城市；协助在南库页岛和千岛群岛的登陆行动。舰队司令为海军上将尤马舍夫，官兵总数 9.75 万人，共有 2 艘巡洋舰、12 艘驱逐舰、78 艘潜艇、19 艘护卫舰、19 艘登陆舰、10 艘布雷舰、52 艘扫雷舰、204 艘鱼雷艇、49 艘猎潜艇、海军航空兵飞机 1618 架（其中战斗机 1382 架）等，舰队司令部驻地符拉迪沃斯托克，另在苏维埃港和彼得罗巴甫洛夫斯克建有基地。

红旗阿穆尔河舰队隶属远东第二方面军指挥，舰队司令是海军少将

---

① 刘英：《1945—1948 年苏联在北朝鲜的政策实践研究》，华东师范大学博士后研究工作报告，2004 年，第 10—11 页。

安东诺夫。舰队负责黑龙江与乌苏里江的巡逻、警戒,防御敌军渡河登陆,执行官兵和装备补给的运输、火力援助任务,以协助远东第二方面军地面部队的突击行动。舰队官兵总数 1.25 万人,拥有 8 艘浅水重炮舰、11 艘炮艇、52 艘装甲艇、12 艘扫雷舰、36 艘扫雷艇、7 艘汽艇、15 艘滑行艇、3 艘护卫艇和 1 艘布雷舰、68 架战斗机、199 架高射炮和迫击炮,舰队驻地哈巴罗夫斯克、结雅河畔的小撒赞卡、石勒喀河畔的斯列坚斯克和兴凯湖。

为了协调太平洋舰队和红旗阿穆尔河舰队与地面部队的行动,苏军统帅部专门委派海军司令库兹涅佐夫元帅担任远东战役的海军指挥员。此外,还委任苏联空军司令诺维科夫元帅统一指挥航空兵以协调空军与地面部队的行动,并成立了以苏军总后勤部副部长维诺格拉多夫为首的远东苏军后勤作战组,来保障此次战役的后勤供应。

三 苏联出兵中国东北与反法西斯战争的胜利

1945 年 8 月 8 日下午 5 时,苏联外长莫洛托夫在克里姆林宫向日本驻苏大使佐藤宣读宣战书。宣战书中指出:"鉴于,1945 年 7 月 26 日美、英、中要求日本武装力量无条件投降的《波茨坦公告》已遭到日本拒绝,因此日本政府向苏联提出的关于调停远东战争的建议失去了一切根据。苏联政府忠于对自己盟邦的义务,参加 1945 年 7 月 26 日同盟国的公告,从 1945 年 8 月 9 日起,苏联认为自身和日本处于战争状态。"几个月以来,苏联在远东的调兵遣将一直以隐秘的状态进行,日本政府并未意识到危险的来临,因此在苏联宣战之前,日本还寄希望于苏联在远东的中立,请求苏联来调停日本与同盟国的战争。

远东军总部驻地哈巴罗夫斯克,与莫斯科相差 7 小时,宣战书下达的 8 日下午 5 时恰是苏联远东的晚上 12 时,而苏军的预定进攻时间是 9 日零时 10 分,前后相差 10 分钟。由于苏联切断了日本大使馆的通信线路,苏联宣战的消息未能及时传回东京,因此日本政府得知宣战书下达实际是在苏军开始进攻之后。

1945 年 8 月 9 日零时 10 分,苏联远东军的 3 个方面军按照预定计划跨过边境,向中国东北腹地推进。同时,空军出动轰炸机群,对牡丹江、佳木斯、吉林、哈尔滨、齐齐哈尔、长春、四平、沈阳等东北重要城市的政治、军事目标和工业基地、铁路交通枢纽实施轰炸。苏联的突然开战使日军措手不及。关东军司令部炸开了锅,惊慌失措的参谋们不知发生了什么,而总司令官山田乙三大将却远在千里之外的大连欣赏日本歌舞表演。直到凌晨3时,关东军总部的指挥官们才下达了作战命令,要求各部"对各入侵之敌务必尽速排除,准备全面开战"。然而,为时已晚,苏联远东军的先遣部队已趁着夜色突破了日军在边境沿线的防御阵地。

日军在西部方向的防御较弱,筑垒地域稀少。后贝加尔方面军采取迂回进攻战术,因此在部队的推进过程中几乎未发生大规模战斗,苏军的机械化兵团得以在中国东北西部的广阔区域快速推进。在苏军的大规模攻势下,关东军采取"收缩兵力、退保东南"的战略,将主力部队后撤至东北腹地及东南部区域,除了海拉尔筑垒地域的日军顽强坚守,其余日军并未进行顽强的抵抗。到8月14日日本宣布投降前,后贝加尔方面军已在各个方向上越过沙漠、草原地带和大兴安岭山脉,直逼东北平原中部,推进到张北、多伦、赤峰、通辽、洮南、索伦、博克图一线外缘。

相比而言,远东第一方面军的进攻要艰难得多。东部是日军的重点防御方向,关东军在这里营建了一系列庞大的筑垒地域,坚固的防卫工事与周围的高山、河流和湖泊相连,形成一道难以逾越的屏障。因此,承担东面进攻的远东第一方面军无法像外贝尔方面军那样迂回作战,而必须要首先突破这些天险和筑垒地域。8月9日凌晨,远东第一方面军首先采取偷袭的策略,派遣小分队从各主要方向越过边境偷袭日军前沿阵地。当日上午8时3分,在各小分队获得全线突破后,远东第一方面军主力部队发动全面进攻。为了协助地面部队的进攻,空军部队密集出动轰炸机群和强击机群轰炸日军的筑垒地域、兵营和交通设施,完全掌握了制空权。但是该方面军的推进并不顺利,日军的第一、二道防线虽然被分割,但是各重要据点的日军仍顽强抵抗,拖延了东部苏军的推进速度。到8月14日,远东第一方面军的中路和右翼部队尚被拖在牡丹江城外无法分身。但是左翼部队的进攻却取得了意想不到的胜利。左翼部队突破了汪清防线,打开通向吉林、长春的通道,并派兵沿中朝边界推进,其中一部在太平洋舰队的协助下进入朝鲜,占领雄基港和罗津港，不仅切断了东北通往北朝鲜的交通线，而且封锁了日军牡丹江集团的对外联系。

北部方向由于日军未在沿江区域布置重兵，远东第二方面军的渡江突击也十分顺利，但是数十万大军的渡江运输却是个难题。红旗阿穆尔河舰队可用于运输官兵、装备的舰船并不多，全部大军过江需要数天的时间。为了完成原定作战计划，方面军司令部决定派少数先遣部队先行突击，后续部队待过江后陆续跟进。8月9日主力部队先遣支队从抚远方向开始突击，先后占领抚远、同江，并在红旗阿穆尔河舰队的协助下沿松花江向富锦、佳木斯方向进攻。方面军左翼从饶河附近渡江，先后进占饶河、宝清，并向勃利方向推进。方面军右翼于8月11日在黑河方向渡江，并向北安、哈尔滨、嫩江、齐齐哈尔方向进攻。

到8月14日，经过6天的进攻，苏军已完全突破日军的第一道防线，先头部队已达东北腹地。但是苏军并未攻占东北中心要地，苏日两军未进行大规模交战，关东军主力依然得以保存。

8月14日，在盟军的围攻下，走投无路的日本政府正式通告接受波茨坦公告，宣布无条件投降。8月15日，盟军总司令麦克阿瑟将军发布停止对日军事行动的命令。此时，美国政府希望苏联尽快停止在远东地区的军事行动，以限制苏联在远东地区的力量，为建立自己战后在远东地区的优势地位做准备。但苏军并未遵照盟军总部的要求，8月15日苏军总参谋部对此发表声明："日皇于8月14日所发表的关于日本投降的诏书，仅仅是一般性的无条件投降的宣言，给武装部队关于停止敌对行动的命令尚未发布，而且日本军队仍在继续抵抗。因此，日本军队的实际投降尚未发生。我们只有在日皇命令其军队停止敌对行为和放下武器，而且这个命令被实际执行的时候，才承认日本军队投降，鉴于上述情况，苏联武装力量在远东将继续实施对日进攻。"因此，苏联远东军在各个方向上的进攻并未停止，而且加大了攻势。

8月16日，日本大本营陆军部向关东军总部下达停止战斗和投降的命令，随后关东军向苏军提出停战要求。17日，远东苏军总司令华西列夫斯基元帅复电关东军司令部，敦促关东军停止一切对苏作战行动，放下武器，投降就俘，并承诺，待日军开始缴械投降，苏军即停止战斗行动。8月18日各条战线上的日军开始向苏军缴械投降。为了扩大战果，巩固苏联在中国东北和整个远东地区的地位，苏军决定派机动小队迅速进驻东北各大中心城市，接受整个东北日军的投降。因此，8月18日远东苏军总司令华西列夫斯基元帅向各方面军下达紧急命令："为尽快夺取长春、沈阳、吉林、哈尔滨等城市，必须使用机动迅速、装备精良的专门支队……而不必担心与主力脱离过远。"①

自8月18日起，各方面军组织起很多快速分队搭载飞机和火车投放到东北各大城市实施占领和受降任务。后贝加尔方面军组织快速分队对长春、沈阳、旅顺、大连实施了空降占领。远东第一方面军使用空降兵在哈尔滨、吉林和延吉实施了空降占领。远东第二方面军则按原计划逐步推进，先后占领嫩江、北安、海伦、绥化、克山、拜泉、依安、齐齐哈尔和哈尔滨。而朝鲜方面，太平洋舰队在航空兵和陆军的协助下先后攻占清津等朝鲜重要港口。在空降受降过程中，除了个别地区遇到日军的激烈抵抗，整体推进比较顺利。中国共产党领导的东北抗日联军的部队参与了苏军的此次行动。八路军也在河北方向发动对日进攻，策应了后贝加尔方面军的攻势。到8月22日，苏军已占领东北各大、中城市和战略要地，东北和朝鲜北部的日军已停止有组织的抵抗。

在苏联远东军出兵中国东北的同时，部分远东部队受命进攻南萨哈林岛和千岛群岛。对南萨哈林岛的进攻由远东第二方面军下属的步兵56军、北太平洋舰队和航空兵协同实施。8月11日7时45分，在空军的轰炸掩护下，步兵先遣支队越过边界线向南萨哈林推进。陆上部队的进攻受到日军的激烈抵抗，8月16日指挥部决定由北太平洋区舰队搭载登陆兵在南萨哈林的港口登陆，前后夹击顽固抵抗的日军。8月16—22日，大批苏军先后在塔路和真岗登陆，日军的抵抗迅速瓦解。8月25—26日，南萨哈林岛残余日军18320人全部缴械投降。

苏军在中国东北地区和南萨哈林岛的军事胜利，为进击千岛群岛提供了有利条件。8月15日，远东第2方面军指挥部下达向北千岛群岛登陆作战准备的命令，决定由堪察加防御区卫队、彼得罗巴甫洛夫斯克海军支队和航空兵128师实施进攻任务。8月17日夜间，苏联航空兵开始对北千岛群岛的战略目标实施轰炸。18日凌晨4时30分先遣登陆

---

① 同《远东的胜利》，第218—219页。

部队开始在占守岛登陆,与日军展开激烈争夺。随着后续部队的陆续登陆,8月21日日本守军放弃抵抗。之后在8月22日至9月初,苏军先后在得抚岛等岛屿登陆,占领了千岛群岛的所有岛屿。

1945年9月2日,日本外相重光葵代表日本天皇和政府、陆军参谋长梅津美治郎代表帝国大本营在投降书上签字,日本正式投降,第二次世界大战结束。9月3日苏联远东军司令部进驻长春,苏日在各条战线上的战斗基本结束,历时24天的远东战役落下帷幕。在整个战役中,苏军共歼灭日军83737人,俘虏67.7万人,缴获1500门火炮、2200门迫击炮和掷弹筒、600辆坦克、2000辆汽车、700辆装甲车、1000辆拖车、1.3万匹战马、1.2万挺机枪、861架飞机和74艘各类舰艇;同时苏军也损失了3.2万人、500多辆坦克、600多门火炮和100余架飞机。

苏军出兵中国东北的军事开支,根据《中苏友好同盟条约》的规定,由中国国民政府支付。1945年9月20日,由苏联赤塔地区印制的红军票开始随着苏军的进驻在中国东北流通。之后,根据12月21日国民政府财政部长俞鸿钧与苏联大使彼得罗夫签订的财政协定,苏军司令部发行的红军票按照所需数量发行,与东北当地货币共同流通,比价为1∶1,由国民政府负责收回,送往苏联远东银行销毁,最终损失由中国向日本索赔。1946年4月底,苏联红军票停止发行,其间共发行97.25亿元。苏军撤离东北后,红军票继续在东北地区流通,直到1949年12月10日才由东北人民政府按照30东北银行地方流通券兑换1元红军票的方式收兑完毕。

远东战役以苏军的全面胜利而告终,苏联不仅夺回南萨哈林岛,占领了整个千岛群岛,而且占领了中国东北和朝鲜北部地区,对战后远东国际格局的形成产生了深远影响。此次战役是世界人民反法西斯战争的一部分,瓦解了日本法西斯妄图继续抵抗的信心,加速了日本法西斯的败亡。在占领中国东北和朝鲜北部期间,苏军积极扶持当地共产党力量的发展,将大量武器装备移交给中国共产党领导的人民军队,为中国人民解放战争的胜利作出了贡献。但是苏联以对日作战为筹码,强迫国民政府承认《雅尔塔秘密协议》,则侵犯了中国主权,显现了苏联大国沙文主义的倾向。

第九章

第二次世界大战后远东经济的
恢复与发展

1945年9月2日,日本宣布投降,远东地区战事就此结束。这标志着苏联人民团结一致抵御外敌的伟大卫国战争彻底胜利,也标志着人类历史上波及范围最广、损失最为惨重的第二次世界大战最终结束。第二次世界大战结束后,远东地区的经济社会开始逐渐复苏。

第一节 战后远东国际关系的变化

一 第二次世界大战后的苏美关系

以美国和苏联为首的盟国在第二次世界大战期间紧密合作,关键时刻扭转战局,为战争胜利作出了巨大贡献。第二次世界大战结束后,美苏出于各自国家利益的考虑,开始在全世界划分势力范围。

1946年3月,英国前首相温斯顿·丘吉尔在美国密苏里州富尔顿的威斯敏斯特学院发表了著名的"铁幕演说"。他认为,德国战败后欧洲的分裂已成事实,"从波罗的海的斯德丁到亚得里亚海的里雅斯特,一幅横贯欧洲大陆的铁幕已落下来。在这条线的后面,坐落着中欧和东欧古国的都城——华沙、柏林、布拉格、维也纳、布达佩斯、贝尔格莱德和索菲亚。所有这些名城及居民无一处不在苏联的势力范围之内,不仅以这种或那种形式屈服于苏联的影响,而且在很多情况下还受到莫斯科日益增强的高压控制"[①]。"铁幕演

[①] [英]马丁·吉尔伯特:《二十世纪世界史》(严幸智等译)第二卷(下),陕西师范大学出版社2001年版,第807页。

说"拉开了以美国为首的资本主义阵营与以苏联为首的社会主义阵营之间的冷战序幕。1947年3月12日,美国杜鲁门主义出台,标志着冷战正式开始。紧随其后,为帮助欧洲迅速提振经济,1947年6月5日,时任美国国务卿乔治·C.马歇尔正式提出了"欧洲复兴计划"。到1952年该计划结束时,美国共向欧洲贷款约130亿美元[1],英法两国是主要受益国。由此,战后世界政治格局发生重大变化,逐渐形成了以美国为首的北大西洋公约组织(1949年4月4日)和以苏联为首的华沙条约组织(1955年5月)在欧洲乃至全世界范围内的对峙局面。

除欧洲以外,美苏双方亦加强了各自在东北亚地区的利益关切和战略布局。战后,美国通过控制日本和韩国并在日韩国内培植亲美势力插手东北亚地区事务。尤其是日本,美国派驻军队占领日本本土,并帮助日本进行各项改革,实现非军事化。此后,美国又与日本签订了安保协定。日本逐渐成为美国在东北亚地区的军事盟国和重要棋子。

战后东北亚地区紧张的国际关系迫使苏联不仅注意欧洲地区安全,而且更加关注远东地区的军事安全。远东成为苏联与美国在亚太地区较量的前沿阵地。为了有效应对美国在东北亚的军事部署和战略进攻,战后和平时期苏联继续加强远东地区的军事生产,提高该地区的军事防卫能力。1949年中华人民共和国成立后,加入了社会主义阵营,壮大了苏联在东北亚地区的势力。1950年朝鲜战争爆发,美苏两大国争夺的重点从欧洲转移至东北亚地区。在朝鲜战争中,中苏两国大力援助朝鲜抗击以美国为首的联合军队,中苏朝三国结成了深厚的政治友谊。1953年朝鲜战争结束后,苏联实现了"拉住中国和朝鲜,建立了社会主义阵营的东方战线"[2],与美日韩构筑的东亚共同防御体系展开对峙。

第二次世界大战结束后,东北亚地区的国际风云变幻,莫不体现美苏两个超级大国的势力渗透与相互较量。东北亚地区是当时美苏两国势力争夺的分战场,在这一背景下,苏联远东地区的战略位置也就显得至关重要。

---

[1] [美]托尼·朱特:《战后欧洲史》,林骧华等译,中信出版社2014年版,第117页。
[2] 沈志华:《中苏同盟、朝鲜战争与对日和约——东亚冷战格局形成的三部曲及其互动关系》,《中国社会科学》2005年第5期。

二 苏日关系的变化

第二次世界大战后期，美英两国与苏联签订了《雅尔塔协定》，以换取苏联进攻日本。根据协定："由日本背信弃义所破坏的俄国以前权益须予恢复，即库页岛南部及临近一切岛屿须交还苏联"；"千岛群岛须交予苏联"。[①] 苏军在欧洲战事结束三个月后出兵中国东北，驻守伪满洲国的日本关东军土崩瓦解，此举加速了日本无条件投降。日本在战争中元气大伤，战后在东北亚地区的影响力直线下降。1945年8月末至9月初，苏联占领了南千岛群岛（日本称北方四岛，包括国后、择捉、色丹和齿舞四个岛屿），编入新设的南萨哈林州。由于《雅尔塔协定》关于千岛群岛的规定有许多不明确之处，战后日本要求苏联归还北方四岛，旷日持久的苏日领土争端问题由此拉开帷幕。正是由于领土问题存在争议，战后苏日和约一直没能签订。

1951年9月举行的旧金山会议上，日本与以美英为首的第二次世界大战盟国签订了合约，由于领土问题存在争议，苏联拒绝在对日和约上签字，与苏联持相同立场的还有波兰和捷克斯洛伐克。此后，随着东北亚地区国际形势的变化以及苏日两国国内政治的演变，经两国共同努力，1956年10月19日，苏日签署了停战和恢复外交关系的《苏日联合宣言》。根据该宣言，苏日双方结束战争状态，恢复了外交和领事关系，并且双方同意继续就缔结和约进行谈判。关于领土问题，宣言中指出，苏联为了满足日本的愿望和考虑到日本的国家利益，同意把齿舞岛和色丹岛在缔结和约之后移交日本。[②] 苏日宣言只是一个意向议定书，其执行受制于1960年签订的日美安保协定，该协定的签订威胁了苏联在远东地区的安全。与此同时，日本公开提出对于北方岛屿的领土要求，并在国内煽动仇俄情绪。后来几经谈判，尽管两国政府十分努力，但是最终没能达成一致，备受关注的苏日和约一直没有签订，这在国际关系史上是极为罕见的。北方四岛领土问题成为延续至今仍困扰俄日关

[①] 《对日和约问题史料》，人民出版社1951年版，第8页。
[②] [苏] А.С. 阿尼金：《外交史》第五卷，大连外国语学院俄语系翻译组译，生活·读书·新知三联书店1983年版，第398页。

系的障碍因素，直接影响了两国的经济关系及文化交流的开展。

可以说，第二次世界大战后的苏日关系是东北亚地缘政治空间中最为复杂的双边关系，而美日之间的特殊关系，在很大程度上干扰了苏日关系的正常化。

三 第二次世界大战后的苏中关系

1945年9月3日，在南京市举行了中国战区的受降仪式，这标志着中国人民的抗日战争取得全面胜利。随后，中国陷入了国共内战。国民党在美国帮助下与共产党开始了争夺政权的较量。此间，中国共产党逐渐壮大在东北地区的势力，中国东北解放区与苏联西伯利亚和远东地区开展了互通有无的经济贸易。经过激烈的较量，中国共产党最终夺得政权，于1949年10月1日建立了新中国。面对复杂的国际国内形势，中国共产党采取了亲苏的外交政策，实行向苏联"一边倒"政策。随着《中苏友好同盟互助条约》《中苏关于中国长春铁路、旅顺口及大连的协定》《中苏关于贷款给中华人民共和国的协定》三个重要文件的签订，中苏两国的历史遗留问题得以解决，开启了两国政治、经济、军事全面合作的新时期。此后，中苏关系随之进入历史上的"蜜月期"，一直持续至20世纪60年代初。

中华人民共和国成立之初，一穷二白，百废待兴，苏联在资金、技术以及人才方面给予大量援助。从中华人民共和国成立到20世纪50年代末，中苏关系是稳固的。[1] 苏联向中国派遣顾问与专家，"从1949年8月刘少奇携第一批苏联专家回国，到1960年8月苏联撤退全部专家，12年中在中国工作的各方面顾问和专家总计约18000人"[2]。1956年和1957年苏联在华专家人数达到最高峰。这些技术专家和军事顾问在新中国社会主义建设初期发挥了积极作用。此外，苏联还向中国提供科技领域的帮助，"根据1954年10月12日签订的中苏科学技术合作协定，1950年至1959年苏联无偿地（只收取复印费）向中国提供的科学技术

---

[1] Ли Фэнлинь. Историческое прошлое китайско - советских отношений и будущее китайско - российских отношений // Проблемы Дальнего Востока, 2021. No 1.

[2] 沈志华主编：《中苏关系史纲》（1917—1991），新华出版社2007年版，第165页。

文件共计：整套技术设计文件31440套，基本建设方案3709套，机器和设备草图12410套，整套技术文件2970套，整套部门技术文件11404套。"① 当时，苏联把对社会主义国家科技援助的一半给了中国，还援建了中国156个大项目。正是有了苏联在技术、资金和人才方面的帮助，新中国顺利完成第一个五年计划，初步建立了国家的工业基础。

新中国在外交政策和国际事务上与苏联盟友保持高度一致。无论是在朝鲜战争中还是在处理波匈事件上，新中国都坚定地站在苏联的立场上并积极协助处理。可以说，在战后美苏冷战的大环境下，中国在外交和国际舞台上同样给予了苏联莫大支持，是苏联坚定而可靠的盟友。

四 第二次世界大战后的朝鲜半岛局势

朝鲜半岛是20世纪大国利益的交会点，被称为东北亚地区的"火药桶"。第二次世界大战后，在美苏两国势力干预下，朝鲜半岛以三八线为界分裂为两个国家——韩国和朝鲜。韩朝两国背后各有美苏两大国支持，半岛南部建立了亲美政权，半岛北部建立了亲苏政权。1950年朝鲜战争爆发，6月初，以美、苏、中为首的15个联合国国家被牵扯进战争。1950年6月至1953年7月，朝鲜战争掀起了美苏两个超级大国在东北亚地区争夺的高潮。战争结束后，缔结了和平协议，朝鲜半岛南部的韩国属于美国的势力范围，北部的朝鲜则处于苏联和中国的保护之下。

从地缘政治视角来看，社会主义朝鲜由苏联对抗美国的缓冲地带变为冷战的前沿阵地，"朝鲜战争进一步使美国明确了在东亚的集体安全政策，并把两大阵营在亚洲的对抗推向了高潮"②。"从中国漫长的海岸线、朝鲜北部至北纬38°线到苏联的东北亚边界，形成了一道防御美国从阿留申群岛，经日本、韩国、琉球群岛、台湾、菲律宾、澳大利亚和新西兰弧形岛屿链"③ 的对抗线。至此，以美苏为首的东、西方两大阵营完成了对东北亚地区的势力划分，远东冷战铁幕形成，东北亚冷战格

---

① 沈志华主编：《中苏关系史纲》（1917—1991），新华出版社2007年版，第167页。

② 沈志华：《中苏同盟、朝鲜战争与对日和约——东亚冷战格局形成的三部曲及其互动关系》，《中国社会科学》2005年第5期。

③ 刘合波：《论〈旧金山对日和约〉及其对东北亚国际关系的影响》，硕士学位论文，曲阜师范大学，2007年。

局最终确定。美苏两国及东北亚各国尽管在战略上谨慎布局，但是由于大战刚过，战争的破坏作用让人心有余悸，呼唤和平的声音仍是主流。因此，战后在东北亚地区紧张的国际关系中，苏联远东社会经济还是得到了有序的恢复与发展。

第二节　战后远东经济的恢复

一　战后远东行政区划的改变

1938年10月20日，远东边疆区被划分为哈巴罗夫斯克边疆区和滨海边疆区。联共（布）哈巴罗夫斯克边疆区和滨海边疆区委员会直属联共（布）中央委员会。哈巴罗夫斯克边疆区所辖地区包括阿穆尔州、堪察加州、下阿穆尔州、萨哈林州、犹太自治州以及东北部地区（远北建设总局辖区）。从当时远东行政区划来看，哈巴罗夫斯克边疆区所辖地域广泛。这种状况一直持续至20世纪40年代初。

第二次世界大战后，顺应国内外形势变化，远东行政区划亦发生变化：战争结束后，作为战争胜利果实之一的南萨哈林和千岛群岛并入苏联。1946年2月2日，据苏联最高苏维埃主席团的命令，在新并入的南萨哈林和千岛群岛地区成立了南萨哈林州，隶属于哈巴罗夫斯克边疆区。[①] 日本人逐渐撤出南萨哈林地区，当地顺利实现了苏维埃政权的建立与任务交接。1947年1月2日，南萨哈林州与原萨哈林州（萨哈林岛北部地区）合并为萨哈林州，从哈巴罗夫斯克边疆区分离出来成为俄联邦共和国独立的行政区域。1947年4月18日，南萨哈林斯克成为萨哈林州的行政中心。

此外，第二次世界大战后远东地区行政区划的另一个重要变化是阿穆尔州。一直以来，阿穆尔州是隶属于哈巴罗夫斯克边疆区的。1948年8月2日，阿穆尔州从哈巴罗夫斯克边疆区划分出去，成为独立的行政单位，并建立了阿穆尔州党委及行政机关，管辖阿穆尔河沿岸地区。1948年9月15日，苏维埃港及其毗邻地区脱离滨海边疆区划归哈巴罗

---

① А. С. Ващук. Мир после Войны: Дальневосточное Общество в 1945 – 1950 – е гг. Владивосток，2009. С. 51.

夫斯克边疆区。因此，第二次世界大战后初年，哈巴罗夫斯克边疆区辖区范围发生明显变化。

此后，苏共中央进行了一系列重要变革，森严的劳改营体系开始瓦解，在远东北部建设总局（дальстрой）管辖的远东东北部地区逐步建立了党和国家政权机关。1953年12月3日，在远东东北部地区建立了马加丹州[①]，中心城市是马加丹市，科雷马地区以及脱离堪察加州的楚科奇自治区加入马加丹州。

1956年1月23日，堪察加州脱离哈巴罗夫斯克边疆区成为独立的州，辖区包括堪察加半岛和科里亚克民族区。原隶属于哈巴罗夫斯克边疆区的下阿穆尔州被撤销，其辖区直接并入哈巴罗夫斯克边疆区。

战后，远东还陆续出现了一些新城市，例如，1950年纳霍德卡正式升级为市，1952年在原谢苗诺夫卡镇基础上建立了阿尔谢尼耶夫市。[②]

综上所述，第二次世界大战后至20世纪50年代末，远东地区的行政区划包括哈巴罗夫斯克边疆区、滨海边疆区、阿穆尔州、萨哈林州、堪察加州、马加丹州和两个民族区——楚科奇（隶属于马加丹州）和科里亚克（隶属于堪察加州），还有犹太自治州（隶属于哈巴罗夫斯克边疆区）。

二 "四五"计划实施与远东工业的恢复

战争结束后，面临着全国破败的经济形势，苏联政府开始紧锣密鼓地恢复和发展经济，各地区、各部门也积极投入到经济恢复工作中来。1945年5月25日，苏联国防委员会发布了《关于缩减与武器制造有关的工业生产的措施》的决议，标志着国家开始由战时经济向和平经济过渡。1946年2月9日，在莫斯科市斯大林选区选举前的选民代表大会上，斯大林发表演说，提出苏联国民经济向和平道路转变的前景目标和任务，"党正在组织国民经济新的飞跃，这使得我们可以提升本国工

[①] А. С. Ващук. Мир после Войны: Дальневосточное Общество в 1945 – 1950 – е гг. Владивосток, 2009. С. 61.

[②] С. А. Власов. История Дальнего Востока России: Курс Лекций. Владивосток: Дальнаука, 2005. С. 94.

业水平，例如，与战前水平相比工业产值增加两倍"①。在此次演说中，斯大林提出的具体生产目标是5亿吨煤、6000万吨钢材、5亿吨生铁和6000万吨石油。同时，他强调必须采取措施提高人民物质生活水平并发展生产人民生活必需品的工业部门。

随后，轰轰烈烈的"四五"计划拉开了帷幕。1946年3月，苏联最高苏维埃通过了"恢复和发展国民经济的第四个五年计划（1946—1950年）"（简称"四五"计划）。"四五"计划规定在经济恢复过程中，优先方向是重工业和交通运输业，没有这两个部门的恢复与发展就不能实现整个国民经济的恢复与发展。② 可见，战后初期苏联仍然延续优先发展重工业的传统，农业和轻工业的发展始终没有得到应有的重视。"四五"计划中提出了对远东进行经济开发的目标。Н. А. 沃兹涅先斯基在1946年3月举行的苏联武装力量的一次会议上作报告时谈到"四五"计划。他认为，国家的主要任务是恢复被战争破坏的地区，并特别指出："应全面发展远东地区的国民经济，特别是冶金业、电能、燃料工业和造船业，保证各种形式交通运输业的发展，为缩减从其他地区进口粮食必须发展远东农业生产。"③ "四五"计划对远东和西伯利亚的资金投入达到356亿卢布，而俄联邦共和国的资金总投入为1450亿卢布。④ 远东地区资金投入在全国资金投入中的比重从战前的7.8%减少到战后的5.1%。国家对远东地区投资比例下降的状况一直持续至20世纪50年代后期。1960年，远东地区资金投入占全联盟总投入的比重下降到3.9%。⑤ 尽管投资比例下降，但是中央对远东地区的绝对投资额很高，而来自中央的必要投资是战后远东经济迅速恢复的重要保障。国家在东西伯利亚和远东地区的资金投入主要用于发展有色金属、煤炭

---

① 《斯大林文选》（1934—1952年），人民出版社1962年版，第452页。

② С. А. Некрылов, Е. В. Луков. Социально‐экономическое Развитие Сибири в Послевоенный Период：Учеб. Пособие. Томск：Изд‐во Том. Ун‐та, 2012. С. 6.

③ С. Г. Коваленко. Управление на Дальнем Востоке в 1945–1965 гг.：Особенности и Результаты//Советский Дальний Восток в Сталинскую и Постсталинскую Эпохи：Сб. Науч. Статей. Владивосток：ИИАЭ ДВО РАН, 2014. С. 53.

④ История Дальнего Востока СССР. В 4 т. Макет. Кн. 9. Социально‐экономические и Политическое Развитие Советского Дальнего Востока в Послевоенный Период. （сент. 1945 – 1958 г.）. Владивосток, 1981. С. 31.

⑤ ГААО. Ф. П‐1，оп. 25，д. 281.

和林业部门①，此外，战后远东建筑材料生产发展迅速。除了国家的资金投入，集中的计划经济的高度动员能力充分调动了远东地区工人和农民的劳动积极性，战后远东地区开展了新一轮的社会主义劳动竞赛。

"四五"计划期间，远东地区的工业总产值增长率由1945年的112%增至1950年的163%（见表9—1），但是远东工业总产值的增长速度始终低于全苏和俄联邦的平均水平。战后经济恢复和发展时期，远东各地区工业总产值均有大幅增长，但各地区之间的差距极为明显。在工业生产指标方面，远东南部的哈巴罗夫斯克边疆区、滨海边疆区及阿穆尔州增速较高；远东东北部地区发展较为落后，马加丹州工业总产值增长指标较低。比较而言，南部发展较快的哈巴罗夫斯克边疆区与北部马加丹州之间工业增速差距非常大。由此可见，战后远东南部和北部地区之间工业发展比例失调的状况非常严重。

表9—1　　　　1945—1960年远东工业总产值增长情况　　　　单位：%

年份	1945	1950	1958	1960
苏联	173	354	428	520
俄联邦共和国	175	344	408	494
远东	112	163	336	398
阿穆尔州	94	139	263	327
哈巴罗夫斯克边疆区	143	195	413	511
滨海边疆区	98	139	342	407
堪察加州	139	159	297	372
马加丹州	87	102	130	152

资料来源：П. А. Минакир. Экономика Регионов. Дальний Восток. М. , 2006. С. 168.

远东地区是国家的军工生产基地，机器制造业在当地工业结构中占有重要地位。第二次世界大战期间，由于苏联欧洲地区大部分领土被侵

---

① А. И. Тимошенко. Конверсионные Проблемы в Сибирской Промышленности в Годы Великой Отечественной Войны и в Послевоенный Период//Сибирь в Великой Отечественной Войне: Сборник Материалов Всероссийской Научной Конференции, Посвященной 70 - летию Победы Советского Народа в Великой Отечественной Войне（Новосибирск, 27 - 28 Апреля 2015 г. ）. Новосибирск：Институт Истории СО РАН, Параллель, 2015. С. 37.

占，西伯利亚和远东等边疆地区成为抗击敌人的大后方。因此，远东地区的军事生产能力以及与此相关的机器制造业在卫国战争时期得到加强。例如，弹药工业在远东地区发展迅速。战前没有任何军事生产能力的哈巴罗夫斯克边疆区在战时生产能力得到极大提高，短期内能够制造18种武器，并制成1558.8万发子弹。在两年半时间里，滨海边疆区的工业部门生产了60.74万枚弹头、63.58万发迫击炮弹、51.75万个导火索和180万颗手榴弹壳，还有2.02万枚航空炸弹。战争期间，滨海边疆区工业部门生产了2529架飞机。1944年，远东地区国防工业产量比1940年增加了4倍。[1] 卫国战争期间，远东地区大部分地方企业均具备了生产新型军事产品的能力，军械制造业各部门迅速发展，这就打破了战前形成的远东地区各生产部门之间的比例关系，改变了战前的经济模式。

战后，东北亚地区国际形势日趋紧张，以斯大林为首的苏共中央领导人十分关注远东地区的军事安全。他们认为，为保障亚太地区的国家安全，必须保持并加强远东边境在第二次世界大战时形成的工业生产能力。战后初期，国家大力发展远东地区军事生产，从而带动了当地工业的恢复与发展。根据苏联内务人民委员部1945年8月17日《关于建立海军部队》的命令以及1945年10月2日《关于对南萨哈林和千岛群岛进行边境保护》的命令，开始在远东建立新的海军部队。[2] 为了加强日本海沿岸的防御，1952年，苏联在苏维埃港地区组建了一支新的边防部队。战争期间被迫暂时停产的造船业也恢复了生产，国家通过了军事造船业的十年规划，该规划促进了太平洋地区苏联边界的巩固。战后时期，远东地区开始组建作战的水面舰艇分舰队。1949年，苏联进行了核试验，此后，远东地区开始集中研制全新类型和等级的战舰。到20世纪50年代中期，远东地区的海军舰队不仅得到恢复，而且其规模

---

[1] Г. А. Ткачева. Труд – фонду: Промышленность Дальнего Востока в Годы Великой Отечественной Войны（1941 – 1945 гг. ）//России и АТР, 2004. № 3.

[2] А. С. Ващук, А. Е. Савченко. Дальний Восток РСФСР в Контексте Социально – политической Безопасности（1946 – Середина 1960 – х гг. ）//Советский Дальний Восток в Сталинскую и Постсталинскую Эпохи: Сб. Науч. Статей. Владивосток: ИИАЭ ДВО РАН, 2014. С. 97.

远远超过1940年时舰队的整体水平，该时期舰队由辅助作用转变为战略作用。① 此外，苏联在远东地区陆续建立了一些以军事工业为中心的城市，这些城市功能单一，以军工生产为主。滨海边疆区逐渐形成了一些军工综合体城镇，远东地区特色鲜明的军工综合体规模日益壮大。

在加强军事安全的同时，战后远东地区面临最大的挑战是对战时生产军需产品的企业进行转产，及时生产和平时期所需各种工业设备。于是，远东一些主要工厂开始进行转产工作。例如，哈巴罗夫斯克的远东柴油机工厂开始生产柴油发动机；远东能源机械厂着手为煤炭行业开发电力设备；远东最大的生产军用产品的船舶维修企业——远东造船机械厂也转到了和平轨道上来。②

电能是工业的命脉。无论是在战时还是在和平时期，电能都是苏联工业和军事实力的重要保障。电能供应决定了战后各经济部门的恢复情况。战争期间，由于工业企业拓展生产领域、扩大生产规模，从而增加了电能需求。由于国防工业产品需求量大增，远东主要经济区电能供应不足的现象十分普遍。以哈巴罗夫斯克为例，1943—1944年，对消费者的电力供应只达到了需求量的50%—60%。③ 经过战争的洗礼，电力供应不足的状况在战后初年更加凸显，电力行业成为远东最薄弱的经济部门。1946年1月，由于电能严重短缺，哈巴罗夫斯克和阿穆尔共青城的工业企业生产受到影响。

在战后恢复时期，随着战争年代苏联被占领地区破坏电站的迅速恢复以及一些新电站的建立，全国电能生产实现了高速增长，苏联东部地区的电能供应也开始好转。如表9—2所示，1950年全国电能生产比1945年增长了1.1倍，其中，西西伯利亚增加了43%，东西伯利亚增速翻了1倍多，远东地区增长了46%。但是，远东地区发电量增速仍

---

① А. Панов. Морская Сила России. М., 2005. С. 257 – 266.

② С. В. Плохих, З. А. Ковалева. История Дальнего Востока России. Владивосток, 2002. С. 207, 208.

③ А. В. Маклюков. Решение Задач Электроснабжения Народного Хозяйства Дальнего Востока СССР в Послевоенные Годы (1946 – 1950 гг.) //Вестник Томского Государственного Университета, 2016. № 402.

明显低于全国水平。

表9—2　　　　1945—1950年苏联东部地区电能供应概况

	1945年				1950年			
	发电站功率		发电站发电量		发电站功率		发电站发电量	
	千千瓦	占联盟%	百万千瓦时	占联盟%	千千瓦	占联盟%	百万千瓦时	占联盟%
苏联	11124	100	43257	100	19614	100	91226	100
西西伯利亚	758.2	6.8	3984.2	9.2	993.3	5.0	5733.5	6.2
东西伯利亚	348.7	3.1	1116.3	2.6	705.8	3.5	2439.9	2.6
远东	221.7	1.9	924.0	2.1	456.8	2.3	1353.2	1.4

资料来源：А. В. Маклюков. Решение Задач Электроснабжения Народного Хозяйства Дальнего Востока СССР в Послевоенные Годы（1946 – 1950гг.）//Вестник Томского Государственного Университета, 2016. № 402.

三　战后远东农业的恢复

第二次世界大战期间，远东农民克服了重重困难，为战争胜利作出了重要贡献。尽管战争期间远东没有遭受战火侵袭，但是战争为远东农业经济带来了破坏性影响。卫国战争使苏联损失大量人口，且人口性别比例严重失调。战后恢复时期，最直接的后果是劳动力缺乏，集体农庄人口大为缩减。远东地区这种情况更为明显，1940年末，滨海边疆区国营农场里有3441名职工，至1946年1月1日，职工数量降至2626人。同期，阿穆尔州国营农场职工数量相应为4132人和2499人。[①] 在人口减少的情况下，人均工作量增加了1.5—2倍。因此，农民们不得不在半饥饿状态下从事高强度劳动。战争期间不利的军事条件使得很多集体农庄亏损或倒闭，集体农庄的土地被占用。战后，经营困难的集体农庄和国营农场资金短缺、劳动力不足，没有能力完成向国家交付粮食和农产品的任务。1946年，阿穆尔州集体农庄只完成了供应粮食计划

---

① История Дальнего Востока СССР. В 4 т. Макет. Кн. 9. Социально – экономические и Политическое Развитие Советского Дальнего Востока в Послевоенный Период（сент. 1945 – 1958г.）. Владивосток, 1981. C. 30.

的 74%，哈巴罗夫斯克边疆区完成了 81.6%。① 当时，很多集体农庄甚至出现种子储备不足的情况。特别是 1946 年远东地区出现自然灾害，冬季天气严寒，越冬作物被冻死，转年春夏季节严重的干旱几乎波及了整个远东地区。自然灾害导致农业严重减产，同全国形势一样，1946—1947 年远东地区粮食供应严重不足，居民忍饥挨饿，战后初年远东农业陷入了全面的混乱和衰退状态。

第二次世界大战以后，在全苏联出现的粮食危机迫使国家采取了各种应对措施，促进远东农业发展。"四五"计划期间，国家的政策和资金投入倾向于重工业生产部门，农业领域继续加强集体农庄和国营农场等国有经济成分的作用。1946 年 9 月 27 日，苏联部长会议和联共（布）中央委员会通过了《关于节约和消费粮食》的决议。根据该决议，从 1946 年 10 月 1 日开始，在农村居住的 70% 人口被缩减了供应额度，在城市和工人聚居区，给所有被赡养者和儿童发放粮食的定额被大量缩减至每人每天 250—300 克。1947 年，远东集体农庄庄员每个劳动日平均获得 300—390 克粮食。1949 年联共（布）中央委员会通过了《关于援助阿穆尔州措施》的决议；1951 年苏联部长会议通过了《关于援助哈巴罗夫斯克边疆区集体农庄和国营农场措施》的决议。上述决议为远东集体农庄和国营农场提供了财政和技术援助，还向当地派来了农业专家和干部。② 战后，农业领域的一项重要工作就是将战争期间被占用的土地返还给集体农庄，仅在滨海地区就为集体农庄返还了 8 万公顷土地。苏联部长会议和联共（布）中央委员会通过了共同决议，即《关于消除破坏集体农庄中农业劳动组合规章的行为的措施》，决议表明了政府对待集体农庄庄员在社会经济工作中的严格立场。该决议还提到 1939 年的一项著名决议《关于保护集体农庄的公有土地免于被出卖的措施》，再次重申那些被集体农庄庄员借去个人使用的土地必须返还集体农庄，严格规定了集体农庄庄员必须在规定范围内使用宅旁园地，且不许以此谋取高收入。1950 年 5 月，联共（布）中央委员会出台了《关于合并小集体农庄和党组织在这一问题上的任务》的决议。决议规定，将

---

① ГАХК Ф. П-35, Оп. 22, Д. 6, Л. 27-28；Оп. 2, Д. 1302, Л. 18.
② ГАХК Ф. 35, Оп. 19, Д. 82, Л. 15.

小集体农庄合并成规模较大的集体农庄，并将其中一些亏损的转让给国营农场。①

战后和平时期，苏联政府继续实行战前的动员集体农庄庄员劳动的方针，充分调动广大农民的劳动积极性为社会主义建设服务，并继续对农业生产实施监督。例如，通过地方行政监督和税收制度，保持较长的工作时间并对农民进行意识形态教育和爱国主义宣传，从而达到增加农业生产的目的，这种方法也被运用到远东地区。但是，至"四五"计划结束，远东农业仍未摆脱危机状态。20 世纪 50 年代初，远东地区谷类作物播种面积持续减少，主要农作物收成很低。远东集体农庄和国营农场供应给国家的马铃薯和蔬菜占总产量 47.6%。阿穆尔州和滨海边疆区的蔬菜产量不足需求量的 50%。1953 年，远东地区只有阿穆尔州能保障本地居民的粮食需求。畜牧业的状况同样举步维艰，集体农庄没有完成养牛的计划，牛肉和牛奶的生产成本很高。长期以来远东居民依靠国家中心地区供给生活必需品的状况不仅没有改变，反而更为严重。

阿穆尔州是远东传统的粮食高产区和主要谷物种植基地，其耕地面积占远东总耕地面积的 55%。战后，阿穆尔州播种面积减少，农业生产指标下降。1948 年，该州所有作物的耕种面积不足 7.1 万公顷，与 1940 年相比减少 13%。其中，小麦播种面积为 6.4 万公顷，减少 26.5%；马铃薯播种面积为 6500 公顷，减少 36%。播种面积减少导致收成降低，造成战后若干年远东集体农庄不能完成向国家供应谷物、马铃薯和蔬菜的任务，种子储备长期不足。1940 年阿穆尔州的集体农庄和国营农场上交国家 17.7 万吨粮食，1941 年为 19.7 万吨，1942 年为 19 万吨，1943 年为 7.7 万吨，1944 年为 6.1 万吨，1945 年为 11.4 万吨，1946 年为 8.4 万吨，1947 年为 8.8 万吨粮食，比 1941 年少交 10.9 万吨。粮食供应量大幅度下滑是战后远东地区农业危机的重要表现。此外，1940 年阿穆尔州豆类单产为每公顷 8 公担，1947 年为 3.5 公担，

---

① Т. П. Стрельцова. История Преобразований Колхозно - Кооперативных и Государственных Сельских Хозяйств Дальнего Востока（Середина 1940 - х - Конец 1980 - х гг.）//Дальневосточный Аграрный Вестник，2008. № 1.

1950年为3.8公担，1955年为6.7公担。① 由此可见，战后阿穆尔州农作物产量与战前相比大幅降低，直至20世纪50年代中期，谷类作物产量仍然没有达到战前水平。

1948年，滨海边疆区的蔬菜和马铃薯产量不足需求量的1/3；哈巴罗夫斯克边疆区情况类似，尽管与1940年相比集体农庄供应的蔬菜量增加了1倍，豆类增加了1.5倍，牛奶增加了4倍，但是居民对于马铃薯、蔬菜和畜牧业产品的需求仍然得不到满足。② 在自然气候条件欠佳的远东东北地区，其农产品自给能力更弱。生产马铃薯和蔬菜的集体农庄、国营农场对于本地居民的产品供应是非常有限的。当地居民为保证生活需要，努力发展个体经济。个体经济的收获量比国营农场和集体农庄的产量高出4—5倍。1953年马加丹州建立以后，当地农业部门重新建立了集体农庄和国营农场。但是，该州农产品的重要来源是远北建设总局的300户规模不大的副业经济单位以及部分个体经济单位。1953年，堪察加州马铃薯总产量是29.97万公担，其中24.8万公担来自个体经济；而4.5万公担蔬菜总产量中有1.5万公担来自个体经济。③ 至20世纪50年代初期，远东地区畜牧业产品、蔬菜和马铃薯的供应主要依靠居民个人的副业经济。

到1950年，远东地区"四五"计划在农业方面的指标没有完成，远东农业的恢复相比国家西部地区更为缓慢。战争强化了中央的部门管理体制，以及党和国家在分配财政和物质资源时的主导作用。尽管战后苏联领导人为缓和农业领域的紧张形势采取了一系列措施，但是这些措施并未奏效，国家继续实施优先发展重工业的方针，农业始终处于次要位置。1947—1952年，党和政府共出台了40多个关于农业问题的决议，但其中并未涉及经济结构改革问题，依旧保持优先发展重工业的方针。虽然苏联党和政府在通过一系列有关地方问题的决议之前，进行了

---

① А. С. Ващук. Мир после Войны：Дальневосточное Общество в 1945 – 1950 – е гг. Владивосток，2009. С. 220.

② РГАСПИ. Ф. 17，оп. 138，д. 3，л. 128，136. 转引自 А. С. Ващук. Мир после Войны：Дальневосточное Общество в 1945 – 1950 – е гг. Владивосток，2009. С. 221.

③ И. Д. Бацаев. Развитие Нетратиционных Отраслей Сельского Хозяйства на Северо – востоке России в 1953 – 1970 гг. //Исторические Иследования на Севере Дальнего Востока. Магадан，2006. С. 125.

大范围征求意见工作,并着重强调工农联盟在国民经济恢复时期和社会主义建设时期的重要性,但这些措施并没得到实际的资金支持。战后,国家对农村地区采取传统的征收粮食政策,1946—1953年从农业中征收了价值2980亿卢布的农产品,苏联历史上的这种"剪刀差"现象在远东地区的体现非常明显。

总体来说,"四五"计划期间,远东农业一定程度上得到了恢复和发展,但还远未恢复到战前水平。远东集体农庄和国营农场不能为本地居民供应充足的农产品,且只能部分完成向国家供应农产品的任务。相比国有经济和集体经济来说,个体经济以其体量小、产出高的特点在居民农产品供应中发挥了重要作用。

四 远东交通运输业和建筑业的恢复

(一)交通运输业

战后恢复时期,交通是国家优先发展的部门之一,中央和地方政府对交通问题十分关注。远东地区地广人稀,各经济中心相距遥远,交通基础设施分布极不均衡,几乎全部铁路网和70%的公路干线都集中在远东南部地区。马加丹州、堪察加州北部地区、哈巴罗夫斯克边疆区北部、萨哈林州和阿穆尔州北部,都是通过季节性的交通方式运送货物和人员,交通不便阻碍了远东北部地区国民经济的发展,也为当地居民生活带来不利影响。

战后初年,铁路作为远东地区重要的交通运输方式迅速恢复。西伯利亚大铁路是远东铁路网的基础。在西伯利亚大铁路沿线形成了远东地区最发达的工业中心:哈巴罗夫斯克、布拉戈维申斯克、别洛戈尔斯克、比罗比詹、拉琴斯克、斯科沃罗季诺和伊曼等。远东地区是苏联的主要原料供应地,采矿部门在远东经济中占有很大比重。大批原料,包括木材、鱼类、矿物和建筑材料等须通过铁路系统运往苏联中部地区。不仅如此,西伯利亚大铁路又是从苏联西部地区向远东运输日用品、农产品、机械、设备、化肥等产品的主要通道。

战后远东地区的货运和客运(包括移民运输)十分紧张。当时,海运发挥了较为重要的作用。根据"四五"计划,与战前指标相比,到1950年海路运输应增加货运量1.2倍。远东地区最大的运输组织——远东海洋航运局负责完成政府指定任务，货运量达到1940年的249%。① 1945年10月成立了萨哈林海运公司，总部设在霍尔姆斯克。该公司拥有60多艘中等吨位的干运船，总吨位20多万吨，船队穿梭于19条近海运输线上。该公司主要负责萨哈林岛、千岛群岛和大陆间的运输业务。20世纪40年代下半期，远东地区有两个新港口投入使用，分别是瓦尼诺港和纳霍德卡港。这两个港口的投入使用极大地便利了当地运输。1950年，第一批年轻的建设者抵达纳霍德卡，他们肩负着创造新城市的艰巨任务。他们在海岸边建设了纳霍德卡商港、滨海和纳霍德卡造船厂以及锡罐厂。远东南部的河运是远东交通体系中不可或缺的运输方式，但是河运只起辅助作用，主要原因是远东南部地区铁路网覆盖较广，而铁路的运输成本比河运低很多；河运交通存在季节性特点，十分受限，并且阿穆尔河支流航运条件不理想。

战后，公路运输在远东交通系统中发挥的作用有限，这种情况与苏联全国情形基本一致。发展和完善道路交通基础设施需要大量资金投入，如建设公路、配置交通工具以及建设车站都需要大量资金。第二次世界大战后远东地区财政紧张，且国家对于该地区的投入也被压缩，因此公路运输建设进展不大。直至1958年，远东地区公路运送货物比重只有4.3%。② 但是，公路运输对于远东东北地区特别重要。战后初年，公路运输是远东东北地区运输的主要形式，这种情况一直持续至20世纪50年代末。在马加丹地区，科雷马干线（马加丹—苏苏曼—卡德克恰恩—乌斯季涅拉）全长900千米，将采矿工业区上科雷马斯克、上印迪吉尔卡与纳卡耶沃港联系起来。埃格韦基诺特—尤利廷公路（208千米）建立了地区内部运输联系。③

总体来说，战后铁路和水路运输仍然是远东最主要的运输方式，公

---

① А. П. Деревянко, Российское Приморье на Рубеже Третьего Тысячелетия（1858 - 1998）. Владивосток, 1999. С. 155.

② А. С. Ващук. Мир после Войны: Дальневосточное Общество в 1945 - 1950 - е гг. Владивосток, 2009. С. 212.

③ История Дальнего Востока СССР. В 4 т. Макет. Кн. 9. Социально - экономические и Политическое Развитие Советского Дальнего Востока в Послевоенный Период. （сент. 1945 - 1958 г.）. Владивосток, 1981. С. 78.

路运输在远东东北部地区发挥了重要作用。

(二) 建筑业

第二次世界大战前,远东的建筑材料工业极为薄弱。战后,出于国家重建和经济复苏的需要,建筑部门的作用大为增强。远东各边疆区和州在制定社会经济发展规划时,增加了建筑材料的生产指标,特别是水泥产量。这一时期远东地区水泥工业发展迅速,钢筋混凝土制品大幅增加。第二次世界大战前,远东地区只有滨海边疆区能生产水泥,战争结束后,哈巴罗夫斯克边疆区和萨哈林州也开始生产水泥。当时主要的水泥生产企业包括斯帕斯(滨海边疆区)、杰普洛杰尔(哈巴罗夫斯克边疆区)以及波洛纳伊(萨哈林州)。① 此外,远东部分地区开始生产石棉水泥板和瓦,马加丹州开始生产玻璃。②

战争结束后,远东地区陆续建设了一批新建筑工程。1947年,开始在乌苏里斯克建设饲料工厂。1949年开始建设纳霍德卡港。在滨海地区先后有一批新建筑相继建成并投入使用,例如,游击队城和里波夫采镇的一批矿井,纳霍德卡、里波夫采镇和普提雅廷岛上的电站,安德烈耶夫海湾的海产品加工厂,达利涅格尔斯克的矿渣砖工厂,等等。③ 与苏联中央地区相比,战后远东地区出现的新建筑工程规模不大。除这些新建成的工程外,还对一些原有的厂房进行了改建和扩建,例如,水晶玻璃采矿选矿联合工厂、达尔工厂的工具车间、列索扎沃茨克和达利涅列琴斯克的木材加工联合企业,等等。

战后,远东地区经济恢复在短时间内取得突出成绩,其中一个重要原因是远东地区同全苏各地一样,广泛开展了社会主义劳动竞赛和提合理化建议活动且成效显著。由于充分发挥了社会主义国家的制度和动员优势,举全国之力攻坚克难,才在短时期内战胜了战争带来的严重破坏的后果。

---

① РГАСПИ. Ф. 82, оп. 2, д. 94, л. 57 – 62.
② С. А. Власов. Жилищное Строительство на Дальнем Востоке (1946 – 1991 гг.). Владивосток, 2008. С. 13 – 14.
③ А. С. Ващук, Мир после Войны: Дальневосточное Общество в 1945 – 1950 – е гг. Владивосток, 2009. С. 214.

第三节　远东经济发展与垦荒运动

一　远东各主要经济部门的发展

"四五"计划实施之后，远东经济得以复苏，但是还没有恢复到战前水平。1953年斯大林去世后，苏共最高领导层经过权力角逐，到1956年赫鲁晓夫全面执政。此后，苏联全国上下掀起非斯大林化浪潮，在"解冻"氛围中呈现出些许生机，政治环境的变化为经济发展带来了机遇。另一个有利因素是战后世界范围内兴起了科技革命，在国家和地区科研机构的研究成果推动下，远东地区科学技术的革新及应用也为经济发展带来了巨大的红利，主要表现为生产过程中广泛运用新技术、新机械及新设备，极大提高了生产效率。此时，远东各主要经济部门发展迅速。

苏联在东部地区生产力的配置对远东经济发展产生了直接影响。远东地区作为国家原料和能源供应地，在全国的经济布局中占据重要位置。远东传统优势部门，如渔业、林业、采矿业和煤炭行业等在社会经济发展中继续发挥着重要作用。通过勘探新的矿产地、提高劳动生产率及开发新的渔区，上述行业的产量显著增加。

远东地区主要经济部门之一——渔业部门得到了国家高度关注，渔业也是当时远东地区发展最快的主要部门之一。1948年，"四五"计划即将结束时，苏联部长会议作出《关于发展远东渔业》的决议。决议指出，将加强渔业部门的技术基础，积极开发海洋渔业，解决该部门人才短缺的问题。[①] 国家对远东渔业部门的投资额超过对摩尔曼斯克港及附近海域投资额的1倍，超过对里海海域投资额的3.5倍。1954年，赫鲁晓夫、布尔加宁和米高扬等人视察了远东渔业企业，他们指出了远东渔业部门发展的瓶颈，提出为加速该部门发展应采取的必要措施，并为该部门更新了技术装备。例如，为渔业船队配备新船只，并建立船舶维修工厂。此外，还新建了一系列鱼产品加工工厂，如鱼罐头生产工厂

---

① С. В. Плохих, З. А. Ковалева. История Дальнего ВостокаРоссии. Владивосток, 2002. С. 208.

等。上述措施客观上促进了渔业生产率的提高，推动了远东渔业的新发展。1958 年远东渔民开始使用大型冷冻拖网捕鱼船①，捕捞范围明显扩大，实现了从沿海捕鱼向海洋捕鱼的拓展。此后，远东地区积极开发海洋渔业，高达 90% 的捕捞量来自海洋捕鱼。此外，值得一提的是，符拉迪沃斯托克渔港实现了改扩建。码头延长，变成深水港，建成新的仓储库房及冷库。经过改建，符拉迪沃斯托克港成为远东最大的港口。捕捞的鱼类产品从萨哈林、堪察加及鄂霍次克海沿岸运到符拉迪沃斯托克港，再通过铁路运往全国各地。由于远东推广渔业机械化设备，劳动生产率提高了 1.5 倍，腌鱼效率提高了 3 倍。② 可以说，远东地区渔业在全联盟的比重逐年增加，无论捕鱼量还是鱼类再加工领域都占重要份额。1958 年远东捕鱼量占全联盟捕鱼量 28%，1965 年增至 40%。该时期远东渔业的发展为日后奠定了基础，到 20 世纪 70 年代远东渔业迎来了大发展。到第八个五年计划（1966—1970 年）结束时，远东海域渔业变成了高盈利部门。

在远东经济中海洋运输一直发挥着重要作用。由于技术的进步与革新，1960 年远东商船队开始使用新型破冰船。冬季结冰期正是借助这种破冰船，瓦尼诺港可全年通行。瓦尼诺港是纳霍德卡港和符拉迪沃斯托克港与萨哈林运输货物的转运港。技术革新及新型装备的投入拓展了远东这些港口的进出口业务。由轮船来完成的边境运输整体上从"五五"计划（1951—1955 年）时的 39.9% 增加到"六五"计划（1956—1960 年）时的 43.8%。③ 同时，为了给海洋运输船队提供优质服务，还建立了船舶维修基地，新建了一批船舶维修工厂。例如，1957 年，在纳霍德卡新建了滨海船舶维修工厂，50 年代末在霍尔姆斯克建立了船舶维修厂。60 年代在符拉迪沃斯托克、苏维埃港、阿穆尔尼古拉耶夫斯克改建和扩建了一批船舶维修工厂。

---

① С. А. Власов. История Дальнего Востока России: Курс Лекций. Владивосток: Дальнаука, 2005. С. 95.

② 徐景学主编：《西伯利亚史》，黑龙江教育出版社 1991 年版，第 569 页。

③ История Дальнего Востока СССР. В 4 т. Макет. Кн. 9. Социально－экономические и Политическое Развитие Советского Дальнего Востока в Послевоенный Период（сент. 1945－1958 г.）. Владивосток, 1981. С. 74.

远东在全苏锡矿开采中占据重要地位。战后,远东地区的锡矿开采取得了显著成绩,以滨海边疆区、哈巴罗夫斯克边疆区及马加丹州为主。1957年,滨海地区建立了雅罗斯拉夫锡矿联合企业。从20世纪50年代末开始,对哈巴罗夫斯克的锡矿床进行勘测,很快在当地开始建设采矿选矿联合企业,并于1963年投产。此外,在哈巴罗夫斯克边疆区开采锡矿的企业还有兴安锡联合企业。马加丹州也有两个锡矿企业,分别是杰布达和尤利廷采矿企业。

科雷马矿区是远东甚至是苏联的主要金矿区。战后初年,该矿区积极采用新技术,使用浮式采掘机进行采矿作业,大大提高了生产效率。1949年9月,在位于恰伊—乌里因谷地的矿区首次使用浮式采掘机进行深度采掘,既提高了效率,又增加了产量。此后,该项技术得到推广。1956年,马加丹州陆续有几家采金企业运用此种方式进行采金作业。从1958年起,楚科奇的中伊丘韦耶姆河矿床开始采金作业。1959年,另一个楚科奇金矿首次进行采金作业。

战后,远东林业和木材加工业得到了继续发展。"四五"计划时,远东林业企业就已开始运用新机械、新技术,如拖拉机、推土机。林业工人在作业时开始使用机械动力锯。从1958年起,在哈巴罗夫斯克村的阿穆尔斯克镇开始建设大型原木加工工业综合体——阿穆尔斯克纸浆和纸板联合企业,并于1967年投入使用。此外,萨哈林地区是纸浆的重要产地。20世纪60年代中期,萨哈林有7家纸浆联合企业和1家纸板箱生产厂。苏联造纸量的7%来自萨哈林,该地区生产的纸浆和纸产品除运往国家西部地区,还销往国外,古巴是其主要销售地。[1] 此外,该时期远东陆续建立并投入使用一批电站,改善了当地电能供应。例如,1953年阿穆尔州建成投产了赖奇欣斯克国营地区发电站;1954年建成投产的有哈巴罗夫斯克第一热电中心,滨海边疆区的帕尔季赞斯克国营地区发电站以及马加丹州的阿尔卡加拉国营地区发电站,等等。[2] 新电站的产能为当地各部门经济发展注入了活力。

---

[1] С. А. Власов. История Дальнего Востока России: Курс Лекций. Владивосток: Дальнаука, 2005. С. 95.

[2] 徐景学主编:《西伯利亚史》,黑龙江教育出版社1991年版,第565页。

1955年9月，苏共中央和苏联部长会议通过决议，将一系列从事交通机械制造的工厂转向生产内燃机车。1956年2月，苏共中央通过了《关于实现铁路电气化的总体规划》的决议。在苏共第二十次代表大会上，公布了革新铁路交通技术设备的规划，规定集约化使用电力机车和内燃机车，完善线路设备。这些举措促进了地方铁路服务性建设项目的发展。20世纪50年代末，苏联开始扩建远东铁路，广泛使用内燃和电力机车，此后远东地区铁路运输规模快速增长。其中，滨海边疆区的货物流通十分频繁。1940—1958年，远东地区内部铁路运量增长了64%。[1] 远东地区铁路里程明显增加，到1960年，远东共有5771千米铁路，占俄联邦共和国铁路总长度的8.1%。[2]

卫国战争期间发明建造的新型飞机、新型发动机给战后远东地区居民生活带来了便利。20世纪50年代末航空领域技术革新，远东至莫斯科航线上开始使用新型喷气式客机图—104。这引起了航空客运的巨大变革，飞行时间大为缩短，从远东飞莫斯科仅需12小时，其直接后果是导致客运量增加。从此，喷气式客运飞机为远东人的出行带来了极大便利，远东人可以选择乘坐火车或者飞机去苏联欧洲地区学习、出差或旅游。1957年，从哈巴罗夫斯克至莫斯科的定期航班经停伊尔库斯克和鄂木斯克。1958年，实现了从符拉迪沃斯托克直飞莫斯科。同年，开通从哈巴罗夫斯克边疆区飞至塔什干和阿拉木图的航线，然后又开通从哈巴罗夫斯克飞至萨哈林和堪察加的航线。新式客机的应用以及新航线的开辟，改变了远东人的生活方式。普通百姓可以有机会乘坐民航客机出行，去各地旅游，极大丰富了远东人的精神生活。

战后，远东各边疆区和州的邮电局（所）数量显著增加。以哈巴罗夫斯克边疆区为例，1940年有327个邮电局（所），1950年有321个，1955年增加为389个，1956年为406个；滨海边疆区，1956年有邮电局（所）328个，1958年为422个，其中农村有260个；萨哈林州通信企业的数量从1947年的164个增加到1950年的180个，1960年为

---

[1] А. Б. Марголин. Проблема Народного Хозяйства Дальнего Востока. М., 1963. С. 156.
[2] А. С. Ващук. Мир после Войны: Дальневосточное Общество в 1945 – 1950 – е гг. Владивосток, 2009. С. 209.

161个。① 至1954年，远东98%的村苏维埃之间建立了长期通信联系，只有马加丹州未能实现与所有地区保持经常性通信联系。此外，卫国战争后，远东最偏远地区继续普及无线电，到20世纪50年代末实现无线电全覆盖。萨哈林州的无线电化进展迅速，1951—1959年该州无线电转播站数量急剧增加，翻了一番（见表9—3）。

表9—3　　　　1940—1958年远东无线电转播站的数量　　　　单位：千个

年份	1941	1951	1959
远东地区	129.8	290	730.2
滨海边疆区	37.8	86.4	196.4
哈巴罗夫斯克边疆区	43	83.2	191.1
阿穆尔州	23.1	46.7	116.3
堪察加州	7.5	17.1	35
萨哈林州	7.6	34.7	80.1
马加丹州			48

资料来源：Народное хозяйство РСФСР 1964 г. Стат. ежегодник. М. 1965. С. 334.

至20世纪50年代末，远东几乎所有地区居民都可以收听到无线电广播，无线电收音机使用得到普及。具有划时代意义的是此时远东出现了由苏联中央各州运来的第一批电视机。电视的出现改变了人们的观念，当地居民普遍认为拥有电视是生活富裕和幸福的标志。1956年，在符拉迪沃斯托克市建立了滨海电视中心，后来在哈巴罗夫斯克和阿穆尔共青城也相继建立了电视中心。② 20世纪60年代，有越来越多的远东人可以通过电视收看各类节目，这极大地丰富了当地居民的业余生活。

---

① История Дальнего Востока СССР. В 4 т. Макет. Кн. 9. Социально - экономические и Политическое Развитие Советского Дальнего Востока в Послевоенный Период. （сент. 1945 - 1958 г.）. Владивосток，1981. С. 81.

② С. А. Власов. История Дальнего Востока России: Курс Лекций. Владивосток: Дальнаука，2005. С. 100.

20世纪50年代后期，建筑领域开始发生改变。在建设生产和日常生活项目时，开始采用新工艺。苏联高层和地方领导，逐渐认识到住宅问题的尖锐性，同时，远东各地方政府也开始关注城市建设和公用事业。1954—1955年，拨款4000多万卢布用于符拉迪沃斯托克市的城市改建和公用事业。远东其他中心城市面貌也发生巨大变化。1955—1960年，哈巴罗夫斯克、南萨哈林斯克、阿穆尔共青城等城市进行了大规模建设，马加丹州也陆续出现一些新建筑。工人聚居区野猪河（今达利涅戈尔斯克）、卡瓦列罗沃、大石头城面貌一新。经过城市规划企业——阿斯克里特和普罗格列斯的设计规划，谢苗诺夫卡镇的城市面貌发生很大变化，更名为阿尔谢尼耶夫城。[①] 20世纪50年代，远东各城市的公共服务进一步发展。当时，几乎远东所有主要城市的街道都铺上了沥青路面，并且进行了绿化工程；公共交通也出现了新变化，城市街道上开始出现公交巴士和客运出租车。技术的进步带动了生活的便利化。1956年，哈巴罗夫斯克一个火力发电厂投入使用，为城市生活提供了充足的电能，同年11月，在哈巴罗夫斯克街头开始出现了电车。1957年，在阿穆尔共青城居民出行也可以乘坐电车了。

远东各主要经济部门取得上述发展，主要得益于科学与技术的有效结合，科技进步有效转化为生产力，在很大程度上提高了各行业的劳动生产率。

二 远东垦荒运动政策及实施

战后恢复经济的"四五"计划完成后，苏联国民经济各主要部门基本恢复到战前水平。农业生产中的粗放发展方式在战后恢复时期没有改变，通过大量投入人力、自然资源及国家政策干预，在较短时期内，苏联农业生产恢复到战前水平，1950年农业总产值已经恢复到1940年水平。[②] 农业在苏联国民经济中较为落后，各项生产指标均落后于其他部门。赫鲁晓夫执政后，为了改善苏联农业经济的落后状态

[①] А. П. Деревянко. Российское Приморье на Рубеже Третьего Тысячелетия （1885 - 1998）. Владивосток, 1999. C. 145.

[②] Народное Хозяйство СССР в 1972 г. Стат. Ежегодник. М., 1973. C. 57.

开始酝酿实施垦荒运动。经过苏共中央多次讨论，1954年2月23日，赫鲁晓夫在苏共中央委员会全体会议上作了《关于进一步扩大苏联的谷物生产和开垦生熟荒地的报告》。[1] 赫鲁晓夫在报告中提出为扩大粮食播种面积、增加粮食产量今后几年内在哈萨克斯坦、西伯利亚、伏尔加河流域等地区开展垦荒运动的宏伟计划。他认为，"开垦新地的计划是一种辉煌的事业。开垦生荒地和熟荒地按照这个当前工作的规模及其全国的意义来说，可与中国人民在共产党领导下所完成的最巨大的事业相媲美"[2]。报告被中央委员会通过，此后垦荒运动在全国开展起来。垦荒运动的主力军是上述各地区的集体农庄和国营农场，国家给予资金投入、技术支持，并动员全国各地的年轻人和志愿者参与到垦荒运动中来（见表9—4）。

表9—4　　　　　　1954—1960年生熟荒地的开垦量

地区	千公顷
苏联	41836
哈萨克斯坦共和国	25484
俄联邦共和国	16352
伏尔加河地区	2329
乌拉尔地区	2925
西伯利亚	9721
西西伯利亚	6908
阿尔泰边疆区	2790
鄂木斯克州	1399
新西伯利亚州	1586

---

[1] Т. П. Стрельцова. История Развития Сельского Хозяйства Дальнего Востока (Середина 1940 – х – Конец – 1980 – х гг.) //Дальневосточный Аграрный Вестник, 2008. No 2.

[2] 陆南泉：《苏联经济体制改革史论（从列宁到普京）》，人民出版社2007年版，第167页。

续表

地区	千公顷
克麦罗沃州	302
托木斯克州	111
秋明州	720
东西伯利亚	2813
克拉斯诺亚尔斯克边疆区	1310
伊尔库茨克州	427
赤塔州	1076
阿穆尔州	800
滨海边疆区	200

资料来源：Вестник статистики，1974. № 3. С. 94；Народное хозяйство СССР в 1956 г.：Стат. сб. М.，1957. С. 127；Народное хозяйство РСФСР в 1960 г.：Стат. ежегодник. М.，1961. С. 195；Народное хозяйство Новосибирской области：Стат. сб. Новосибирск，1961. С. 78；Марголин А. Б. Проблемы народного хозяйства Дальнего Востока. М.，1963. С. 127 - 128；ЦХАФАК. Ф. Р - 569，Оп. 11，Д. 132，Л. 219.

从表9—4 垦荒数量来看，1954—1960 年，哈萨克斯坦共和国生熟荒地的开垦量最多，约2548 万公顷，占全国垦荒总数的一半以上；俄联邦共和国开垦的约1635 万公顷荒地中，西伯利亚地区开垦荒地972 万公顷，占比达一半以上。东部地区的主垦区是阿尔泰边疆区和克拉斯诺亚尔斯克边疆区、新西伯利亚州和鄂木斯克州。在垦荒运动中，相比广袤的哈萨克斯坦和西伯利亚地区，远东地区开垦的生熟荒地在全国总开垦量中占比不高。远东地区垦荒运动的部署从1954 年拉开帷幕，远东传统农业区——阿穆尔州是重点垦荒区。1954—1960 年，阿穆尔州垦荒量达80 万公顷；同期，滨海边疆区垦荒量为20 万公顷。远东地区垦荒运动计划于1960 年结束，实际到1958 年就基本结束了。

远东地区是苏联农业发展较为落后的地区，农业发展状况不乐观。到"四五"计划结束时，该地区农业总产值还没有恢复到战前水平，始终落后于全苏平均水平,且农业生产不能满足本地区居民需求的状况一直持续。通过开展垦荒运动增加了当地的播种面积,农作物品种也增加了。从垦荒运动实行的第一年(1954年)开始,远东谷类作物播种面积缩减的趋势有所改善,1954年谷类播种面积为86.1万公顷(见表9—5)。虽然效果不是很显著,但在粮食匮乏的情况下,这种转变对当地农业及畜牧业发展来说具有积极意义。远东地区农业耕作效率低并且化肥供应不足,在此情况下,通过扩大播种面积来增加产量从而促进农业发展是最现实的办法。与1940年相比,1954年远东地区所有作物的总播种面积增加了47.4万公顷,增幅达46%。远东总播种面积的增加主要通过扩大马铃薯、蔬菜、经济作物、豆类和饲料作物的播种面积来实现。可以说,垦荒运动的实行在某种程度上为远东人民的粮食供应带来了积极影响。

表9—5　　　　　1940—1954年远东播种面积变化　　　　单位:万公顷

年份	总播种面积	谷类作物的播种面积
1940	103.7	72.9
1952	137.3	77.2
1953	136.0	80.3
1954	151.1	86.1

资料来源:ГАРФ. Ф. А-30, оп.1, д.1056, л.40.

在开展垦荒运动过程中,苏联社会主义国家强大的动员能力得到了充分体现。在党中央号召下,大批年轻人满怀热情从全国各地奔赴东部地区参加垦荒运动。在1954—1956年的3年时间里,有13万共青团员来到西伯利亚,约占全国垦荒者总数的1/3,其中有5万人是当地人——西伯利亚人和远东人。他们在垦荒运动中发挥了先锋模范作用,其中有一些人在运动结束后留在远东生活。

随着远东地区新开垦土地数量的增加,在新垦区建立了一系列新国营农场,在1954—1958年垦荒运动期间,远东垦区建立了11个大型国营农场,其中包括阿穆尔州的波格拉尼奇内、切斯诺科夫、比尔名、

"游击队"等，哈巴罗夫斯克边疆区的巴布斯托夫、温古尔、卡拉西茨基等。后来有一些国营农场改建成大型谷物加工工厂。① 相应地，农场员工数量也随之增加。1961年3月，苏共中央出台了新决议，在阿穆尔州、滨海地区和哈巴罗夫斯克边疆区，以及赤塔州和布里亚特共和国的新垦区建立新的国营企业。此后，远东地区国营农场建设的速度加快。到20世纪60年代中期，远东地区国营经济成分占据主导地位。同时，在新垦区还建设相应的机器拖拉机站，配置机械设备并进行住房等基础设施建设。

远东地区农业资金投入少、拖拉机等农业机械的供应不足，在一定程度上制约了垦荒运动的开展以及当地农业各部门的发展。1954年，远东地区有1043个集体农庄，有153个机器拖拉机站为其提供技术和设备服务。考虑到气候特点，这些集体农庄拥有的16269台机械设备显然是不足的。② 在实施垦荒运动过程中，国家向新垦区划拨了大批农机具，包括拖拉机、谷物联合收割机等。为提高集体农庄庄员的积极性，1958年2月，苏共中央委员会全体会议出台决议，开始改组机器拖拉机站，在机器拖拉机站基础上建立了技术维修站。此次改组使集体农庄获得了向机器拖拉机站购买技术的权利，于是农庄将大量资金用于购买技术设备，这在一定程度上影响了农庄内部的资金投入。因此，各地农业经济没有发生根本好转。20世纪50年代末，国家开始控制个体副业的发展、减少个体畜牧业的产出，由此远东地区粮食保障问题日益突出。从1958年7月起取消农庄向国家义务交售粮食、油料、马铃薯、蔬菜、肉、蛋、羊毛的制度，实行统一的农产品收购法。政策的变化有利于农业领域的调整与发展，减轻了农民的负担，为各地农业发展创造了有利条件。

---

① Т. П. Стрельцова №История Преобразований Колхозно - Кооперативных и Государственных Сельских Хозяйств Дальнего Востока（Середина 1940 - х - Конец 1980 - х гг.）// Дальневосточный Аграрный Вестник，2008. № 1.

② А. С. Ващук. Мир после Войны：Дал-ьневосточное Общество в 1945 - 1950 - е гг. Владивосток，2009. С. 223.

三 远东垦荒的成效及教训

1954年以后在远东地区广泛开展的垦荒运动取得了突出成效，具体表现为：

第一，远东地区播种面积显著增加，主要农作物总产量增加。大面积开垦生荒地和熟荒地使得远东地区农作物播种面积显著增加。播种面积的增加导致就业率增加以及粮食产量的提高。而粮食产量的增加，特别是谷类作物产量的连续增长客观上为当地畜牧业的发展创造了条件。这种有利形势一定程度上改善了远东居民的生活水平。以远东南部三个主要农业区为例，至20世纪50年代末，阿穆尔州播种面积增加了38万公顷；滨海边疆区增加了7.3万公顷；哈巴罗夫斯克边疆区则增加了2.5万公顷。[①] 1953—1959年，远东地区的农作物和畜牧业产品的采购量增加了1倍。

第二，远东农作物播种结构发生改变。大量新开垦的土地投入使用改变了远东农作物播种结构，经济类作物的播种面积增加。例如，20世纪50年代下半期，阿穆尔州的大豆播种面积增加近4倍，小麦播种面积则增加了一半。由于大豆的收购价格比饲料作物高2.5—3倍，因此，大豆产量的增加导致集体农庄货币收入的增加。1953—1959年，阿穆尔州集体农庄此项收入从1570万卢布增加至5200万卢布；滨海边疆区的集体农庄此项收入增加了一半，至1959年超过了4亿卢布。[②] 垦荒运动期间，远东播种结构发生变化，谷物、大豆、马铃薯和蔬菜的播种量及收获量增加，导致远东集体农庄劳动生产率及经济效益明显提高。谷类作物产量的增加大大缓解和改善了远东居民的粮食供应问题，经济类作物产量的增加提高了当地居民收入。

尽管远东垦荒运动取得了不小的成绩，但是对于农业发展的作用是有限的。因为只通过开垦荒地增加播种面积来提高农产品产量的方式，

---

① ГААО Ф.1, Оп.8, Д.1, Л.4；РГАЭ Ф.7480, Оп.21, Д.762, Л.148. 转引自 Т. П. Стрельцова. История Развития Сельского Хозяйства Дальнего Востока（Середина 1940 - х - Конец - 1980 - х гг.）//Дальневосточный Аграрный Вестник, 2008. № 2.

② ГААО Ф.347, Оп.1, Д.659, Л.3；ГАПК Ф. П - 68, Оп.30, Д.504, Л.6.

远远不能解决远东农业部门存在的问题及实现农业的可持续发展。因此，垦荒运动在开展过程中固然取得了一系列值得推广的经验，同时也留下了深刻的教训：

第一，通过增加播种面积促进农业发展的粗放经营方式短期内可以取得一定成效，但是不利于农业现代化的实现及可持续发展。垦荒远东期间，远东集体农庄和国营农场农产品产量的增加主要是通过扩大播种面积实现的。虽然当地主要农作物产量增加，但是农产品质量堪忧，生产低效，无利可图。在此后远东农业发展过程中，这种生产的低效性逐渐暴露出来。实际上，正是这种粗放的农业生产方式为20世纪60年代初远东农业出现新危机埋下了伏笔。20世纪50年代末至60年代初，由于集体农庄和国营农场生产体制的弊端，加之不利的自然条件，远东农产品产量再次下降。1961年，阿穆尔州集体农庄和国营农场中完成的国家采购与1959年相比下降了22%[1]。类似的情况在远东其他地区也可以看到。1959—1962年，滨海边疆区的谷物生产与1953—1957年相比下降8.7%，马铃薯下降39.6%，蔬菜下降15.8%，平均每头奶牛的产奶量下降357公斤。[2] 可以说，在远东农业中始终存在一个解不开的矛盾，一方面，农业发展中取得一些成就，出现一些积极变化；另一方面，农产品及畜产品的产量始终落后于居民日益增长的需求。因此，在远东垦荒运动中，解决粮食问题主要是通过扩大播种面积以及增加资金投入的途径，造成远东农业仍然坚持粗放的发展方式，与重视农业技术装备水平和科学管理方法的现代农业相比还有较大差距。

第二，垦荒运动破坏生态平衡，造成环境污染。从决策角度来说，举全国之力的大面积垦荒运动既冲动又草率，缺乏从科学视角进行论证就开始盲目实施，这本身就是行政命令的产物。从环境保护角度来说，大规模垦荒破坏了生态平衡，而这种破坏从某种程度来说是无法弥补的。就国家的地理特征来说，每一个地区都有其独特的地理位置及地貌

---

[1] ГААО Ф.480, Оп.12, Д.14, Л.53.
[2] ГАПК Ф.П-68. Оп.3, Д.314, Л.7; Д.510, Л.23-25.

特征，应该因地制宜地发展各部门经济，而不是一刀切、草率地决定关乎国家长远发展及人民切身利益的重大问题。远东地区社会经济发展具有自身的独特性，地域面积广大，人口稀少且分布极为不均，公路和铁路交通基础设施不发达，缺少足够数量的维修基地、燃料库和粮食接收点。此外，东西伯利亚和远东地区大片的适于耕种的土地较少，气候条件也不理想，山地、森林和湿地较多，"一些丘陵、河谷地区，本来就是良好的天然牧场和草场"①，大面积垦荒造成水土流失、土地沙化，破坏了当地的生态平衡，而且收获量并不理想。

总体来看，赫鲁晓夫执政后，国家实施一系列有利于农业发展的政策，包括提高农产品收购价、开展垦荒运动、改组机器拖拉机站以及改组集体农庄和国营农场。20世纪50年代中期以后，远东农业的整体状况开始逐渐好转，集体农庄和国营农场的技术装备和人才储备得以改善，但该地区农业生产仍然没有摆脱不稳定的状态。

第四节 远东科学教育事业的发展

一 远东主要科研机构的发展与科技进步

20世纪，作为超级大国之一的苏联以科学技术发达而闻名，在科技领域创造了载入人类史册的光辉业绩。苏联科技发展的优先方向集中在自然科学领域及与其紧密相关的技术领域。技术部门集中了全国最优秀的人才，国家为其提供最丰厚的物质补贴。战争状态下，苏联为了战胜敌人，对科技投入很大，在生产武器装备方面实现了突破，很多战前不具备的军事生产能力在战争期间实现了赶超。第二次世界大战期间，科学技术的进步促进了战后世界范围内科技革命的兴起。作为科技大国的苏联出于短期内恢复经济及与美国冷战的需要，也急于搭上科技革命的列车。科研机构是科学技术的孵化器，在科技革新过程中发挥着先锋作用。为吸引专家和优秀的青年学者进入科研机关，1946年苏联政府增加了科研人员的工资，后来又为科研人员

---

① 徐景学主编：《西伯利亚史》，黑龙江教育出版社1991年版，第589页。

增加补贴。为了提倡及领导科学技术革新，1947年，附属于苏联部长会议的发明和发现委员会恢复工作，并建立了国民经济新技术运用委员会。该委员会负责协调组织新技术的研发与使用，促进了战后科学技术的蓬勃发展以及科学技术转换为现实生产力，从而推动了各经济部门的长足发展。

和平年代面临着大批军用科技转为民用的任务，技术转化为战后远东地区社会生活的恢复与发展带来了重要机遇。第二次世界大战后，远东作为国家能源原材料供应地的角色日益凸显，且远东作为苏联在亚太地区桥头堡的作用进一步加强。因此，为了加强远东地区资源开采力度，对远东自然气候条件、海洋空间及海洋资源进行科学考察十分必要，例如，为了研究海洋生物及评估大陆架和海底的油气田在海洋地质学领域展开科学研究。为此，战后远东地区科研机构数量逐渐增多，且形成网状分布在主要城市及资源产区。为适应迅速发展的生产力需要，1946年，苏联科学院将远东基地转移至符拉迪沃斯托克，同时，在新并入苏联的南萨哈林地区建立分支机构。南萨哈林地区保留了日本人1929年建立的地方科研机构，且装备良好。在此基础上，苏联科学院建立了萨哈林基地。1949年，苏联科学院在远东基地和萨哈林基地基础上设立了远东分院、萨哈林分院和雅库特分院。1957年5月，根据苏共中央和苏联部长会议决议，成立了苏联科学院西伯利亚分院，先期组建14个研究所，并组织原西西伯利亚分院、东西伯利亚分院、雅库特分院、远东分院和萨哈林分院等科研机构开展各个领域的研究工作。[①] 国家级科研机关的分支机构为远东地区的经济发展做出了巨大贡献，其科研成果及科学考察有力地支撑并引领了当地经济的发展。

除了科学院系统所属的研究机构，战后还建立了一些联盟科研机构的分支机构。1948年，在萨哈林成立了全联盟石油地质勘探研究所的分支机构。1949年，按照苏联部长会议决议，在符拉迪沃斯托克市成立了远东地区最大的研究所——太平洋渔业和海洋科学研究所，该研究

---

① 徐景学主编：《西伯利亚史》，黑龙江教育出版社1991年版，第571页。

所是当时主要的研究机构之一，下辖阿穆尔、堪察加和萨哈林分支机构。① 远东是苏联主要的渔业区，该研究所的工作以研究海洋生物、促进海洋生物资源开采为目的。太平洋渔业和海洋科学研究所及其分支机构对日本海、鄂霍次克海东北部及阿纳德尔湾进行了科学考察。到20世纪50年代中期，太平洋渔业和海洋科学研究所的学者们研究了远东附近海域海洋生物的分布，绘制了研究区域的渔业探查地图的基本轮廓，勾勒了部分海域的地理特征和生物种类。此外，类似的研究机构还有哈巴罗夫斯克的远东林业科学研究所、布拉戈维申斯克的大豆研究所以及马加丹的黄金和稀有金属研究所，等等。50年代初，建立了远东农业科学研究所萨哈林分支机构和远东林业科学研究所萨哈林分支机构。②

远东北部地区由直属内务部的远北建设总局进行开发。1948年，在马加丹成立了全联盟黄金和稀有金属研究所。实际上，该研究所是由远北建设总局中心科研实验室改建而成的。1941年，当地发现了黄金和稀有金属矿床，需要对该矿床进行专业评估。该研究机构成立后工作极富成效，对东北部地区的矿床开展科研攻关，研究所的工作极大地推动了远北地区采矿业的发展。至50年代中期，该研究所的科学家们改进了矿石开采系统的结构元素，部分技术被应用到生产中。例如，由В. А. 什梅廖夫研制的新型淘选机。50年代中期，由全联盟黄金和稀有金属研究所组织的第一批地质考察在 Н. А. 希洛领导下完成。③ 地质勘探部门对东北部金矿的沉积物展开科学研究，同时研究了正在开采矿床的岩石选矿过程。由于远北地区缺乏高水平专家，该研究所内形成的高度专业化的科学家队伍大部分是来自西部地区的流放犯，这些杰出的科学家包括 И. И. 努日津、Л. А. 马祖耶夫、Б. П. 别恩杰戈夫以及 Н. А.

---

① А. С. Ващук. Мир после Войны: Дальневосточное Общество в 1945 – 1950 – е гг. Владивосток, 2009. С. 505.

② Е. В. Васильева. Наука Дальнего Востока СССР в Первое Послевоенное Десятилетие// Вестник ДВО РАН, 1996. № 1.

③ А. С. Ващук. Мир после Войны: Дальневосточное Общество в 1945 – 1950 – е гг. Владивосток, 2009. С. 515.

希洛等人。借助黄金和稀有金属研究所富有成效的研究成果，远北建设总局发展成为一个强大的采矿组织，在科雷马地区进行了密集的矿产勘探。

由于战后远东在国家生产力布局中的特殊性，该地区科研机构设置集中于能源利用领域，因此新建立的研究机构多是能源原材料领域，具有极强的指向性。只有一个例外，即远东水文气象研究所，该部门的设立对远东所有经济部门均产生重要影响。尽管战后远东地区科学研究取得的成绩是显著的，但是与苏联中心地区相比，远东地区科研总体水平还是处于落后状态，并且这种差距日益加大。

二 战后远东中高等教育的发展

战争期间，远东地区中、高等学校数量有所增加。尽管如此，战后该地区的专业技术人才匮乏问题仍很突出，主要表现在各行业专业人才数量偏少，且普遍受教育程度较低。20 世纪 40 年代后期，远东各地急需教师、医生、工程师和农业学家，尤其是远东北部地区对人才的需求更为迫切。当地教师队伍受教育程度很低，在 2194 名教师中，1360 人（占 61.9%）接受过 1—4 年级教育，678 人（占 30.9%）接受过 5—7 年级教育，155 人（占 7.0%）接受过 8—10 年级教育。[1] 另外，远东地方管理干部普遍受教育程度较低。1946 年初，远东工业部门管理干部中，只有 8.5% 有高等教育学历，19% 受过中等专门教育，而 72.4% 的干部只有实践经验而没有学历。[2] 在远东苏维埃和党的机关中，受过教育的人和有专门知识的专家极为缺乏。

（一）新建中高等院校与改建原有学校

战后，远东社会经济恢复任务十分艰巨，各行业高水平人才严重不足成为重要的制约因素，而大力发展教育是解决问题的重要途径之一。

---

[1] А. С. Ващук. Мир после Войны: Дальневосточное Общество в 1945 – 1950 – е гг. Владивосток, 2009. С. 485.

[2] Г. П. Зуева. Деятельность КПСС по Подготовке Воспитпанию Кадров Инженерно - технической Интеллигенции в Годы Четвертой Пятилетки. М., 1975. С. 7.

为解决人才匮乏的状况，苏联政府在战后继续增加远东中高等学校数量并扩展其覆盖的地区。1949 年在南萨哈林斯克和伏罗希洛夫斯克（今乌苏里斯克）创建了两年制教师学院。为发展远东渔业提供高层次人才，1950 年在符拉迪沃斯托克市建立了远东渔业经济技术学院。同年，在阿穆尔州布拉戈维申斯克市开办了农业学院。1952 年，在布拉戈维申斯克创建了医学院。当时远东最年轻的城市阿穆尔共青城建立了两所高校：一所是 1954 年成立的医学院，另一所是 1955 年成立的理工学院（夜校）。1956 年，由苏共滨海边疆区委员会提出申请，恢复了 1939 年因国际局势复杂化而被解散的远东国立大学。这在远东的社会文化生活中是件大事，具有重要的社会意义。

20 世纪 50 年代，苏联党和政府颁布了一系列文件，规定在全国各地更合理地设置学校，最大限度地使培养专家的地点接近其未来工作的地区，同时不断扩展夜校和函授学校教育。远东地区积极响应国家倡议，在实施国家农业政策（包括开发生荒地和熟荒地纲要）的过程中，1957 年农业学院从雅罗斯拉夫尔市搬迁至乌苏里斯克市。通过大力发展，远东高等学校的数量从 1946 年的 8 所增加至 1957 年的 17 所（7 所师范类学校、5 所技术类学校、2 所医学院、2 所农业学院和 1 所综合性大学），约 10 年时间远东高校数量翻了 1 倍。20 世纪 50 年代末，远东高校的在籍大学生约有 3 万人。

20 世纪 50 年代末远东又陆续开办了一系列新高校：1958 年建立了符拉迪沃斯托克医学院，同年在堪察加彼得罗巴甫洛夫斯克建立了师范学院，同年在哈巴罗夫斯克建立了公路工程技术学校（1961 年改为工程技术学校），1961 年在马加丹建立了师范大学，1962 年在符拉迪沃斯托克建立了艺术学院。与此同时，在远东偏远地区，还建立了一些中央和地方大学的分校。

此外，远东地区中等专门教育继续发展，陆续开办了一些新学校：1952 年，在哈巴罗夫斯克市建立了林业技术中等学校；1954 年，在马加丹州开办了两所医学院，在符拉迪沃斯托克建立了建筑中等技术学校；1955 年，在乌苏里斯克建立了铁路中等技术学校；在符拉迪沃斯托克市建立了师范学校。

为了加强中等专门教育，政府对原有的中等专门学校进行了改组。1953年，符拉迪沃斯托克渔业中等技术学校被迁往纳霍德卡市，与纳霍德卡航海学校联合，重新组建了远东航海学校。1956年，符拉迪沃斯托克市也联合了两所医学院。阿尔乔姆市在采矿技术学校基础上组建了矿业中等技术学校。

(二) 调整学校专业设置及教学方式多元化

时代主题的转换对社会发展提出新的要求，战后远东中高等院校逐步调整专业设置以适应和平时期经济发展的需求。

远东学校的专业结构形成于20世纪30年代初，卫国战争时期应战时需求，学校专业设置曾发生变化。20世纪40年代末至50年代，苏联政府采取措施提高培养人才的专业化水平。响应国家号召，远东地区中高等学校陆续开设了一些和平时期需要的新专业。1946年，远东古比雪夫工学院转归苏联和俄联邦高等教育部管辖，该学校还开设了一些新专业：船舶电气设备、矿业电力机械学、林业工程学、林业采伐机械化、地质勘探技术、水利工程建设等。[①] 1940年，远东工学院设置了9个培养工程师的专业，至1958年，由于工业企业需求增加，此类专业已达17个。[②] 从1956年起，哈巴罗夫斯克铁路交通工程师学院开始培养内燃机车和内燃机经济专业的专家。哈巴罗夫斯克医学院也扩展了专业，1956年该校开始培养儿科医生。远东各高校专业的调整与扩充，要求建立与其相匹配的系、部及教研室。1946年，远东工学院共有27个教研室，到1958年，该校的8个系已经设置了44个教研室。[③] 由于小学教师较为缺乏，1952年布拉戈维申斯克师范学院建立了新系，大力培养小学教师。1955年该校又成立了函授部，开设正规学校的主要专业，培养教师人才。

战后时期，远东像全国一样，开始实行不脱产培养专家，部分大学生可以通过函授和夜校的方式完成学业。1951年，远东人可以在符拉迪沃斯托克渔业中央函授学院的分支机构接受教育。1958年，远东工

---

① ДВПИ за 40 Лет (1918 – 1958). Владивосток, 1959. С. 28.
② ДВПИ за 40 Лет (1918 – 1958). Владивосток, 1959. С. 6.
③ ДВПИ за 40 Лет (1918 – 1958). Владивосток, 1959. С. 7.

学院为 5 个专业设置了函授系。伏罗希洛夫教师学院设置了学制 3 年的函授部。1955—1956 年，哈巴罗夫斯克边疆区的高校里有 8639 名在校大学生，其中全日制学生 2598 名，占 30%。① 第二次世界大战结束后，年轻人表现出较高的求知热情，通过国家和地方共同创造的条件，远东青年人获得高等教育的机会日益增多。很多从前线复员的军人也加入了接受中高等教育的行列。根据苏联政府决议，参加过卫国战争的战士们可免试进入大学学习。正是在这些前线归来的战士中培养出很多优秀的人才，他们有实践经验，同时又具备较高文化修养和专业素养，毕业后留校任教，在科研领域成为著名专家，同时他们在教学领域也为国家和本地区培养了大批优秀人才。

1945—1960 年，国家从西部和中部地区学校向远东调派青年专家和教师，这是远东高校网络迅速扩展的保障。但是，青年专家们像以往一样多数没有扎根于远东，大部分一两年后又离开了。鉴于这种情况，苏共中央通过决议，号召远东各地继续加强从当地居民中培养师资力量。20 世纪 50 年代，随着远东地区学校网络的扩展和远东高校学生入学数量的增加，培养的各行业专家数量增加了。因此，本地居民成为壮大本地知识分子群体的主要来源，这对当地人才队伍建设产生了积极影响。

战后直至 1960 年，远东高等和中等教育取得突出成绩，培养的各行业专家数量显著增加，本地区国民经济综合体中接受过中高等教育的教师、医生、工程师、技术人员、农学家等人才大增（见表 9—6）。但是，远东各边疆区和州的人才分布不均衡，这是由远东各地社会经济和文化发展的特点决定的，绝大部分专家被分配到远东工业和文化最发达的滨海边疆区和哈巴罗夫斯克边疆区工作。从工业和建筑业每千名工人中专家数量来看，远东地区接近俄联邦平均水平，哈巴罗夫斯克边疆区和马加丹州的这些指标高于俄联邦平均水平，尤其是马加丹州大幅领先。主要原因是，20 世纪 50 年代后期，特别是马加丹国民经济委员会组建后，马加丹州开展了面向全国的招工工作；当时在远北建设总局的

---

① Народное Хозяйство Хабаровского Края：Стат. Сб. Хабаровск, 1958. C. 103.

自由雇佣专家中有文凭的工作人员比重较高，他们主要从事矿业地质勘测和设计等工作。

表9—6　　　　远东国民经济委员会所属企业的专家数量

（1957年12月1日）　　　　单位：人

	专家总数	有高等学历的专家	有中等学历的专家	工业和建筑业每千名工人中的专家数量		
				专家总数	有高等学历的专家	有中等学历的专家
阿穆尔州	1918	519	1399	58	15	43
堪察加州	2172	709	1463	69	19	50
马加丹州	5171	1978	3193	91	31	60
滨海边疆区	8385	2837	5548	71	20	57
萨哈林州	6261	2122	4139	60	17	43
哈巴罗夫斯克边疆区	8614	2603	6011	79	21	58
远东	32511	10768	21753	71	21	50
俄联邦	795390	272737	522653	76	23	53

资料来源：Народное хозяйство РСФСР с 1958 г.: Стат. ежегодник. М., 1959. С. 384-395.

尽管战后高等和中等专业学校教育发展迅速，但是直至20世纪50年代末，远东城市和农村居民的总体教育水平仍然低于苏联中心地区（见表9—7）。在每千名劳动适龄人口中受过高等教育人才数量上，远东落后于俄联邦平均指标。一个突出的特点是，在马加丹州、楚科奇自治区和堪察加州，这一指标明显高于俄联邦平均指标。20世纪50年代末，远东地区就业领域的整体形势表明，培养人才的数量还没有完全满足远东国民经济对专家的需求，即便是在远东经济最发达的滨海边疆区也是如此。在滨海边疆区各领域的领导和专家中，拥有高等和中等专业教育学历者占50.8%，41.4%的工作人员只有实践经验而无学历。

表9—7　　远东每千人中具有高等和中等学历的劳动适龄
人口的数量（1959年）　　　单位：人

	有高等教育学历的人	未完成高等教育和有中等教育学历的人
滨海边疆区	27	468
哈巴罗夫斯克边疆区	28	466
犹太自治州	18	412
阿穆尔州	20	414
堪察加州	37	462
科里亚克自治区	26	385
马加丹州	43	523
楚科奇自治区	41	476
萨哈林州	28	451
远东	28	460
东西伯利亚地区	23	397
国家中心地区	46	466
俄罗斯联邦	30	426

资料来源：Материалы Всесоюзной Переписи Населения 1959 г. РСФСР. М. ：Госстатиздат ЦСУ СССР，1963. С. 141，143.

第五节　　远东社会事业的发展

一　战后远东人口形势

战争使苏联损失了大量人口和劳动力，破坏了其人口增长进程。据估算，苏联在第二次世界大战中大约损失了2700万人，相当于战争初期苏联人口总数的12%—13.5%。[①] 相较于苏联的欧洲领土，地处偏远的远东地区除南萨哈林和千岛群岛以外，几乎没有遭受战争的破坏，但

[①] A. C. Ващук. Мир после Войны：Дальневосточное Общество в 1945 – 1950 – е гг. Владивосток，2009. С. 123.

是其人口发展态势却受到战争影响。

战争结束后，在和平的环境下，远东地区人口出生率上升、死亡率下降，加之大量移民涌入，远东地区出现了一个人口增长高峰。这一时期，来到远东的移民以青年人和中年人为主。以滨海边疆区为例，在1950年的移民构成中，年龄在18—24岁的人占最大比重（33.0%迁入，27.7%迁出），此外，占比依次递减的是：年龄在25—29岁的人（相应为17.5%和17.8%），年龄在30—34岁的人（9.0%和11.0%），年龄在35—39岁的人（7.6%和9.4%），年龄在40—49岁的人（8.4%和8.9%），未满16岁的儿童（12.2%和12.5%）。[1] 据1959年人口统计，在远东地区，年龄未满40岁的人比重达77.5%。[2] 移民中青年人占多数的情况促进了远东人口自然增长率的提升。1955年以后，随着苏联西部地区经济逐渐好转，很多移民又陆续离开远东地区。至1959年，远东人口总数达480万，此前的20年（1939—1959年），远东人口增加了65%以上。[3]

战后时期，远东地区人口性别结构中男性人口居多。从苏联全国来看，由于战争期间男性劳动适龄人口大量伤亡，战后全国人口性别比例严重失衡，即女性人口数量远远超过男性。在苏联各加盟共和国中，俄联邦人口性别比例关系遭受破坏程度最为严重，1950年男性人口比重为43.3%，后逐步回升至1959年的45%。[4] 这种情况制约了战后苏联人口自然增长率的提高。远东地区与此截然相反，由于部门生产专业化（采矿业、林业和渔业等）并存在大量劳改营，战后远东人口中男性占多数。在远北建设总局所辖地区这种情况最为明显，战后初年女性占人口比重不足20%。战后远东地区这种失衡的人口性别结构对于当地人口自然再生产和社会经济发展极为不利，尤其是远东北部

---

[1] А. С. Ващук. Мир после Войны: Дальневосточное Общество в 1945 – 1950 – е гг. Владивосток, 2009. С. 126 – 127.

[2] Истоги Всесоюзной Переписи Населения 1959 г. М., 1963. С. 72 – 73.

[3] 王晓菊：《苏联的远东移民政策与人口增长》，《俄罗斯学刊》2013年第3期。

[4] Ю. А. Поляков. Население России в XX веке. Т. 2. М., 2001. С. 141. 转引自程亦军《俄罗斯人口安全与社会发展》，经济管理出版社2007年版，第44页。

地区。

　　出于对日本作战的需要，战争期间，远东地区驻扎了大量军队，并且有一部分开赴国外参战。日本投降后，这些军人从中国东北和朝鲜撤回远东地区。1948 年有 3825 人从朝鲜和中国旅顺回到苏联边境城市，1152 人离开这里前往苏联各地。通过这一过程边境移民增加了 2673 人。1945—1948 年，绝大多数参战士兵陆续复员。但是，战后和平时期，东北亚地区的紧张局势使得苏联在远东地区继续驻扎大量军队，其中包括陆军、空军、太平洋舰队和边防军等，这些军人的家属纷纷迁移至远东地区居住。故此，战后时期，远东地区人口中军人占有很大比重，且流动性很强。

　　第二次世界大战前，远东地区城市居民和农村居民数量就已持平。1939 年，远东地区共有 127.33 万城市居民和 128.84 万农村居民，城市化程度较高的几个地区是：哈巴罗夫斯克边疆区（城市居民比重为 63%）、滨海边疆区（51%）和萨哈林州（50%）。与此同时，远东地区有三个州城市化水平相对较低，分别是：阿穆尔州为 46%，堪察加州为 32%，马加丹州为 18%。[1]

　　由于战争年代农村居民数量缩减和战后初年移民大量涌入城市，第二次世界大战后远东各地城市人口持续增长。1947 年 1 月 1 日，远东地区城市居民达 144.16 万人，占 59.4%；农村地区为 98.64 万人，占 40.6%。[2] 这说明，战后远东地区城市化水平越来越高。形成鲜明对比的是，按照苏联平均指标，到 20 世纪 50 年代末，农村居民数量一直占优势。即便是苏联城市化水平最高的俄联邦共和国，也是到 20 世纪 50 年代后期才实现城市居民在总人口中占多数。

　　由于远东地区分布着众多劳改营，因此在远东人口构成中惩戒居民比重很高，且主要集中于远东北部地区。20 世纪 30 年代末，远东地区成为苏联最大的集中营，囚禁犯人的数量远远超过苏联其他地区。1938—1939 年，远东地区主要有三个劳改营——达尔集中营、巴姆集

---

[1] Истоги Всесоюзной Переписки Населения 1959 г. М.，1963. С. 28.
[2] А. С. Ващук. Мир после Войны: Дальневосточное Общество в 1945 – 1950 – е гг. Владивосток，2009. С. 124.

中营和东北集中营。1939年，这三个集中营共有51万人，占全国所有囚犯的39%。在远东南部地区，法律地位上属于非自由公民的比重占20%，在远东东北地区（远北建设总局管辖地区）非自由公民的比重则超过60%。为弥补劳动力不足，在远东重要经济部门中广泛使用强制劳动力，如矿业、林业、渔业以及铁路和基建部门。第二次世界大战期间，远东地区惩戒居民数量没有增长，相反，由于自然死亡以及惩罚期满获得释放等原因，其数量大为减少。战后时期，中央开始重新向远东派送大量政治犯、流放犯等强制移民。20世纪50年代中期之前，这些惩戒居民仍然集中于远北建设总局管辖地区。远北建设总局的惩戒犯在地方居民和劳动力构成中所占比重最大。

综上所述，第二次世界大战结束后，远东地区人口发展进入一个增长期。1945—1955年，远东地区人口出生率增加、死亡率降低、自然增长率增加，从苏联西部向东部地区移民数量增多，远东地区人口明显增加。在此过程中，远东城市化进程加快。至20世纪50年代中期，战后人口发展的补偿时期结束了。此后，大批移民逐渐离开远东地区，向苏联西部和中心地区迁移。

二 远东的宗教与社会

卫国战争期间，出于团结内部力量击败敌人的考虑，苏联停止了反宗教宣传及"战斗的无神论者联盟"的活动，宗教政策较为宽松，各宗教团体和教派极为活跃。战争期间，各宗教团体信教群众数量增加，登记在册的宗教团体数量亦明显增加。1943年9月14日，建立了直属于苏联部长会议的东正教事务委员会。随后，1944年5月建立了直属于部长会议的宗教信仰事务委员会，负责协调政教关系，监督和管理教会组织，团结广大信教群众。以东正教为首的各教派在战争中发挥了积极作用，宗教界人士及信教群众为赢得卫国战争的胜利作出了贡献。战后苏联国内这种和谐的氛围一直持续着，直至1948年宗教政策趋紧，宗教信仰事务委员会和内务部工作人员多次采取措施解散宗教组织，宗教组织被迫转入地下，秘密进行宗教仪式，继续传播教义和信仰。地方政权和党的机关随之解散未登记的宗教组织，不允许教会参与国家和地区的社会生活。

总体来说，战后远东地区的宗教形势与全国一致，当地的宗教生活又展现出明显不同于俄联邦其他地区的特点。卫国战争胜利后，远东地区遭遇自然灾害，当地粮食短缺，居民忍饥挨饿。在艰难的国民经济恢复时期，宗教信仰支撑着当地信教居民在战后艰难的环境中生存下来。战后，远东地区主要宗教团体集中于远东南部地区，特别是阿穆尔河沿岸和滨海地区，这些地区的居民具有根深蒂固的宗教传统。当时远东地区几乎保存了20世纪初期当地存在的所有教派组织。在众教派中，最活跃的是基督教福音派浸礼宗，其他基督教新流派，如耶和华见证人在远东地区也有很多信教群众。战后远东地区的东正教组织尽管取得一定发展，但在当地不占主要地位。这是战后远东地区宗教领域的一大特点。

（一）战后远东地区东正教的发展

战后，远东地区东正教会迎来了新的发展。卫国战争前，远东东正教教区由新西伯利亚和巴尔瑙尔教区管理。1943年末至1944年初，苏联东正教事务委员会任命了滨海边疆区东正教事务委员会全权代表和哈巴罗夫斯克边疆区东正教事务委员会全权代表。地方东正教事务委员会全权代表与地方政权机关有效配合，根据苏共中央和苏联部长会议的指示对地方东正教会活动进行调节与管控。1945年末，适应战后形势，东正教莫斯科牧首区决定在远东建立新的独立教区。1945年12月25日，根据俄罗斯东正教最高会议决议，在哈巴罗夫斯克边疆区和滨海边疆区设立两个独立教区，即哈巴罗夫斯克教区和符拉迪沃斯托克教区。此后，还任命了哈巴罗夫斯克和符拉迪沃斯托克教区的第一任主教——曾在新西伯利亚和巴尔瑙尔教区工作的维涅季克特。[①] 建立独立教区且任命主教，对于当地东正教徒来说是一件大事。由此，远东东正教徒的宗教生活日益变得有组织了。最初，哈巴罗夫斯克是主教公署所在地，后来莫斯科和全罗斯大主教阿列克谢一

---

① А. С. Ващук. Мир после Войны: Дальневосточное Общество в 1945 – 1950 – е гг. Владивосток, 2009. С. 524.

世（西曼斯基）与东正教事务委员会达成协议，将符拉迪沃斯托克确定为远东东正教中心城市。

远东地区东正教教会的发展，20 世纪四五十年代政教关系的发展轨迹与全国总体趋势基本一致。随着战后国家宗教政策逐渐趋紧，地方政权及东正教事务委员会全权代表根据当时国家的相关法律对远东各地东正教徒建立教会的申请日益严格，绝大多数以缺乏宗教场地为由采取拒绝的态度。1943 年至 1948 年，苏联远东地区开放了 11 个教区，均位于远东南部地区：2 个在哈巴罗夫斯克、4 个位于阿穆尔州，还有 5 个位于滨海边疆区。[1] 与此同时，远东各边疆区和州的很多居民点存在一些未登记的东正教徒的团体，其中有很大一部分是由来到远东的移民和神职人员组织的。这些组织没有合法进行宗教活动的权利，东正教信徒不得不秘密进行宗教活动。如有一位学者写到萨哈林岛的状况："萨哈林州位于俄罗斯东正教活动区域之外。"[2] 在堪察加州和马加丹州，以及哈巴罗夫斯克的部分地区，也存在类似情形。这种情况不可避免地导致当地东正教传统日益淡化，远东人宗教生活中东正教的主要地位逐渐丧失。可以说，卫国战争和战后时期东正教组织主要集中于远东南部地区，其他大部分地区没有出现东正教组织，这是战后远东宗教领域的一个突出特点，在俄罗斯有着悠久历史传统和广泛信教群众的东正教在远东地区不占据主要地位。

这段时期，东正教会对外活动取得了一定成绩。随着第二次世界大战的全面胜利，作为东正教世界影响力最广泛的一支——俄罗斯东正教会在世界上的声誉逐渐提高。1945 年 10 月，莫斯科东正教会派代表抵达哈尔滨，与俄罗斯境外最大的东正教教区——哈尔滨教区签署了联合声明，并任命涅斯托尔为哈尔滨教区督主教。[3] 随后，又将俄罗斯中国

---

[1] А. С. Ващук. Мир после Войны: Дальневосточное Общество в 1945 – 1950 – е гг. Владивосток，2009. C. 535.

[2] А. И. Костанов. Русская Православная Церковь на Сахалине и Курильских Островах: Ист. Очерк. ЮжноСахалинск，1992. C. 65.

[3] 石方、刘爽、高凌：《哈尔滨俄侨史》，黑龙江人民出版社 2003 年版，第 472、473 页。

和朝鲜教区联合为东亚督主教区，1946年6月11日，改称莫斯科大主教区下辖东亚主教区。① 哈尔滨是主教区的中心城市，涅斯托尔被任命为主教区宗主教代表。在哈尔滨，宗教出版活动办得有声有色，宗教印刷厂生产的印刷品广泛发行，此外还尝试建立教会学校。东亚主教区在哈尔滨的活动一直延续至1954年，这一年莫斯科牧首区决定撤销东亚主教区。

（二）远东其他宗教组织状况

1944年5月19日，苏联部长会议通过了建立宗教信仰事务委员会的决议，该委员会与东正教事务委员会职责类似，负责监督管理除东正教会以外的其他宗教组织的活动。随后，任命了宗教信仰事务委员会远东地区全权代表。战后，随着国内外形势的稳定，苏联逐步恢复向远东地区移民（包括自由移民和强制移民）。随着大量移民涌入远东，进一步充实了当地原有的宗教组织，并建立了一些新的宗教组织。战后时期，在远东地区活动的主要教派除东正教外，还有基督教福音派浸礼宗、基督复临安息会、耶和华见证人、犹太教团体、旧礼仪派以及萨满教等。

战后时期，远东地区各教派中占优势地位的不是俄罗斯东正教会，而是新教教会，最主要的是基督教福音派浸礼宗。福音派浸礼宗教会是20世纪四五十年代远东地区最活跃的宗教组织。该宗教团体广泛分布在远东地区35—40个居民点，该教派的中心位于哈巴罗夫斯克，在这里形成了规模较大的、较为活跃的宗教团体。尽管战后面临重重困难，该教派依然十分活跃。在福音派浸礼宗教会里女性信教群众占多数。如1951年，在哈巴罗夫斯克教会里271人中有250位女性；1957年380位教徒里有316位女性。至20世纪50年代中期，远东该教派团体和信教群众的数量呈增长态势。在滨海地区和阿穆尔河沿岸部分地区，福音派浸礼宗教徒以本地居民为主，而在远东北部地区以及一些新的工业中心区，该教会多是由移民建立的，而不是远东当地人。如堪察加彼得罗

---

① А. К. Караулов, В. В. Коростелёв. Экзарх Восточной Азии, Русская Атлантида, 2003. No 9.

巴甫洛夫斯克浸礼宗教会是由 40 年代末来到此地的移民建立的；阿穆尔共青城的情况与此类似，由外来移民于 40 年代中期建立。相比较而言，俄罗斯东正教会在远东地区的教区机构只是在某些时段得以恢复。这种情况进一步表明俄罗斯东正教会在远东地区主要地位的丧失。

传统的萨满教在远东土著居民中间依然十分盛行。在宗教信仰事务委员会全权代表的报告中提到，在阿穆尔河沿岸地区的纳乃人和乌德盖人居住区，萨满的活动频繁。[1] 在哈巴罗夫斯克和滨海边疆区，当地所有的土著居民都会发现传统的宗教信仰活动。在极北地区的少数民族中，由于地处偏远，受俄罗斯文化和生活方式的影响相对较少，传统的多神教宗教信仰根深蒂固，在这些民族中，萨满教甚至是原封不动地保留着。东正教只是在埃文人和楚瓦什人中有一定影响，但是并没有撼动萨满教在当地的主要地位。

远东地区信仰萨满教的群体主要是超过 40 岁的成年人，尤其是养鹿人、狩猎者以及一些地方知识分子。学生和青年人由于大部分时间接触现代文化，基本上不参与这种传统的宗教生活，他们甚至忘记了本民族的传统习俗和礼仪服饰等。但是获得知识并没有令他们否定传统的宗教信仰，而是做到了知识与信仰兼顾。萨满居住在一些村落，他们能为人治病及进行神秘的祭祀仪式。在当地党的机关文献中，记载了一个有趣的现象，甚至一些民族区土著居民中的共产党员、共青团员以及曾在战场上征战的战士都是萨满教信徒。[2]

远东土著居民的传统宗教信仰活动较为稳定，实现了与苏维埃生活的融合与共处。可以说，当地人将苏维埃精神价值与很多世纪形成的宗教传统相融合，形成了独特的混合性世界观。

三 战后远东文化生活

卫国战争胜利后，为普及政治和科学知识，培养有较高觉悟的社会

---

[1] А. С. Ващук. Мир после Войны: Дальневосточное Общество в 1945 – 1950 – е гг. Владивосток，2009. С. 555.

[2] А. С. Ващук. Мир после Войны: Дальневосточное Общество в 1945 – 1950 – е гг. Владивосток，2009. С. 556.

主义新人，苏联在全国各地建设文化宫、阅读角，建立各种形式的图书馆、俱乐部等文化机构和设施。这些措施初见成效，各类文化机构数量明显增加。远东地区也十分重视文化发展，图书馆在居民教育和文化宣传中发挥了重要作用。战后，远东图书馆数量不断增加：1940—1957年，滨海边疆区图书馆数量从 471 个增至 805 个；哈巴罗夫斯克边疆区图书馆数量从 340 个增至 667 个；阿穆尔州图书馆由 358 个增至 580 个；堪察加州图书馆则从 81 个增至 140 个；萨哈林州从 44 个增至 397 个；马加丹州从 67 个增至 180 个。[1] 远东地区俱乐部数量亦呈增长态势，1940—1957 年俱乐部数量达 2465 个。和平时期，图书馆和俱乐部数量增加丰富了当地居民的文化生活。

1945 年至 20 世纪 50 年代，远东地区出版的报纸按等级划分为边疆区（5 个）、州（10 个）、城市、部门和区级（121 个），报纸发行数量可观；出版的杂志有《远东》（1946 年开始）、丛刊《苏维埃滨海地区》、《外贝加尔地区》等。[2] 所有出版物的头版都是来自中央的政治新闻，其次是该地区的重要信息。有些报纸或杂志是用当地土著民族的语言出版的，如楚科奇、爱斯基摩、科里亚克等民族的语言。许多远东人积极在《亚太之星》《萨哈林真理》《堪察加真理》《比罗比詹之星》报上发表自己的作品，阐述己见。[3]

此外，观看电影，尤其是战争胜利题材的电影是战后居民文化生活的重要内容。同期，远东电影院数量由 826 个增加至 2528 个。[4] 内心的平静以及丰富的精神食粮激发了远东人的创造力，他们在文学艺术领域取得了可喜成绩。

---

[1] А. С. Ващук. Мир после Войны: Дальневосточное Общество в 1945 – 1950 – е гг. Владивосток, 2009. С. 469.

[2] А. С. Ващук. Мир после Войны: Дальневосточное Общество в 1945 – 1950 – е гг. Владивосток, 2009. С. 482.

[3] И. В. Добровольская. Развитие Художественной Культуры Дальнего Востока СССР в Послевоенный Период (Сент. 1945 – 1961 гг.): Рук. Дис. на Соиск. Степени Канд. Ист. Наук. Владивосток, 1983. С. 112.

[4] История Дальнего Востока СССР. В 4 т. Макет. Кн. 9. Социально - экономические и Политическое Развитие Советского Дальнего Востока в Послевоенный Период (сент. 1945 – 1958 г.). Владивосток, 1981. С. 208.

(一) 文学

战后，在远东居民文化生活中，文学作品不断涌现，这些大力宣传社会主义建设新成就，尤其是宣传伟大卫国战争胜利的文学作品极大地丰富了当地居民的业余生活。

第二次世界大战后，远东地区文学创作活动较为活跃。作家们遵守社会主义现实主义原则，多选择"国内战争和革命"题材，如 Д. 纳吉什金的作品《伯尼乌尔的心脏》、Н. 科尔宾的《游击队员》以及 П. 赛乔夫的《寂静的海洋》等；还有展现革命胜利后初期布尔什维克党工作的作品，如 Н. 罗佳里的《太阳升起的地方》。另外，在战后远东作家的创作中，十分受欢迎的题材是"斗争和劳动"。弘扬社会主义建设主旋律，展现远东工人阶级刚毅品质的作品在该时期不断涌现，如 К. 马伊博科夫的《黑石》，这是一部关于矿工生活的长篇小说；А. 阿然耶夫创作的《离莫斯科遥远的地方》，该作品描写的是石油管线建设者在极端艰苦的战争年代，从萨哈林向大陆铺设石油管线的事迹，弘扬了时刻准备着为胜利付出任何牺牲、不惜任何代价执行党的命令的时代主旋律。该小说出版两次，是当时的畅销书，在远东居民中间广为流传。此外，作家们还创作了一系列历史小说。

卫国战争胜利后，苏联几乎所有的文学文本，特别是诗歌充满乐观主义和积极情绪，讴歌社会主义优越性、革命英雄主义和劳动英雄主义，赞美苏维埃领袖，对生活充满积极态度。战后时期远东的诗人及其作品充分发挥了这种职能。例如，А. 德拉克赫鲁斯特，А. 科舍伊达，Н. 纳沃洛奇金，К. 奥维奇金，А. 雷波奇金，В. 图尔金，等。国家奖金获得者、诗人 П. 卡马洛夫创作了几组诗歌：关于从日本侵略者手中解放中国东北的《在满洲里》；讲述铁路建设的《新区间》；讴歌人工造林建设者的《绿腰带》等。在诗人 Г. Г. 哈里林茨基创作的史诗《谢尔盖·拉左》中，讲述了主人公悲惨地死于机车炉膛里的故事。尽管伟大的卫国战争给人民带来空前灾难，战后远东地区关于该题材的作品仍然是充满积极态度的。在 С. 杰里卡诺夫的诗集《道路》《团徽》《致朋友的话》里，热情地讴歌了伟大的卫国战争及诗人对远东边疆区和人民的热爱。

(二) 戏剧

戏剧是社会文化生活的一部分，是丰富的现实生活的反映。1945年末，苏联文化界经过 4 年讨论恢复出版了月刊《戏剧》杂志。另一个重要举措是在莫斯科建立了巴赫鲁申戏剧博物馆。戏剧学院和戏剧专门学校开始招收大学生，战争年代关闭的数十家省级剧院又重新开门纳客。此外，苏联建立了艺术政策委员会，从而保证了无产阶级对戏剧生活的积极领导和参与。

尽管远东地区地域辽阔，各边疆区和州的社会经济文化、人口、民族等方面情况各异，但这种分化在戏剧艺术方面表现并不明显。卫国战争期间，受时局影响远东地区剧院的数量明显缩减，从战前的 22 家剧院锐减至 12 家[①]，尽管如此，由于被关闭剧院的杰出演员被补充到现存的剧院，合并后的剧院数量减少但实力得以壮大。第二次世界大战期间，远东地区没有进行过大规模战事，战争期间又陆续开办了一些新的戏剧表演组织。例如，1944 年夏，少年儿童剧院在哈巴罗夫斯克首次揭幕；1946 年，哈巴罗夫斯克话剧院投入使用，与此同时，滨海边疆区青年剧院恢复工作。

1946 年夏，远东文化宫里设置剧院。同年，首映了当时十分流行的由 И. 别赫捷列夫与 А. 拉祖莫夫斯基创作的《苏沃洛夫将军》。1947 年 2 月，在滨海地区举行了边疆区艺术工作者会议。1949 年苏联各界纪念伟大诗人普希金诞辰 150 周年，远东剧院尽管在现代剧本方面比较擅长，但仍然参与到这一重大文化事件中来。滨海边疆区高尔基话剧院演出了《亚历山大·普希金》；哈巴罗夫斯克青年剧院上演了根据普希金小说《杜波罗夫斯基》改编的剧本；哈巴罗夫斯克音乐戏剧剧院根据普希金的中篇小说《村姑小姐》改编了轻歌剧《阿古琳娜》。远东当地剧院的剧目不断更新，出现了专业的音乐会合唱团。并且，不断举行来自其他地区的、包括首都的戏剧组织的巡回演出。解冻时期，哈巴罗夫斯克剧院上演了讽刺喜剧《是伊万·伊万诺维奇吗？》，揭示了对斯

---

① Э. В. Иванова. Художественная Интеллигенция Дальнего Востока. 1946 – 1960 гг. // История Культуры Дальнего Востока СССР. XVII – XX вв. Советский Период: Сб. Науч. Тр. Владивосток, 1990. С. 140, 143.

大林的个人崇拜及苏维埃社会的不足之处。① 1962 年符拉迪沃斯托克市建立了远东艺术学院。该学院为本地区培养了大批职业演员、音乐家和艺术家。他们不仅在国内知名,而且蜚声国外。

当时,哈巴罗夫斯克艺术事务委员会负责监督远东地区大部分剧院的活动。1948 年 4 月,在哈巴罗夫斯克举行了为纪念苏维埃戏剧三十年的远东剧院工作者会议。与会者除了哈巴罗夫斯克和滨海边疆区剧院的工作者,还有来自莫斯科的戏剧学家和评论家们②。

(三) 博物馆在远东居民文化生活中的作用

苏联时期,博物馆是重要的文化教育机构,在远东居民的社会生活中发挥了重要作用。从 20 世纪二三十年代起,博物馆兼具意识形态和宣传的功能,服从党的指示,与苏维埃政权关系密切。在马克思列宁主义和阶级斗争理论指导下,博物馆向全社会宣传国家建设、保卫祖国以及党和工人阶级取得的成就。因此,在苏联社会,博物馆起到了塑造人民世界观的作用。鉴于其重要的宣传作用,苏共中央和地方领导层努力扩展边疆地区的博物馆网络,增加博物馆数量。

战后,远东地区博物馆在居民中间广泛开展爱国主义教育,培养广大居民对祖国、边疆区和所在城市的热爱。远东博物馆分布在各大中心城市,形成网络化覆盖,有一系列历史悠久的博物馆:滨海边疆区方志博物馆(1884 年建立),1945 年改称阿尔谢尼耶夫方志博物馆;哈巴罗夫斯克边疆区方志博物馆(1894 年);萨哈林州方志博物馆(1896 年)和阿穆尔州方志博物馆(1891 年)。此外,还有堪察加州方志博物馆、沃洛恰耶夫斯克火山纪念博物馆、楚科奇州方志博物馆、鄂霍次克—科雷马方志博物馆、远东国立大学博物馆(位于符拉迪沃斯托克)、图古尔博物馆等。③ 南萨哈林被并入苏联后,着手在当地创建博

---

① Э. В. Осипова. Преемственность Культурной Политики Советского Государства в Области Театра: 1920 – 1980 – е гг. //Советский Дальний Восток в Сталинскую и Постсталинскую Эпохи: Сб. Науч. Статей. Владивосток: ИИАЭ ДВО РАН, 2014. С. 261.

② А. С. Ващук. Мир после Войны: Дальневосточное Общество в 1945 – 1950 – е гг. Владивосток, 2009. С. 578.

③ А. С. Ващук. Мир после Войны: Дальневосточное Общество в 1945 – 1950 – е гг. Владивосток, 2009. С. 593.

物馆。1945年6月10日在比罗比詹建立了犹太自治州方志博物馆。1953年马加丹州建立后，鄂霍次克—科雷马方志博物馆更名为马加丹州方志博物馆。①

1945—1955年，博物馆网络的扩展主要通过社会化运营的方式，即在各企业、机关和军队等建立的社会博物馆，这类博物馆没有国家财政拨款。对博物馆工作感兴趣的志愿者在业余时间充当博物馆讲解员和科研人员的角色。这不仅是上级机关的倡议，而且是苏联人对自己历史和文化遗产态度的反映。赫鲁晓夫执政后，社会环境相对自由，社会性博物馆大量出现。

第二次世界大战和伟大的卫国战争历史题材是当时各地区博物馆展览的主要题材之一。从1945年10月开始，符拉迪沃斯托克市筹备建立获得红旗勋章的太平洋舰队军事历史博物馆。该博物馆展品于1950年5月9日向观众开放。②类似的军事题材展品与革命题材展品平分秋色，令当地居民直观地感受并了解远东边疆区革命的过去。20世纪50年代，太平洋舰队军事历史博物馆与阿尔谢尼耶夫博物馆开展合作，为了纪念不同的纪念日举行了一系列活动，如拉左诞辰60周年、苏汉诺夫诞辰60周年及瓦良格号巡洋舰沉没50周年等。

战争结束后，和平是人们珍视的时代主题。为缓解战争时期紧张不安的状况，人们逐步开始参与到文化休闲活动中来，参观博物馆不失为一件有意义的事情。由此，博物馆的参观者数量不断攀升。滨海边疆区阿尔谢尼耶夫方志博物馆是远东地区1945—1955年最受欢迎的博物馆，仅1945年，该博物馆的参观者人数就超过了9.8万人，从1948年之后每年参观者人数都在11万—12万人。1949年堪察加州方志博物馆参观者人数比1943年增长了1倍。③

---

① Государственное Учреждение Культуры: Магаданский Областной Краеведческий Музей. http: //www. llr. ru/razdel4. php? id _ r4 = 1424&id _ r3 = 50&simb = M&page = (08.06.06).

② Государственные и Общественные Музеи Приморского Края. Владивосток, 2001. С. 11.

③ Н. И. Рубан. Музеология. Хабаровск, 2004. С. 276.

随着时代主题的转变，尽快恢复经济发展，展现人民的幸福生活成为迫切需求。博物馆陈列品的主题亦发生改变——宣传社会主义竞赛及五年计划取得的成就、展现战后国家复苏的进程及反映苏联人民生活水平的提高。到 40 年代末，宣传国民经济恢复取得的成就成为更迫切的主题，这种主题的转变使得远东所有国立博物馆的展品不断更新。以滨海边疆区阿尔谢尼耶夫博物馆为例，该馆 1946 年展品中和平成为绝对的主角。历史专栏设置了"远东开发史"篇，在陈列计划中包括"苏维埃港的鄂罗奇人"专题；进一步更新了"符拉迪沃斯托克城市"篇和"伟大的卫国战争"篇；在自然环境专栏，筹备了"残遗的植物"和"滨海地区的猎鸟"两组展品；在艺术专栏，筹备了"绘画中的滨海地区"；在"社会主义建设"专栏，将煤炭、渔业和农业展品进行更新，详细拟订了展出计划并筹备了"苏维埃政权给滨海地区带来了什么"的展品。[①]

战后，远东居民物质待遇、劳动条件逐渐改善，工作时间缩短。与战前相比，科学教育和文化机构的活动都取得了较大成就，远东人民的精神生活是丰富多彩的，这些促进了当地居民文化水平的提高。

---

① Архив ПГОМ им. В. К. Арсеньева. Оп. 1, д. 40, л. 1 – 4. 转引自 А. С. Ващук. Мир после Войны: Дальневосточное Общество в 1945 – 1950 – е гг. Владивосток, 2009. С. 599.

第十章

远东开发的新阶段

从 20 世纪 60 年代开始,远东开发进入新阶段。1961 年苏共二十大明确提出西伯利亚与远东经济发展战略。根据西伯利亚与远东的资源特点,重点发展燃料动力、冶金、机械制造业、森林及木材加工业等。随着远东开发战略的实施,远东地区人口迅速增长,经济发展进入快车道。

第一节 20 世纪 60 年代远东国民经济发展

一 远东人口的快速增长

20 世纪 60 年代,随着远东开发战略的实施,外来人口大量涌入,远东人口显著增长。50 年代末,远东人口为 483 万人,到 80 年代末增至 795 万人,30 年增长了 312 万人(见表 10—1)。虽然远东地区面积约占苏联的 1/4,但人口仅占苏联总人口的 2.7%,且分布极不均匀,多数人口主要集中在南部的哈巴罗夫斯克边疆区、滨海边疆区、阿穆尔州及萨哈林州。人口密度最大的是滨海边疆区,每平方千米约 13 人,相当于全苏的平均水平,其次是哈巴罗夫斯克边疆区,人口密度为每平方千米约 2.1 人。北部马加丹州、堪察加州以及雅库特自治共和国(今萨哈共和国)的人口密度每平方千米不足 1 人。远东地区平均人口密度只有 1.2 人,仅为苏联平均水平的 1/10,但远东地区的人口增长率却高于全苏平均水平。从 1959—1989 年的人口增长速度来看,全苏为 25.4‰,远东则为 64.6‰,特别是远东北部城市人口有明显增加。堪察加州的彼得罗巴甫洛夫斯克市人口从 1959 年的 8.6 万增加到 1989

年的24.8万。同时期马加丹市人口从6.2万增至14.5万,雅库茨克市人口从7.4万增加到18.4万。另外,随着南雅库特地区生产综合体的开发,涅柳恩格里市的人口从1984年的5.2万增至1989年的6.3万。

苏联远东人口,特别是城市人口的快速增加,主要是这一时期劳动人口向东迁移造成的,反映了远东人口数量的增减主要取决于人口流动态势,而不是自然增长。

表10—1　　　　　　　苏联远东人口情况　　　　　　单位:千人

年份	1959	1970	1979	1989
远东联邦区	4834	5780	6845	7950
萨哈共和国	487	667	852	1094
滨海边疆区	1381	1719	1976	2256
哈巴罗夫斯克边疆区	979	1170	1369	1598
阿穆尔州	718	793	937	1050
堪察加州	221	288	383	472
马加丹州	189	253	337	392
萨哈林州	649	614	622	710
犹太自治州	163	173	189	214
楚科奇自治区	47	103	160	164

资料来源:俄罗斯国家统计年鉴(2002年)。

二　苏联时期的远东移民政策

人口问题制约了远东经济的发展。第二次世界大战结束后,苏联加大了远东移民力度,先后出台了一系列移民政策。移民政策的实施促进了远东人口的快速增长,同时加速了远东经济开发进程。

(一)苏联时期远东移民政策

苏联远东开发比较早地纳入国家计划中,远东开发政策是国家经济建设五年计划的一部分。苏联切实规划开发远东地区始于20世纪20年代末期。从"二五"计划(1933—1937年)开始,国家经济政策向远东地区倾斜，增加资金投入。此后，多次五年计划制订时都考虑到远东开发及资金投入，投入的资金随着开发的力度有所变化。

苏联远东移民基本上是由国家政策需要有组织进行的国家移民的方式，个人选择性移民占的分量很少。远东地区有广袤、肥沃的土地，苏联对远东的开发始于农业并且在之后很长时间也是以农业开发为主，因而国家移民以农业移民为主。1926—1927 年，在迁居远东的移民当中，无地少地农民占 74.3%。[①] 为了鼓励苏联中部、南部和西部地区的俄罗斯人向远东迁移，缓和这些地区大量农业人口过剩、失业严重的状况，有效开发远东偏远落后的边疆，苏联政府在迁移费用、纳税等方面给予优惠，就农业税而言，迁移到远东的移民可缴纳较低标准的农业税；如果移民在远东垦荒或实行休耕轮作，三年内可免缴农业税；此外，远东移民可延期三年服兵役。

这种国家政策性农业移民在赫鲁晓夫时期达到高潮。1954 年，苏共中央向全体国民发出垦荒种粮的号召，在远东开展了大规模的垦荒运动，向垦荒地区移民（实际上主要是共青团员）成为国家移民的主要内容。远东垦荒的移民不仅有持介绍信的共青团员，而且有普通的集体农庄庄员，还有具有团员身份的农民。垦荒时期，远东移民继续享有原有优惠政策，因而远东农业移民数量继续攀升。

除了农业移民，工业移民数量也很大。远东地区资源丰富，苏联建立后就开始有计划地开发远东的资源，创造性地建成新的组织形式——区域生产综合体，这种综合体根据远东地区的环境和经济状况，有组织地配置专业生产部门和辅助性生产部门，统筹合理利用各种资源，以实现经济效益的优化。第二次世界大战期间，苏联工业开始大东移，更加快了工业东移的速度。为经济和军事发展的需要，苏联在 20 世纪 70 年代修建了贝阿铁路，同时还有计划地开发沿线近 200 万平方千米的地区。产业大东移过程中，苏联远东国家移民数量不断增加。

第二次世界大战后，远东地区进入了工业加速开发时期。伴随着 1974—1989 年恢复修建贝阿铁路，外来移民源源不断，其中 20 世纪 60

---

① Социальные факторы и особенности миграции населения СССР. Москва：Наука，1978. С. 78.

年代有28.5万人,70年代上升为40.5万人,80年代已经达到28.6万人。① 外来移民的增长和积累,使苏联国家移民重要性逐渐下降,自发移民和企业招工而产生的个体移民占一半的地位。

苏联时期,政府采取许多措施鼓励人们向远东地区迁移,如改善远东地区与国内其他地区之间的交通条件、为远东地区的外来移民和当地居民提供优惠待遇、实施专门的区域经济振兴计划、实施户籍管理制度等,从而保证了远东地区人口的稳步增长。

苏联时期,远东的移民开发政策比较成功,移居到远东的人口数量节节攀升。

1926年,远东地区有160万人口。由于苏联实施农业移民计划,1926—1939年向远东农村地区迁移的人口占每年远东农村人口总增长的70%左右。② 1939—1959年,远东人口增加了65%以上。50年代,远东几乎所有行政区都在接纳来自西部地区的集体农庄农户。1959年,达480万人。1959—1989年,西西伯利亚、东西伯利亚人口分别增加约33%、42%,远东人口均匀而快速地增长了64%。1989年远东总人口为790万,1991年远东人口总数攀升至近810万,这是远东地区人口达到峰值的年份。这一时期远东人口数量几乎超过第二次世界大战前夕远东人口数量的2倍。原因有二:一是得益于外来移民的大量涌入;二是得益于人口自然增长速度的提高。苏联时期,远东地区通过多种方式源源不断地接纳各类移民,从而实现了人口的持续增长。

(二) 苏联时期远东移民开发存在的问题

苏联时期是计划经济时代,尽管国家政策移民总体而言比较成功,但还是存在一些值得探讨的问题。

一是移民主要流向远东城市,而不是农村。20世纪下半叶,苏联的农民更向往城市里的生活,而不是尚未开发的地区。城市居民的迁移意愿更多地表现为渴望迁往条件更好的城市。在这期间,远东地区城市人口得到快速增长。20世纪50年代的10年间,远东农业部门共吸收迁移来的农民6.44万户。尽管这样,远东农村地区的人口增长数量并

---

① 王晓菊:《苏联的远东移民政策与人口增长》,《俄罗斯学刊》2015年第3期。
② 杜立克:《浅析俄罗斯远东地区的人口危机》,《内蒙古大学学报》2003年第4期。

不多，许多移民并没有去农村居住，而是找机会从农村流入城市中。①

二是迁移到远东的移民不稳定，安心落户的少。苏联时期，远东气候条件恶劣，基础设施落后，再加上很多移民都是有组织的集体农庄的农民或国家计划迁移的工人。生活、劳动不自由，许多人的心里并不认可远东。虽然苏联政府对远东居民从工资、津贴、休假、离职、退休、社会保险额度到搬迁、住房、签订劳动合同及优抚金的额度和领取方法等都有优惠待遇，但很多时候落实不到位，并且随着移民的增加，移民安置中的问题并没有得到妥善解决，不少移民选择离开，致使远东移民的定居率一直处于低水平。1959年远东堪察加州、萨哈林州通过国家招工渠道招收大约5万名工人，其中相当一部分人一两年后就离开这些地方，留下来的人只有10%—15%。之后，远东移民定居状况一直不佳。1971—1975年，远东移民的定居率为15%；1986—1990年，远东移民的定居率仅为5.7%。②

远东移民一直以来生活居住条件与其欧洲部分差距很大。20世纪20年代后半期，北萨哈林地区人均居住面积只有2平方米多一点，通常是几户移民合住在临时搭建的御寒木房里。生活条件改善不明显，不少移民因为吃不上新鲜果蔬而患上维生素缺乏症、坏血病和其他疾病。正是由于这些原因，许多移民满腔热情而来，没有多长时间，就悲观失望，选择离去。

三是移民的绝大部分是国家有组织的移民，容易形成倒流。苏联搞社会主义计划经济，特别是搞大规模工业化，需要大量能源支撑，而远东地区资源蕴藏丰富。苏联政府为发展重工业和军事工业的需要，进行大规模勘探并开采远东地区自然资源。许多移民到远东工作和生活，并不是个人自发自愿的行为，基本上是在国家计划之下，响应国家建设的号召，由国家有目的地组织到远东的。如根据1930年联共（布）中央政治局和苏联国民经济委员会的决议，1930—1940年开始实施在远东打造军事工业综合体的纲要。根据纲要的规定，苏联在远东大力发展黑色冶金、船舶、飞机、民用和军用机械、仪表制造和采矿企业，发展铁路交通和海港设施。大量人力、物力和财力集中于这些行业中。在第二

---

① 强连红：《苏联时期远东移民开发政策论略》，《黑河学院学报》2016年第6期。
② 赵常庆：《苏联国内移民问题初探》，《苏联东欧问题》1987年第3期。

次世界大战之前的 10 年，全苏 6% 以上的基本建设资金投向了远东地区。苏联远东地区形成了突出的两种强大的专业的区域经济综合体，即从事船舶和飞机制造的军事工业综合体和采矿业综合体。这些区域综合体中的移民基本上是由国家计划为主导，不是为获取经济资源和实现某种经济目标，更多的是出于能源、政治和军事目的。

由于大量人口迁移远东是国家计划组织的，不是出于被移民者自愿，苏联政府为此花费很多资金，给予被移民者高额的工资、舒适的社会服务环境、以较快的速度分配住房等优惠待遇，这些措施虽然在一定时期内很有吸引力，但是不能持久，远东移民不稳定，移民在消费完优惠政策后就想返乡，从而形成倒流。但总体来说，苏联政府的移民优惠政策对远东移民事业发挥了积极作用。所以，到 20 世纪末，远东地区人口总量达到峰值。

（三）苏联时期远东移民政策的启示

苏联时期政府向远东的移民绝大部分是从欧洲发达地区迁移出来的。从先进、发达地区迁移到气候条件恶劣、经济落后的远东地区本身就是一件很不容易且很难办的事。从苏联时期对远东的移民的成功和失误中能够获得一些启示及经验教训。

一是政府的号召、鼓励、支持和给予优惠的政策是苏联远东移民成功的保障。这种政策是计划经济时期国家移民的常用手段，因为这种迁移不是移民者个人的意愿，而是国家行为，带有国家强迫性质和行为，比如由于国家计划的需要集体迁移时，把个人的户籍在原地注销，在远东注册。从提高工资待遇，到给予各种优惠。为了补偿本地区劳动力在生活费用方面的支出，提高职工的生活水平，苏联采取一系列措施使移民在工资、奖金、住房、旅游、疗养等方面都享有优惠的待遇。1972年规定提高西伯利亚各地区工资额和工资级别，使到远东工作的人的基本工资比欧洲部分高 70%，一些苏联人认为的重点行业如采油、钻井、伐木等工人的收入比内地高 2—3 倍。远东职工享受休假的优惠，延长一个人带薪休假期限，可集中休假三个月。以家庭为单位在远东落户的人给 500 卢布安家费，给予家属最高额度的一次性补助费等。[①] 这种迁

---

① 沈元章：《苏联开发西伯利亚与远东的困难及采取的措施》，《世界经济》1983 年第 10 期。

移在国家出现变动及优惠条件丧失后，就会出现移民回流的情况。所以，这种移民短期内效果明显，但是往往出现移民不稳定的情况，对经济长期发展不利。

二是通过远东的经济繁荣带动人口的迁移。远东移民问题表面看是人口问题，实际上是经济问题。远东经济繁荣发达，对人口自然就有吸引力，自愿迁移并扎根到远东的人口就会增多。所以，解决远东人口较少这个瓶颈问题，应该主要从创造远东经济繁荣的条件着手。苏联远东地区地广人稀、自然资源极其丰富，但长期以来缺乏对其真正的开发。过去近百年的历史表明，远东对于俄罗斯来说只是一个缓冲带、是一个原材料供应地。虽有人口、科技、工业东移，但都基于政治和战略需要考虑，至多也是服务于苏联西部经济发展要求，极少从远东真正的自身利益出发，合理安排产业。所以，应该把远东作为一个经济主体，制订远东开发计划，在苏联欧洲部分经济增长乏力之时，打造以远东为中心的新的经济增长点，以此来吸引不同层次的人口向远东迁移。

三　远东经济发展进入新时期

从20世纪50年代以后，远东经济进入一个新的发展时期。第二次世界大战后的最初几年，苏联欧洲地区面临恢复战争破坏的巨大经济任务，国家的基本建设资金都用于西部。这个时期，远东地区的发展要缓慢一些。20世纪五六十年代，远东工业增长速度落后于苏联平均水平，但随着西伯利亚、远东开发方针的确立，远东经济开始驶入快速发展轨道。

工业在远东经济中起主导作用。远东地区的工业可分为三类，一是国民经济专业化部门，包括有色冶金业、渔业、林业、制浆造纸、木材加工和建筑材料工业；二是保证专业化部门发展和满足整个经济生产需要的辅助部门，包括电力、热能生产、燃料工业、黑色冶金业、机器制造业、金属加工业、化学和石油化学工业；三是满足当地居民直接需要的服务部门，包括轻工业和食品工业。

远东地区自然资源丰富，是全苏联矿产品、水产品、林产品供应基地。采矿业（主要是有色金属和贵金属）是远东的主要经济部门。马加丹州是苏联的主要黄金产地，哈巴罗夫斯克边疆区和滨海边疆区采金业也比较发达，雅库特自治共和国是全苏最大的金刚石产地。

渔业是远东重要的经济部门，年捕捞量达300多万吨，占全苏总捕捞量的1/3。

远东森林工业和木材加工业发展很快。"八五""九五"计划期间，其木材外运量扩大了80%，锯材产量提高了40%，胶合板产量增长了80%，硬纸板产量增长了7.5倍。

贝阿铁路的建设对远东经济发展意义重大，它加速了沿线地区矿物资源和森林资源的开发，促进了苏联对亚洲及太平洋地区的对外经济联系的发展。

(一) 滨海边疆区经济

滨海边疆区是远东重要的农业基地，森林资源和矿物资源较为丰富，渔业是国民经济的主要部门，在全苏对外贸易中占有重要地位。工业产值约占远东地区国民生产总值的1/3，水产业产值占远东水产值的1/2，捕鱼量约占远东的1/3。滨海边疆区有1/4的土地是农业用地，播种面积约占远东的1/3，主要农作物有水稻和大豆。滨海边疆区的2/3被森林覆盖，木材蓄积量达15亿立方米，有数十个林业局和木材加工企业。远东的木材加工产品基本上都是滨海边疆区生产的。该区矿产资源比较丰富，主要有煤炭、铁、锡、钼、铜等。其中锡矿储量最大，是苏联工业用锡的主要供应地。滨海边疆区是苏联重要的出口基地，该区80多个企业生产几百种产品，向世界50多个国家出口，占苏联沿海贸易总出口量的40%，居西伯利亚和远东地区首位。

(二) 哈巴罗夫斯克边疆区经济

哈巴罗夫斯克边疆区是远东的工业中心，主要经济部门是黑色冶金业、机器制造业，特别是造船工业。此外，渔业、养殖业也比较发达。阿穆尔钢厂是苏联贝加尔湖以东唯一的较大炼钢厂，对远东地区经济发展有重要意义。机器制造是哈巴罗夫斯克边疆区的工业核心。大型机器制造企业有阿穆尔造船厂、远东农机厂、哈巴罗夫斯克电动机厂、远东柴油机厂、阿穆尔电缆厂、阿穆尔炼油厂等。贝阿铁路在哈巴罗夫斯克边疆区内长650千米，铁路沿线地区的煤、铁、锡、铝等矿物资等储量丰富。

(三) 阿穆尔州经济

阿穆尔州农业发达，素有远东谷仓之称。煤炭储量、森林资源和水力资源也比较丰富。该州农业区集中在南部，耕地面积为 230 万公顷，播种面积 150 万公顷。人口稠密的结雅河和布列亚河黑土平原是主要农业区，该州 2/3 的耕地集中在这里。主要作物是小麦、大豆，大豆是该州重要的出口物资。矿产资源中煤炭储量丰富，赖奇欣斯克褐煤矿最为著名，储量达 5 亿吨。森林覆盖面积达 2400 万公顷，占该州土地面积的 2/3，木材蓄积量为 20 亿立方米。水力资源也比较丰富，在阿穆尔河、结雅河上建设大型水电站，水电站总装机容量达 700 万千瓦。装机容量达 129 万千瓦的结雅河水电站已于 1980 年建成。该州工业主要集中在南部布拉戈维申斯克市，以及沿铁路以东地区。食品工业、机械工业和林业是该州的主要工业部门。西伯利亚大铁路与阿穆尔河平行，其间距离为 40—130 千米。西伯利亚大铁路和阿穆尔河水上运输构成该地区的主要交通网，是阿穆尔州经济发展的有利条件。

(四) 堪察加州经济

堪察加州矿产资源丰富，但工农业生产落后。海洋捕鱼业及鱼产品加工业较为发达，产值占堪察加州工业总产值的 70% 以上，堪察加州北部养鹿业发达。矿产资源除煤、石油、硫黄和建筑材料外，又发现了铜、钼、钛、锰、镍、钴、钨和铁等矿藏。煤炭的地质储量为 1800 亿吨，可靠储量为 900 亿吨。堪察加境内有 50 个面积大小不等的含油气区，总面积达 26 万平方千米；泥炭资源丰富，总面积为 340 万公顷，储量约为 80 亿吨。森林是堪察加州的重要资源，森林和灌木林覆盖面积为 1900 万公顷，占全州土地面积的 39%，木材蓄积量达 9.2 亿立方米。堪察加州工业总产值仅占远东地区的 7.2%，农业也不发达，以生产马铃薯、蔬菜和乳用畜牧业及养鹿业为主，是一个工农业生产落后、经济较为单一的地区。

(五) 萨哈林州经济

萨哈林州的工业产值居远东的第三位，占远东经济区的 14%。捕鱼量占远东的 20%，煤炭可采储量 17%，石油产量几乎占远东地区的全部。该州石油和天然气主要分布在东北部和西南部，有 15 个油田、11 个油气田、13 个气田，正在开采的油田有 9 个、油气田 7 个、气田

2个。石油预测储量为50亿吨，天然气储量约709亿立方米。煤炭资源主要分布在中部和南部，地质储量为124亿吨，占远东的3.7%。森林覆盖面积为5万平方千米，占全州面积的60%，木材总蓄积量为6亿立方米。渔业是萨哈林州的主要经济部门，产值占工业总产值的1/3以上。

（六）马加丹州经济

马加丹州工农业都很落后，是一个有待开发的地区。马加丹州的自然资源丰富，是世界上最大的黄金产地之一，也是苏联东北部锡、钨和汞的主要产地，此外还有煤炭、石油、天然气和各种有色金属等矿藏。煤炭总储量为990亿吨。油气资源主要集中在阿纳德尔河下游及萨蒂卡尔、品仁、苏戈伊、奥洛伊等地区。该州农业落后，耕地面积仅占农业用地的0.2%。主要作物是马铃薯（播种面积约3100公顷）、蔬菜（约500公顷）和饲料作物（约8000公顷）。马铃薯和蔬菜自给率很低，大部分须从外地运进。马加丹州的畜牧业比较发达，养鹿业驰名全国，收入占农业总收入的1/2。牧场总面积为6800万公顷，占全州面积的57%。马加丹州虽然拥有丰富的自然资源，但经济发展速度却相当缓慢。工业基础薄弱，人口外流现象严重。由于气候条件不好、居住条件差、教育设施落后，吸引外来劳动力来此地工作相当困难。虽然采取了增加工资和津贴以及改善生活等措施，但是收效甚微。

（七）雅库特自治共和国经济

雅库特自治共和国土地辽阔、人烟稀少、资源丰富。畜牧业、渔业和狩猎业是传统的经济部门。金矿的发现、贝阿铁路的建设、勒拿河航线的开辟，对雅库特经济发展起到了重要作用。雅库特境内矿产种类多，储量丰富，有煤、铁、金、银、锑、锡、金刚石、云母和磷灰石等。南雅库特煤田是贝加尔湖以东地区最大的煤田，也是唯一有炼焦煤的煤田，储量达400亿吨。阿尔丹铁矿区有大型赤铁矿和磁铁矿，储量为25亿—30亿吨。雅库特是苏联重要的黄金产地之一，金刚石储量和产量均居全苏首位，世界著名。雅库特是全苏天然气储量最大的地区之一，储量达12.8万亿立方米。森林资源居全苏第一，木材蓄积量达105亿立方米。由于雅库特自然资源丰富、经济潜力巨大，它在东部地区开发中的作用日益重要。首先，苏联在此建立黑色冶金基地，以改变苏联东部地区，尤其是远东地区钢铁工业落后的状况。其次，贝阿铁路的支线已深入这一地区的腹部，修至雅库茨克，对开发该地区的自然资源意义重大。南雅库特是贝阿铁路沿线地区组建的第一个区域性生产综合体。雅库特工业落后局面逐渐改变，工业发展速度加快，已形成一些具有相当规模的有色金属、煤炭等采掘工业，以及林业、制革业和食品加工业等地方工业。雅库特自治共和国农业极其落后，农副产品远远不能自给。

四　远东开发的特点和经验

苏联政府对西伯利亚与远东地区的开发并不是一下子全面铺开，而是由西向东，由南向北，分期分批进行。其特点和经验主要有以下几个方面：

一是投入的人力、物力和财力之大，超过以往任何时期。苏联从60年代开始对西伯利亚与远东地区开发的投资每7—8年就增加1倍。[①] 苏联"八五"计划对西伯利亚与远东的基本建设投资额为538亿卢布，"九五"计划对西伯利亚与远东的基本建设投资额约为800亿卢布，"十五"计划的基建投资额约为1000亿卢布。"十一五"计划初期，已有84亿卢布以上投放到西伯利亚与远东地区。

建设被称为"世纪工程"贝阿铁路，投资约达80亿卢布。苏联为了完成这项艰巨的工程，进行了精心准备并动员了全国力量支援铁路建设。整个贝阿铁路工地上热火朝天，劳动大军最多时达到10万—12万人。由于劳动力以及资金的大量投入，西伯利亚与远东才一直得以高速发展。

二是因地制宜、扬长避短，对开发进行通盘考虑。随着工业的不断东移，苏联开始重视对新区的综合开发。70年代以来，组建区域性生产综合体已经成为在西伯利亚地区实施大型区域开发计划的基本途径。勃列日涅夫时期组建了托博尔斯克综合体、托木斯克综合体、坎斯克—阿钦斯克综合体、萨彦综合体、勃腊茨克—乌斯季伊利姆斯克综合体、西西伯利亚综合体、贝阿干线沿线地带各区域性生产综合体等。其中，

[①] 殷剑平：《苏联北方小民族社会经济的发展》，《西伯利亚与远东》1987年第2期。

西西伯利亚区域性生产综合体的规模最大,坎斯克—阿钦斯克、萨彦、勃腊茨克—乌斯季伊利姆斯克、南雅库特等区域性生产综合体的规模次之。这些区域性生产综合体在经济发展中取得了很大的经济效果。例如,西西伯利亚区域性生产综合体从1964年开始组建到1980年投资总额为550亿卢布,同期专业化部门的国民收入是1160亿卢布,为投资额的2倍多。[①]

苏联东部地区煤炭、石油、天然气产量很高,电力也很充足,是全国新兴的燃料动力基地。长期以来,苏联充分利用西伯利亚与远东地区的有利条件,一直注意在东部地区廉价燃料动力的基础上发展耗能量大的工业部门。这是提高劳动生产率、降低产品成本的有效方法。在苏联的"九五"计划和"十五"计划期间国民经济发展基本方针中,都强调要将耗能量大的生产部门集中配置在东部地区。苏联在东部地区配置的耗能量大的部门主要有以下几个方面:制铝工业、化学工业、木材加工业、黑色冶金业、石油工业、森林工业、有色金属业。

三是积极引进国外先进技术设备,提高开发速度。经济发展的高速度是西伯利亚与远东的一个特点。东部地区能够高速度发展,同苏联政府执行大力发展东部地区经济的方针是分不开的。勃列日涅夫到西伯利亚与远东视察之后,强调指出东部地区的任务,是进一步加速开发煤、石油、天然气(首先是秋明州的天然气),更充分地利用东部各地区巨大的水利资源,以发展制铝业、水泥、石油化学和其他工业部门。

为了使西伯利亚与远东生产更多的燃料、原料,推动整个国民经济的发展,长期以来,苏联不惜工本,在东部地区大量使用国内外先进技术,同时,还努力拉日本等西方国家在西伯利亚与远东地区按补偿原则搞合作开发,在资金上保证了经济高速度发展。在贝阿干线的巨大工地上,大量使用了各种先进机械,如日本的加藤挖土机、小松推土机;西德的载重汽车、自动翻斗车;美国的拖拉机;加拿大的180吨的自动翻斗车。由于使用了这些先进机械,施工进度大大加快。此外,贝阿干线还采用先进的自动控制系统管理行车路线,保证列车以快速安全运行。

---

① 王绳祖主编:《国际关系史》第9卷,世界知识出版社1995年版。

在秋明油田也使用了大量新式设备。苏联购买的设备包括潜水油泵、压气机、钻头工厂设备、泵站设备和大口径钢管等。加上本国的新机械设备，使秋明油田生产达到相当先进的水平，各种自动化设备为油田带来巨大的经济效益。在秋明油田，特别是劳动力缺乏的极北地区，用提高自动化程度的方法来发展生产，是解决劳动力缺乏问题的有效手段。

四是采取物质刺激办法吸引劳动力。在西伯利亚与远东地区，资源丰富，人口稀少的现实影响着开发工作的有效进行，由于严酷的自然条件、不便利的交通运输以及使用的一些技术设备不适合当地条件等诸因素，与国内经济发达地区相比，为实现同一国民经济成果，在西伯利亚与远东地区，社会劳动力的需求平均是国内经济发达地区的2—5倍之多。为了吸引当地和外地的劳动力，苏联政府在西伯利亚与远东地区实行了高工资和地区补贴以及其他优惠待遇。移居者可少付保留住处和临时住处的费用、免费或以优惠价运送财物、贷款帮助、增补休假等方式的物质刺激苏联的共青团组织还把组织和号召全国青年奔赴西伯利亚与远东地区参加重点工程的建设，作为自己的一项重要任务。成千上万的男女青年响应党和青年团的号召，从国内各个地区陆续来到新建筑工地。

第二节 远东开发方针的确立

一 远东经济开发战略与措施

进入60年代，苏联国民经济增长越来越缓慢。50年代的国民经济年平均增长率为10%，60年代已降到6%。苏联工业主要集中在它的欧洲地区，但该地区资源相对缺乏成为工业持续发展的障碍。60年代，占苏联工业生产总值3/4的苏联欧洲地区的自然资源日益枯竭，资源的开采量已不能满足本地区消费需要。电力、黑色和有色金属、石油、天然气、煤和纸浆等重要资源需要从其他地区引入。而西伯利亚与远东地区，虽然蕴藏着丰富的自然资源，但是这里的工业基础薄弱、部门单一，资源远未得到充分利用。在这种形势下，苏联迫切需要大力开发西伯利亚与远东地区的资源，来弥补欧洲地区能源日益短缺的困境。苏联时期，远东开发战略与西伯利亚开发战略捆绑在一起，因此在论述远东开发时，有些政策、法规、规划等涉及西伯利亚与远东开发战略的将一同论述。

60 年代，远东的经济开发进入一个新阶段。1961 年召开的苏共二十二大上，明确而系统地提出了西伯利亚与远东经济发展战略，把西伯利亚与远东经济作为全国经济发展必不可少的组成部分，从而合理配置生产力，规划西伯利亚与远东的经济。根据西伯利亚与远东的资源特点，重点发展燃料动力、冶金、机械制造业、森林及木材加工业等。勃列日涅夫执政后，继续重视开发西伯利亚与远东资源。苏共二十三大报告指出："要进一步开发东部地区的天然资源。为了更快地发展西伯利亚与远东的经济，在新的五年里，必须采取一系列社会经济措施"，"必须大大增强远东的经济潜力。"[1] 苏共二十四大报告指出："最重要的任务是进一步加速开发国家东部地区的自然资源和开发那里的经济潜力。"[2] 苏共二十五大报告指出："将快速发展东部地区，使那里的工业产量增加 50%。"[3] 在苏共第二十六次代表大会上，进一步强调了二十五大提出的开发东部总体布局的战略构想。勃列日涅夫执政期间，通过在苏共二十三大、二十四大、二十五大和二十六大会上批准的各个阶段苏联经济和社会发展基本方针，对远东地区开发作出的时间安排是：60 年代后半期，加速发展远东地区的生产力，以增加这一地区的经济潜力；70 年代，高速发展耗能量大的工业，包括黑色冶金、有色冶金、化工、森林、木材加工、纸浆造纸、燃料动力等，进一步发展农业生产，特别是谷物和畜牧业生产；80 年代前半期，综合和集约化发展地区经济，包括加速发展燃料工业、石油加工业、电力工业、有色冶金业、化工业、石油化工、森林工业、纸浆造纸工业、木材加工业、微生物工业、建筑业和海产品工业，用发展农业和农业原料加工部门来大力

---

[1] 《苏联共产党第二十三次代表大会主要文件汇编》，生活·读书·新知三联书店 1978 年中文版，第 63、162 页。

[2] 《苏联共产党第二十四次代表大会主要文件汇编》，生活·读书·新知三联书店 1976 年中文版，第 328 页。

[3] 《苏联共产党第二十四次全国代表大会主要文件汇编》，生活·读书·新知三联书店 1976 年中文版，第 190—191 页。

加强食品基地，增加大豆、稻谷等农产品产量。① 在此期间，远东地区开发战略措施主要有：

（1）进行大规模投资，以保证基建投资增长速度和工业生产增长速度高于全苏平均水平。根据苏共二十四大和二十五大决议，在制定西伯利亚与远东规划过程中，从科学理论上进行专门的研究和分析，该地区的经济发展速度比全苏高20%—40%最为理想。"八五"计划时期，苏联对西伯利亚与远东的基本建设投资额为538亿卢布，"九五"计划时期约为800亿卢布，"十五"计划时期约为1000亿卢布。② "八五""九五""十五"计划期间，西伯利亚与远东地区几乎提供了苏联对燃料动力的全部增长需求，基本满足了国内和东欧国家对燃料动力的需要，并向西方出售了一部分石油等燃料。"八五"计划期间，西伯利亚与远东经济增速为21%，"九五"计划期间为17%，"十五"计划期间为15%③。

（2）加大能源开发力度。苏共二十四大指出，进一步发展西伯利亚与远东燃料动力工业的迫切性，通过了关于在西伯利亚与远东地区建立全苏最大的石油工业基地的决定。苏共二十五大赞同加速发展西伯利亚与远东地区生产力的方针，对新发现的西西伯利亚石油、天然气田的开发给予高度重视，认为这些石油天然气田对西西伯利亚地区的水力资源和煤炭资源来说是一个极为重要的补充。二十五大决议和勃列日涅夫讲话均强调要加速发展西伯利亚与远东地区的燃料动力工业，继续组建全苏石油天然气的主要生产基地、兴建别列佐沃国营地区发电站、博古恰内水电站、布列亚水电站、建成乌斯季—伊利姆斯克水电站、结雅水电站。"十五"计划期间，西伯利亚远东地区丰富的煤、水力、石油和天然气等燃料动力资源的高效利用是苏联实现工业东移的一个先决条件，也是苏联实现现代化的重要途径之一。几十年来，尤其是战后，苏共历次代表大会都把燃料动力的开发置于西伯利亚与远东开发的首要地

---

① 张寰海、徐漫、牛燕平：《西伯利亚开发战略》，黑龙江人民出版社1993年版，第278—288页。

② 陈日山：《俄国西伯利亚与远东经济开发概论》，黑龙江人民出版社1994年版，第58页。

③ ［苏］B. A. 克罗夫：《苏联新区开发的若干数字》，《西伯利亚与远东》1983年第3期。

位。这是因为除满足当地需要以外，还要保证苏联欧洲地区对能源日益增长的需要。因为全苏联约有75%的燃料动力是由它的欧洲地区消费，而80%的动力资源又集中在苏联东部地区。"十五"计划规定，东部地区将提供石油、天然气增长量的全部，煤增长量的90%以上。[①] 可见，西伯利亚与远东地区作为全苏能源供应基地的作用越来越大。

（3）积极利用外资和引进新技术。苏联是一个较早地重视引进和利用外资技术发展本国经济的国家。十月革命胜利后，苏联把发展对外经济联系、引进和利用外资技术，作为其经济发展和整个对外战略的一个重要组成部分。勃列日涅夫执政后，随着远东多种资源的开发，吸收外资和引进新技术自然成为发展远东生产力的重要途径。苏联积极争取各国政府和民间社团参与远东开发，先后在森林、煤炭、石油、天然气等资源开发方面，与日本、美国、加拿大、欧共体、经互会成员国签订了一系列合同和协定。在合作开发中，外国贷款及机器设备在一定程度上弥补了苏联的资金不足和技术落后的问题，加快了西伯利亚与远东自然资源的开发，加快了这个地区的经济发展。利用外资和技术，苏联在辽阔的西伯利亚与远东地区建立起新的森工企业、采矿场、港口码头、油气管线和铁路线，勘探出许多油气田。

（4）调整行政区域、不断探索管理国民经济的新形式，实行部门与区域相结合的综合发展方针。1965年12月，根据最高苏维埃《关于改善工业管理机构体制和改造若干其他国家管理机构》的法令，成立了工业部门的联盟共和国部，撤销了国民经济委员会。1971年6月11日勃列日涅夫指出，组建区域性生产综合体是解决进一步开发西伯利亚、远东地区的主要途径和基本方法。此后，组建的区域性生产综合体，实行部门和区域相结合、中央和地方相结合的综合发展原则被认为是开发远东资源、加快远东经济发展的较好形式。

（5）积极开展科学研究。开发西伯利亚与远东，必须让科学事业先行，要建立一支强大的科学队伍，开展全面的科学研究，解决开发中提出的各种重大科学理论问题。

[①] М. Марьянова. Пропорциально - региональные отношения народной экономики, Москва，1976. С. 76.

(6) 实行一整套相关政策，以解决劳动力匮乏问题。西伯利亚与远东地广人稀、气候恶劣、自然条件对生产和生活不利，是苏联劳动力资源最缺的地区。因此，在解决该地区国民经济每个问题的各个阶段，苏联都坚持实行节约劳动力政策。还注意解决有关组织、动员和使用劳动力资源的社会经济问题。采取提高东部地区的名义工资、对基本工资附加津贴、实行多种优惠待遇、加速和改善住宅和文化生活设施的建设等措施。如远东地区把工资津贴制扩展到各行各业，东西伯利亚（从1969年起）和西西伯利亚（从1972年起）的所有职工，不管是当地出生还是移居来的，都一律享有附加工资津贴。某些重点工程建设人员享有与北极地区工作人员同等待遇，按最高限额付给其家属一次性补助费，高等学校和中等专业学校毕业生到极北地区工作享有增加1倍的一次性补助金，许多人在住房、延长休假期限、疗养、退休计算工龄等方面，也都享有优惠待遇[①]。

(7) 成立远东和外贝加尔地区建设部，加强开发工作的领导。1979年11月，苏联成立远东和外贝加尔地区建设部，任命谢尔盖·巴希洛夫为部长。这是苏共中央和苏联部长会议对加速开发远东和外贝加尔地区所采取的一项重大措施。在苏联部长会议内专门成立地方建设部，这还是第一次。成立新的建设部，一是为了加强对该地区开发工作的领导，以促进地区资源更快投入国民经济周转；二是为了进一步协调从西伯利亚到太平洋沿岸这一广大地区的建设工作。

二 远东开发进程

20世纪60—80年代，苏联开发西伯利亚与远东地区的大型长期投资计划共有两个：一是组建西伯利亚与远东区域性生产综合体计划；二是建设贝阿铁路和开发贝阿铁路沿线地区自然资源计划。从70年代中期起，西伯利亚与远东进入全面综合开发阶段，主要是在继续开发西伯利亚南部铁路沿线的同时，重点开发北部和远东重要矿区。这一开发规划是综合利用东部地区矿物资源、森林资源和水资源等优势，解决区域经济和跨部门综合体的经济发展问题。它包括30多个不同级别的开发

---

① 郑天林：《苏联开发西伯利亚的政策措施》，《西伯利亚与远东》1980年第8期。

计划，如西西伯利亚的石油和天然气开发、东西伯利亚的石油和天然气开发、库兹巴斯的煤炭开发、坎斯克阿钦斯克的煤炭开发、贝加尔湖地区的自然资源开发、乌多坎的铜矿开发、西伯利亚河流部分水量南调（调往中亚和哈萨克斯坦）、贝阿铁路地区经济开发计划等。勃列日涅夫执政的18年中，苏联不但缩小了它原来同美国的距离，而且在煤炭、石油、钢铁、水泥等20多个主要工业品的总产量方面超过了美国，位居世界第一。

（一）煤炭资源

苏联是世界上煤炭资源最丰富的国家，煤炭资源主要分布在西伯利亚与远东地区。该地区的煤田分布广，开采方便，煤质优良。勃列日涅夫时期，远东主要产煤区是南雅库特煤田、外贝加尔地区煤田、赖奇欣斯克煤田、斯沃博得内煤田等。"十一五"计划期间（1981—1985年），南雅克特煤田总地质储量440亿吨，其中符合工业指标的储量为395亿吨，探明储量为51.9亿吨。米努辛斯克煤田总储量290亿吨，其中符合工业指标的储量为203亿吨。外贝加尔煤田总地质储量109亿吨，符合工业指标的储量为31亿吨，探明储量为27亿吨。赤塔州煤炭总地质储量138亿吨，符合工业指标的储量为92.2亿吨，探明储量为35.5亿吨。赖奇欣斯克煤田总地质储量4.2亿吨和斯沃博得内煤田总地质储量27.6亿吨。

（二）石油天然气

西伯利亚与远东地区是苏联开采石油天然气的主要地区。石油天然气资源分布广泛，从西伯利亚平原到东部的萨哈林岛及萨哈林大陆架。60年代以后，苏联开始大量投入资金用于开发西西伯利亚与远东的油气资源。1964—1972年为90多亿卢布，1971—1974年高达120亿卢布，"九五"计划期间增至139亿卢布，"十五"计划期间增至220亿卢布。[①]"十一五"计划投资额又有较大增长，主要用于天然气的开发。

1966年，苏联和日本关于萨哈林石油和天然气开发进行了首次会谈。1972年2月，苏日经济委员会召开会议讨论勘探萨哈林大陆架问题。1976年12月苏日签订了议定书，两国同意于1977年3月开始全面

---

① 海通：《国家石油天然气地区开发的社会经济问题》，《计划经济》1977年第9期。

联合勘探萨哈林沿海大陆架的石油。1978年9月，发现了一个天然气田，日产天然气最多达300万立方米。1979年10月在萨哈林扎尔查瓦地区发现一个油田，蕴藏量石油为1.5亿吨，至1982年底，这一地区一直进行着石油天然气的勘探工作。雅库特天然气的储量丰富，预测储量为12.8万亿立方米。1974年以后，勘探工作迅速开展，1978年的探明储量为825亿立方米。在雅库特发现的主要天然气田有马斯塔赫气田（1967年发现，1974年探明储量450亿立方米）、索博罗夫气田（1972年发现，1974年探明储量500亿立方米）、霍豪仔宾斯克气田（1970年发现，1978年探明储量3400亿立方米）。[①] 雅库特天然气的蕴藏量在1978年被证实有8250亿立方米。1972年，美国、日本向苏联提出联合开发雅库特天然气计划。但在勃列日涅夫期间，合作开发雅库特天然气一事一直处于讨论阶段。苏联开采雅库特天然气，产量很少，1975年产量为5亿立方米，以后几年的产量也只限于供应雅库茨克市等地的消费使用。

（三）水力资源

远东的河流密布，水力资源丰富。20世纪60—80年代，建设的主要水电站有维柳伊水电站（1967年第一批机组投产，装机容量64.8万千瓦）、乌斯季伊利姆斯克水电站（1980年建成，装机容量384万千瓦）、结雅水电站（1980年建成，装机容量129万千瓦）、科雷马水电站（1971年开始建设，1980年建成）、布列亚水电站（1979年开始建设，装机容量200万千瓦）。以这些大型水电站为核心，以专业化生产部门为基础组建了一些大型区域性生产综合体。

动力资源开发不仅保证了东部地区生产力的进一步发展，更为重要的是为能源和原料供应紧张的西部地区提供了大量产品。

（四）森林资源

远东地区的森林总面积为3亿公顷，约占全苏森林总面积的1/3，木材总蓄积量约为210亿立方米，约占全苏总蓄积量的1/4。森工产业是远东地区的主要经济部门之一。远东森工产业的快速发展与苏日林业合作密不可分。60年代至80年代末，苏日两国共签署了三个共同开发

[①] 高云山译：《雅库特天然气资源的开发问题》，《西伯利亚与远东》1979年第12期。

远东森林资源的合作协议。

1968年7月，苏日签署了开发远东地区森林资源协定。1970年和1974年分别签订了第二个森林资源开发协定和第三个森林资源开发协定。苏联木材的主要出口对象是日本，通过第一个和第二个森林资源开发协定，苏联向日本共提供了原木760万立方米、一般木材1750万立方米、成材132万立方米。第三个森林资源开发协定规定，苏联从1981年到1986年5年中，向日本提供一般木材1200万立方米、成材124万立方米。通过工业用碎木片和纸浆用材协定，苏联共卖给日本纸浆用材805万立方米，造纸用长材470万立方米（关于苏日森林开发详见五）。

三　远东开发路径

苏联政府对远东开发投入的人力、物力和财力之大超过以往任何时期。从60年代开始，苏联对西伯利亚与远东地区开发的投资每七八年就增加1倍。苏联"八五"计划对西伯利亚与远东的基本建设投资额为538亿卢布，"九五"计划对西伯利亚与远东的基本建设投资额约为800亿卢布，"十五"计划的基建投资额约为1000亿卢布。

随着工业的不断东移，苏联开始重视对新区的综合开发。勃列日涅夫在1971年6月对莫斯科市鲍曼区选民讲话时，肯定了综合体形式。他强调了勃腊茨克、萨彦等区域性生产综合体、西西伯利亚石油基地，以及雅库特、楚科奇和西伯利亚与远东的其他地区的综合发展问题，同时对克拉斯诺亚尔斯克综合体的组建工作倍加赞扬，称它对经济、社会、政治、人口、地理、资源及其他许多方面的因素都作了通盘考虑。

在远东地区，人口稀少、劳动力不足影响着开发工作的有效进行。由于严酷的自然条件、不便利的交通运输以及使用的一些技术设备不适合当地条件等诸因素，社会劳动力的需求平均是国内经济发达地区的2—5倍。为了吸引当地和外地的劳动力，苏联政府在远东地区实行了高工资和高地区补贴以及其他优惠待遇（移居者可少付保留住处和临时住处的费用、免费或以优惠价运送财物、贷款帮助、增补休假）等方式的物质刺激。苏联的共青团组织还把组织和号召全国青年奔赴远东地区参加重点工程建设，作为自己的一项重要任务。成千上万的男女青年响应党和青年团的号召，从全国各地陆续来到远东。在"九五"计划期间，共青团派往西西伯利亚各油气田就有3万多名青年工人。

四 远东开发的作用与影响

远东开发大大改变了这一地区的经济面貌，使其在苏联经济中的地位逐年提高，对苏联经济发展的贡献越来越大。燃料动力、水力和矿物质资源是现代化经济发展的基础。远东地区资源潜力巨大，它在全苏经济中的作用，首先取决于各种资源的发现和开采。随着苏联欧洲部分资源的逐渐枯竭，远东在苏联经济中的地位和作用越来越重要，同时，加速开发远东对苏联的全球战略也具有重要意义。二十一大至二十五大，从"七五"计划到"十五"计划，西伯利亚与远东地区的开发在苏联国民经济发展中一直占据着相当重要的地位。"十五"计划是一个明显带有收缩性的计划，但唯独西伯利亚与远东地区是个例外，在这里继续扩建或新建许多大型重点工程项目，全国十多个大综合体，大半以上建在东部地区。

由于加速远东地区的开发，苏联经济得到了明显增长。20世纪六七十年代，苏联不但使它原来同美国拉得很大的距离缩小了，而且在煤炭、石油、钢铁、水泥等20多种主要工业品的总产量方面也超过了美国，位居世界第一。

开发西西伯利亚油田、兴建贝阿铁路和东方港，对全苏经济和军事力量的发展有着重要的意义，同时对增强远东驻军和太平洋舰队的力量也具有重要作用。西伯利亚与远东的开发，为苏联推行全球战略打下雄厚的物质基础。由于这些年有效地采取了区域性生产综合体这种开发形式，西伯利亚与远东的生产力布局有了明显改变，工业东移的趋势在加速，苏联的经济实力得到增强。

远东的开发，促使苏联在经济上拉拢日本，在政治上打击美国。日本有着雄厚的资金和先进技术，有能力解决苏联在开发西伯利亚与远东中存在的资金不足和技术相对落后问题。但第二次世界大战以后，日本一直是美国重要的政治、经济和军事盟国。日美同盟是苏联在东北亚地区地缘战略的障碍。苏联利用日本燃料和原料不足，以合作开发西伯利亚远东为诱饵，竭力拉拢日本，谋求拆散日美同盟。勃列日涅夫上台后，1965 年 7 月建立了苏联经济委员会，研究协商开发西伯利亚事宜。苏日双方共签订了 8 个主要合作协定，日本成为苏联西伯利亚与远东地区的最大合作伙伴。这样一来，日本在燃料和原料供应上越依赖苏联，在政治上就不得不跟苏联走。西伯利亚与远东的开发，促进了苏联向亚太国家扩大出口商品，同时加强了苏联对亚太国家和地区的经济影响，将西伯利亚和远东地区建成重要的出口商品基地，是苏联开发东部地区的重要目的之一。扩大外贸既可以促进西伯利亚和远东地区的经济开发，又能加速这一地区出口基地的形成。过去远东向太平洋沿岸国家提供的外贸产品中，一向以能源和原料为主，其中石油、天然气、金属、木材、石棉、云母、毛皮和水产品等是出口的大宗商品。随着远东地区的加速开发，这些商品需求大量增加。苏联依靠这些物资的出口，赚取外汇，购买先进技术、机器设备和粮食，以补偿贸易的形式促进远东地区的开发。

五　远东的对外开放

苏联远东对外开放是在国内实行经济改革、加强对远东的开发、国外亚太地区经济飞速发展的前提下提出来的。最早明确提出远东对外开放的是戈尔巴乔夫，他在 1986 年 7 月视察符拉迪沃斯托克时指出："我们的经济已经向太平洋方向发展，关于为外国人开放符拉迪沃斯托克的问题也可以在将来解决，符拉迪沃斯托克将成为最大的国际中心之一，我们希望它成为苏联向东方开放的一个窗口。"[1]

1988 年 9 月，戈尔巴乔夫在克拉斯诺亚尔斯克的讲话中进一步阐述了对外开放思想。他围绕西伯利亚和远东开发、开放，提出了许多具体建议，其中包括建立特区和给远东地区以优惠待遇等，这一讲话加快了远东地区对外开放的步伐。苏联拟定在远东的滨海边疆区境内建立三个经济特区，即纳霍德卡地区（海港）、波格拉尼奇内地区（黑龙江省绥芬河市对面）、哈桑地区（吉林省珲春市对面，中苏朝三国交界处）。符拉迪沃斯托克和哈巴罗夫斯克两大城市将成为经济特区的依托和对外

---

[1] 于国政：《苏联远东的对外开放及我们的对策》，《苏联东欧问题》1989 年第 3 期。

联系的窗口。

苏联远东地区对外开放的战略目的有两个：一是借用外国的力量加速对这一地区的开发，从而增强整个国民经济的实力，并以此带动全苏对外经济改革；二是建立一个有机的国际分工和国际分工系统内高效率的国民经济综合体，这个综合体拥有庞大的资源基地和科研基地、最佳的经济结构、发达的社会设施，它将成为今后全苏经济发展的重要战略基地、地区经济联系的重要出口基地、亚太经济圈中不可分割的重要组成部分。

苏联开发远东的经济指标是非常宏伟的。按规划，到2000年工业产品产量将比1985年增加1.5倍，发电量增加1.6倍，石油开采量增加2.8倍，天然气增加8.3倍，机器制造量增加2.9倍，对外出口总量增加2.2倍。

庞大的开发规模需要巨额的投资、大量的先进技术、相应的劳动力、足够的消费品。按计划，到2000年，在远东将需投资2320亿卢布，这比前20年对西伯利亚和远东加在一起的投资总和还多300多亿卢布。然而，苏联的资金是十分短缺的。实际上从70年代开始，苏联对东部地区投资增长率逐年下降。在资金方面，仅靠国内力量增大对东部地区投资有相当大的困难。在技术方面，远东的地貌复杂、气候恶劣，往往需要很多的特种机械设备，而苏联国产机械设备不仅质量不高，数量也明显不足。在劳动力方面，远东地区劳动力严重匮乏，整个地区每年缺少劳动力几十万人，就连人口稠密的滨海边疆区，也只能满足所需的一半。由于劳力不足，远东许多企业和建筑工地开工率只达65%—70%，一些建设项目不能按时完成计划。在生活消费品方面，远东地区的短缺程度是全苏各地区中最严重的。第十一个五年计划末（1985年），该地区的谷物自给率仅为28.7%，肉类为5.1%，牛奶和奶制品为46.2%、蔬菜和瓜果为54.7%。

为解决上述问题，苏联把加强同外国的经济联系作为重要措施之一。苏联科学院远东科学中心经济研究所所长奇奇卡诺夫指出："从太平洋地区进口对苏联远东有三大益处：一是有可能大大减少甚至完全停止从苏联远离远东的地区运入同类产品，节省运费；二是满足远东地区居民对那些由于自然条件在苏联不生产或生产数量不足的商品的需要，如热带水果和蔬菜；三是通过进口使远东获得加强自己经济潜力的补充条件。"①

苏联远东地区对外开放的重点方向是亚太地区。关于这一点，戈尔巴乔夫说："苏联既对与社会主义国家，也对与像日本、澳大利亚、印度尼西亚、泰国等亚洲太平洋地区国家这样的伙伴进行广泛的经济贸易交流感兴趣。"② 在这一思想指导下，苏联积极开展同亚太地区国家的外交活动，以此来创造远东对外开放的良好外部环境。苏联同该地区大多数国家进行了广泛的对话，其中包括高级和最高级的对话。这一时期，苏联与西方阵营国家的关系得到改善和发展。苏印关系在原有的基础上通过最高级会晤又前进了一步、苏澳关系通过最高级会晤出现了原则性转折、苏日关系通过各种对话取得积极进展。

为了加强同亚太地区国家的经济联系，苏联积极参加亚太地区各种政治经济组织和会议，并组织和倡议成立新的机构。自1986年戈尔巴乔夫符拉迪沃斯托克讲话以后，苏联在这方面的努力十分明显。同年1月，苏联首次以观察员身份出席了在温哥华举行的太平洋经济合作会议，并要求成为这个机构的正式成员和全面参加其常设机构的活动。

由于推行积极的对外政策，苏联与亚太地区国家签订了一些新的经济贸易协定。1986年，同澳大利亚签订了1988—1995年发展经济贸易合作计划和关于在医学卫生方面、在研究利用宇宙空间方面进行合作的协议，同日本和马来西亚签订了避免重复税收的协定。

在亚太地区范围内，苏联把邻近远东的东北亚各国和地区作为外交重点。东北亚是苏联远东对外开放的重中之重。戈尔巴乔夫在克拉斯诺亚尔斯克讲话中提出了中日苏三方经济合作的建议。在苏联国内还有人提出建立苏中朝"经济共同体"的设想。这些合作方式皆属于地区合作方式的实际范例。中国、日本、朝鲜与苏联远东地理上邻近，互补性很强，苏联最感兴趣。日本、韩国的资金和技术，中国、朝鲜的劳动力和农副产品都对苏联有很大的吸引力。

苏联之所以确定首先开放远东地区，是因为这里具备以下较为适宜

---

① 于国政：《苏联远东的对外开放及我们的对策》，《苏联东欧问题》1989年第3期。
② 于国政：《苏联远东的对外开放及我们的对策》，《苏联东欧问题》1989年第3期。

的条件。

（1）沿海地区港口众多。苏联远东9个州、边疆区、自治共和国中有6个濒临海洋，从南至北依次面向日本海、鄂霍茨克海、白令海和北冰洋各海，共有19个港口。特别是南部的滨海边疆区，建港条件良好，集中了远东地区的大部分港口，其中符拉迪沃斯托克港、纳霍德卡港、东方港国内外都很著名。符拉迪沃斯托克港是苏联远东历史最久的大港，年吞吐量为700万吨。纳霍德卡港是卫国战争以后修建的大港，年吞吐量为1100万吨，是苏联远东第一大国际商港。东方港是70年代初期，日本参加建设的后起大港，年吞吐量为1200万吨，到1990年全部完工后，年吞吐量达到3500万—4000万吨，相当于远东19个港口的总和，成为全苏最大的深水机械化港口。

（2）地理位置优越。苏联远东地区东面濒临太平洋各海，南面与中国、朝鲜、蒙古国接壤。同太平洋地区国家地理上邻近，交通方便。从远东的港口出发可通往世界70个国家。通过远东的边界线可以直接从陆上进入邻国，其中有两条铁路通向中国东北，有一条铁路通向朝鲜，有一条铁路通向蒙古国。以符拉迪沃斯托克为出发点，到日本的新潟不足800千米，到朝鲜的清津只有100千米。

（3）投资环境良好。苏联在远东第一批建立特区的三个地点（纳霍德卡地区、边境区、哈桑区）及其所在的滨海边疆区具有良好的投资环境。交通、通信、能源、建材、水电、土地等各方面条件都可以保障外国投资企业的建立。三个地点都有西伯利亚大铁路的支线联结。

（4）自然资源丰富。远东地区集中了全苏大部分自然资源，其中包括占全苏35%的森林覆盖面积、26%的木材蓄积量、27%的水力资源、17%的大陆架海洋生物资源、70多种已探明的矿藏。

第十一章

远东的对外经贸合作

苏联是一个比较早地重视引进和利用外资、技术发展本国经济的国家。勃列日涅夫提出苏联应当"更加广泛地参加国际分工"的方针。60年代和70年代，合作开发西伯利亚与远东地区的资源便以空前的规模开展起来。勃列日涅夫清楚地认识到，经互会国家难以从资金和技术方面有效地帮助苏联。离开与西方工业发达国家的经贸技术合作，加速开发西伯利亚与远东的战略目标是难以实现的。所以，勃列日涅夫为西伯利亚与远东地区的开发制定了突出重点合作伙伴的方针，这是增强苏联国民经济实力较有成效的时期。这一时期苏联从西方引进了大量资金和各种先进技术设备。通过补偿贸易合作开发的领域主要是在石油天然气勘探、煤炭开采、木材加工、化工和冶金等方面。

第一节 远东对外经贸合作的重点

一 与东欧经互会成员国的合作

苏联同外国的经济、技术合作对象首先是东欧经互会国家。苏联与经互会成员国在东部地区的主要合作项目是乌斯季—伊利姆斯克林业综合体、"联盟"输气管道和贝阿干线建设工程。东欧国家的石油天然气等能源，绝大部分来自苏联。为了输送石油、天然气，苏联与东欧国家联合建设"联盟"输气管道，东欧国家为此提供了大量原材料和设备。远东许多大型建设项目都有东欧国家的参与。

例如，1974年开始兴建的贝阿铁路工程，许多筑路、运输机械是由民主德国、捷克斯洛伐克、波兰和保加利亚提供的。匈牙利、罗马尼亚和南斯拉夫还提供了自动电话站和自动化管理系统等设备。经互会国家甚至为铁路建设者提供了大量服装、靴鞋、食品及其他日用品。苏联方面大多是以能源出口来偿还东欧各国提供的设备和日用品等。

为了开发西伯利亚的森林资源，使东欧国家获得所需的原料，1972年6月苏联同保加利亚、民主德国、匈牙利、波兰、罗马尼亚等国签订了共同开发乌斯季伊利姆斯克林业综合体中纸浆厂的协定。1973—1978年上述几国向苏联提供了33000万卢布的资金、设备、器材及消费品。按计划规定苏联为工厂提供设计资料、技术工艺设备和材料，建筑机器并进行建筑安装工作。保加利亚提供电缆、墙壁和屋顶板、电动小车、搬运汽车。匈牙利提供风气设备、部分构件、仓库、门、窗扇。民主德国提供电器设备、冷冻装置、金属构件。议定参加合作的国家长期内每年从苏联得到20万吨纸浆。

经互会成员国捷克斯洛伐克和民主德国与苏联共同在西西伯利亚冶金厂制造了世界上大型高效的轧钢厂之一——"450"型中级轧钢机。苏联还同匈牙利、民主德国、捷克斯洛伐克联合，改造托木斯克的西伯利亚电动机厂，使其电动机型号与经互会国家统一，引进了捷克斯洛伐克的现代化压床、匈牙利和民主德国的自动线，产品达到世界先进水平，每年效益超过1000万卢布。民主德国还为苏尔古特油田提供化工设备，成套的烘干处理和净化装置。

二　与资本主义国家的合作

在远东地区的开发过程中，同资本主义国家的合作尤为重要。苏联开发远东地区面临资金和技术不足的困难，而远东地区在地理位置上与日本邻近，苏联把日本作为其开发远东地区的主要合作对象。日本在开发中取得了最多的合作项目。勃列日涅夫执政时期，双方共签订了8个主要合作协定：1968年苏日签订了第一个合作开发远东森林资源的协定、1970年签订在弗兰格尔湾建设东方港的协议、1971年签订开发纸浆用材和工业用碎木资源的协定、1974年签订联合开发南雅库特煤田的协定、1974年签订第二次开发西伯利亚远东森林资源的协定、1975年签订苏日合作勘探和开发萨哈林大陆架石油和天然气的合作协定、

1974年签订（1976年修改重新签订）勘探和开发南雅库特天然气田协定、1981年签订第3次苏日联合开发西伯利亚远东森林资源的基本合同。

在发展与美国的经济合作时，勃列日涅夫强调指出："发展长期经济合作将产生极为良好的政治后果，这种合作将巩固在整个苏美关系中业已出现的较为良好的转折。从70年代初期起两国的经济合作迅速发展。为了开发石油和天然气，与美国签订了引进6700万美元的大口径管道铺设机器、4000万美元的建筑用机械、1亿美元的履带拖拉机和4700亿美元的自动化工厂设备等协议。"[①] 1973年苏联从美国引进石油工业设备，贷款2300万美元；1974年1月苏联从美国引进38台天然气再注压缩机，贷款2600万美元，8月引进65台天然气涡轮机压缩机，价值25000万美元；1976年3月引进石油天然气加工设备，贷款2500万美元；1978年9月引进石油设备，价值5650万美元：石油管道敷设设备，为3240万美元；一套生产探油钻头设备，价值为1.44亿美元；1982年1月美国履带拖拉机公司售给苏联100台用于敷设输送天然气管道的90吨位大型起重机。[②]

70年代是苏联利用联邦德国的资金和技术卓有成效的10年。苏联在1970年、1972年及1974年同联邦德国鲁尔天然气公司、麦尼斯曼公司以及由15家联邦德国的银行组成的财团签订了3个天然气换钢管的经济合作协定。协定规定，联邦德国提供39亿马克贷款（约合13.44亿美元），向苏联供应370万吨大口径钢管以及大批用于兴建天然气管道的机器设备。苏联则以天然气偿还。1974年任德公司在伊尔库茨克近处安装一座聚乙烯单体厂的设备，生产能力为年产20万吨聚乙烯单体。1976年苏联还同联邦德国签订了2个石油和天然气经济合作协定，由联邦德国的阿埃洛—卡尼斯公司和布鲁，姆斯造船厂分别向苏联提供17套天然气管道加压设备（达1亿马克）和帮助苏联兴建1座石油勘探设备厂。1981年、1982年，苏联分别与联邦德国、法国签

---

① 初祥：《俄罗斯北方小民族的现代化与民族过程》，《世界民族》2000年第4期。
② 刘庚岑：《关于前苏联、俄罗斯联邦扶持其北方小民族的问题》，《世界民族》1997年第1期。

订了建设天然气输送管道的协定。规定由联邦德国、法国等提供贷款，苏方供应天然气。管道起自乌连戈伊天然气田，西达西欧。其间，意大利、奥地利、比利时、荷兰、英国也纷纷参加此项合作，向苏联提供贷款。

在开发西伯利亚过程中，苏联引进了加拿大的大量贷款和设备。早在60年代苏联、加拿大签订了技术合作协定，1971年1月27日成立了"苏加科技交流合作委员会"。加拿大向苏联的贷款大多用在西伯利亚建设中。

勃列日涅夫执政后，苏法经济关系随着两国政治关系的进一步改善而得到了飞跃的发展。70年代，苏联从法国得到的贷款几乎全是以双方的补偿贸易形式达成的。苏联通过补偿贸易形式，从法国引进了大量成套的设备。其中1971年8月，苏法签订补偿贸易协定，为开发天然气进口大口径钢管与设备，贷款13亿法郎，苏用天然气偿还。1974年1月，为乌斯特—伊利姆斯克纸浆造纸联合企业订购2个特型锅炉，贷款1250万美元，苏联以纸浆偿还。1982年1月为开发乌连戈伊气田引进钢管、加压泵站、冷却站、通信设备和自动控制系统等设备，贷款35亿美元，苏用天然气偿还。[①] 70年代开始，苏联在处理和发展与西方国家政治经济关系时，更把意大利放在重要的地位。苏联采取补偿贸易、工业合作等多种经济合作新形式，使70年代苏意两国经济关系获得全面迅速的发展。意大利资金和技术为苏联经济发展起到促进作用，最突出的例证是开发资源，特别是石油和天然气资源。

据统计，苏联70年代从意大利引进了价值11.19亿卢布的输油输气钢管、20个油泵站、5套天然气加压站设备以及石油、天然气等其他设备。这些技术设备在苏联开发西伯利亚与远东地区的石油和天然气资源中起了很大作用。

合作开发西伯利亚与远东的资源给苏联带来一定好处，外国贷款和机器设备在一定程度上弥补了苏联的资金不足和技术落后，加快了西伯利亚与远东自然资源的开发，加快了这个地区国民经济的发展速度。苏联凭借外国的力量，已在这个辽阔的地区内建立起新的森工局、森工企

---

① 初祥：《浅议苏联对北方小民族政策的失误》，《西伯利亚研究》2000年第2期。

业、采矿场、港口码头、油气管线和铁路线，钻出了许多石油、天然气探井。

在贝阿铁路建设过程中，日本也提供了大量的机械设备。此外，苏联与日本之间还就修建远东钢铁厂、敷设萨哈林至北海道的海上石油天然气输送管道、改建萨哈林制浆造纸联合企业、在阿穆尔州新建制浆造纸企业、开采乌多坎铜矿、开发莫洛焦日内石棉矿等项目进行洽谈。在开发远东地区的森林资源、煤炭、天然气等矿藏以及修建贝阿铁路和弗兰格尔港等方面，日本的资金、技术和设备全面介入苏联远东的开发建设，在一定程度上缓解了苏联资金不足和技术设备落后的困难。

三 远东与中国的边境贸易

中华人民共和国成立之后，随着苏中两国经贸合作的全面展开，苏中毗邻间地方性边境贸易得到恢复和迅速发展。黑龙江省与苏联的地方贸易始于50年代后期。1957年成立了黑河地区贸易公司，1958年成立了牡丹江贸易公司，分别与苏联的阿穆尔州消费合作社、哈巴罗夫斯克边疆区渔业消费合作社、滨海边疆区渔业消费合作社建立了贸易关系，这时边境地方贸易才开始有了实质性进展，但发展较为缓慢。1957年两国沿边地区进出口贸易额仅为6万卢布，1959年为842万卢布。1957—1966年10年边境贸易进出口总额为3476万卢布，采用的是以卢布计价的记账式易货贸易方式。中国出口主要是大豆、小麦等农副产品和蔬菜、肉制品等生活资料商品，中国进口以钢材、机械产品和石油产品为主。1967年因两国关系紧张而中断，至80年代才得以恢复。

苏联远东与中国东北地区边境贸易的主要特点是：（1）根据两国的贸易协定，由沿边各省区和苏联的有关对外贸易机构签订年度易货贸易合同，确定年度内双方交易的品种、数量、价格和交货地点等；（2）虽为易货贸易，但并不是直接的物物交换，而是双方各按合同向对方发货，年中平衡，差额转入下一年度，不用现汇清算；（3）以卢布作为计价和记账单位；（4）贸易主体是各州省和地级的国家指定外贸公司；（5）进出口货物由国家统一调拨，商品价格由国家统一制定。

80年代初期，苏中关系缓和，两国经济技术合作和贸易关系得到恢复，同时也是苏中边境贸易快速发展时期。1982年，两国的外经贸部达成协议，恢复中断了多年的边境地区地方贸易。1986年两国政府决定开放四对边境口岸，即绥芬河与格罗杰阔沃、黑河与布拉格维申斯克、同江与下列宁斯阔耶、满洲里与后贝加尔斯克。从此以后，中国东北与毗邻的苏联远东地区间边境贸易出现了新的发展势头。

1983年1月，国务院批准恢复边境贸易，同年4月，中苏两国政府换文确认。同年10月刚组建的黑龙江省贸易公司与全苏远东国外贸易总公司进行了第一次业务接触，确定了"平等互利，互通有无"的边境贸易原则。贸易方式为易货贸易，以第三国货币瑞士法郎记价。从此，黑龙江省的对苏边境贸易得到恢复和发展。1983年边境贸易进出口总额为1590万瑞士法郎，1984年发展到2791万瑞士法郎。到1987年5年累计实现边境进出口额13638万瑞士法郎。这一时期黑龙江省对苏边境贸易出口商品品种近百种，主要有粮油食品、生肉及肉制品、日用消费品、轻纺产品、针织品等。从苏联进口商品主要是生产资料、生活资料和原材料等40余种。1988年4月，国务院批复黑龙江省对苏边境贸易和经济技术合作，并赋予多项优惠政策，两国边境贸易进入快速发展时期。当年签订易货贸易合同金额高达68181万瑞士法郎，实际过货19614万瑞士法郎，相当于过去15年边境贸易额的总和。

1989年是黑龙江省对苏联边境经济贸易大发展的一年。签订易货贸易合同额126648万瑞士法郎，完成过货额59679万瑞士法郎，分别是上一年的17倍和3倍。边境贸易伙伴由上一年的150多家增加到600余家，有的已经超出西伯利亚和远东地区，深入苏联的欧洲地区。苏中边境贸易40年的历史，有以下一些特点：

第一，改革开放前，苏中边境贸易是按指令性计划进行的，虽然充分发挥了两国政府的管理和调控作用，但同时这种体制和机制完全排除市场的作用，抑制了两国地方经营者和商品生产者的积极性，极大地制约了贸易的发展。不仅没有发挥两国经济互补性强的优势，而且没有发挥促进地方经济发展应有的效应。

第二，边境贸易的发展直接受两国政治关系的制约。40年来，苏中边境贸易同两国40年的政治关系一样，经历了巨大变化，经济贸易随着政治风云而起落。60年代和70年代的一度中断，使中苏双方都受到了较大损失。80年代初苏中两国关系缓和,是两国边境贸易恢复并发展的主要因素。

第三,80年代中国放松计划经济条件下的指令性计划,放宽了边境贸易政策,实行自主经营方式,调动了边境地方贸易公司的经营积极性。然而,80年代初中国经济改革刚刚起步,社会主义市场经济机制还远没有建立起来,商品还处于卖方市场,与人民生产和生活直接相关的生产资料和生活资料供应不足,边境贸易存在着出口为了进口的特点,导致了边贸出口对经济发展推动作用不显著,而进口的生产资料和生活资料商品,对地区工农业生产和丰富人民生活却发挥了重要作用。

第四,80年代的苏联受戈尔巴乔夫的新思维影响,贸易重点除主要以"经互会"为主外,还对西方国家有很强的倾向性,致使苏中贸易增长速度远未达到两国经济实际发展水平。

第二节　日本与苏联远东开发

一　苏日沿海贸易

苏联与日本之间的贸易主要通过三个渠道进行,即一般贸易、沿海贸易和合作社贸易。苏日沿海贸易主要是指苏联远东地区与日本之间的贸易,是两国间以货易货的一种特殊的贸易形式。这种贸易始于战前20年代,30年代其贸易额不断扩大,当时在苏日贸易中占有很大比重。如1930年苏日贸易总额为6800万日元,而沿海贸易额就达6420万日元,占苏日贸易总额的94%。[①] 日本向苏联出口商品主要是绿茶、渔网、船舶(包括渔船)、麻绳、麻线、铜丝、水泥、毛纺织品、内燃机车、电动机等,苏联向日本提供的商品主要有沥青、锰矿石、木材、白金、石油、石棉、氯化钾、生铁和染料等。战后,以日本海沿岸的地方自治体为中心,进一步扩大了同苏联远东地区之间的贸易。1963年,苏日间正式交换《关于地区之间的贸易》公文后,苏日沿海贸易范围便从日本海沿岸城市扩大到全日本所有地区。1964年7月1日,苏联外贸公司在远东纳霍德卡市设立了苏联远东进出口办事处,1979年又

---

① 小川和男:《日ソ貿易の実情と課題》,日本教育出版社1979年版,第18页。

将其升级为苏联远东进出口公司，专门负责远东地区与日本之间的沿海贸易。远东进出口公司为使同日本商社的联系更加畅通，在1980年还设立了电报用户直通线路（见表11—1）。[①]

表11—1　　　　　苏联远东与日本沿岸贸易状况　　　　单位：百万美元

年份	总金额	日本出口金额	日本进口金额
1963	1.3	0.4	0.9
1964	4.3	1.8	2.5
1965	5.3	1.3	4.0
1966	10.1	5.3	4.8
1967	13.1	6.1	7.0
1968	11.4	5.6	5.8
1969	14.8	6.9	7.9
1970	19.3	8.4	10.9
1971	18.0	7.8	10.2
1972	24.8	11.2	13.6
1973	33.5	24.7	8.8
1974	46.5	25.0	21.5
1975	50.9	24.7	26.2
1976	58.1	27.5	30.6
1977	66.3	31.6	34.7
1978	74.7	34.9	39.8
1979	94.1	43.5	5.6
1980	109.1	54.8	54.3
1981	122.9	68.7	54.2
1982	97.5	50.9	46.6
1983	100.1	49.8	50.3

资料来源：《第24次日苏沿海贸易促进委员会报告书》。

[①] ペヴズネル编：《日ソ間の経済貿易関係》，新読書社1986年版，第55页。

苏日沿海贸易自1963年政府间交换公文以来，双方贸易得到快速发展。1963年，苏日贸易额仅为130万美元，1967年就增至1310万美元，1970年又增至1930万美元，1983年突破1亿大关达到1.1亿美元。1964—1983年的20年，苏日贸易额以年平均20%的速度增长，贸易额增长了20多倍。1979年前，苏联对日贸易基本上处于出超状态。1980年以后，对日贸易转为入超。

60年代上半期，苏日沿海贸易的商品构成还比较单一。苏联远东向日本出口的商品只有水产品，从日本进口的主要商品是纤维制品、餐具等日用消费品。至60年代后期，苏联开始向日本出口木材，此后木材逐渐成为主要的出口商品。1977年，苏联向日本出口木材的金额达1389万美元，占对日本出口总金额的40%以上。与此同时，煤炭、化工等产品的出口有所增加。至80年代初，苏联向日本出口商品达70多种。日本向苏联出口商品以纤维制品、针织品、衣料、鞋、酒等日常消费品为主，这些商品占日本向苏联出口总金额的50%，其次是收音机、计算器等电子产品，以及纺织机械、伐木和木材加工机械、建筑器材、船舶设备、推土机等商品。此外，进入70年代后期，贸易方式从单纯的易货形式部分地转向补偿贸易形式。[①] 1979—1989年最盛时期，日本向苏联提供造纸成套设备，然后从苏联远东进出口公司进口金额相等的木材、纸浆等产品，从而扩大了沿海贸易规模。

1963年，日本参加沿海贸易的商社不到10家，至80年代，增加到130多家。参加沿海贸易的绝大多数为中小商社，1980—1985年，中小商社数占总数的95%以上，其贸易额占沿海贸易总额的80%。苏联方面，最初从事沿海贸易的地区仅限于远东的几个城市，到1982年，西西伯利亚联邦地区的几个州相继开始与日本展开贸易活动。为了扩大苏日沿海贸易，由苏联东欧贸易会和日苏贸易协会在苏联远东地区共同举办日本商品展览会。1977年7月，日本首次在远东的纳霍德卡举办展览会。展览会开始是一年一次，仅限于远东的哈巴罗夫斯克、纳霍德卡两个城市。从1981年起，改为每年春秋两季各展出一次，展出城市扩大到西西伯利亚的一些主要城市，展览会规模不断扩大。

---

① ペヴズネル编：《日ソ間の経済貿易関係》，新読書社1986年版，第72頁。

苏日沿海贸易有如下特点：

（1）先卖后买，以货易货，不受苏联外汇储备情况好坏的影响。

（2）商品品种选择具有很大灵活性。苏方出口的商品基本上是远东地区企业计划外产品，或苏联外贸公司不经营的商品，从而对苏日一般贸易起到了补充作用。

（3）对苏日双方的经济发展起到一些作用。从苏联方面来说，为西伯利亚、远东地区的开发提供了物质条件。西伯利亚、远东地区远离苏联欧洲中心地区，通过沿海贸易从日本购买消费资料，运输距离短、运费低，因而对满足该地区消费品需要发挥了重要作用。从60年代后期开始，从日本进口森林采伐、木材加工和搬运等机械设备，促进了远东地区经济的发展。从日本方面来说，这种贸易形式已成为中小商社扩大产品销路的一条渠道。60年代后期至70年代前期，日本经济高速增长，资源紧缺，中小商社通过沿海贸易向苏联推销产品，获得了经济发展所需的资源。

二　日本对远东的投资

西伯利亚与远东的开发是一个庞大的经济开发计划，特别是日本的参与，使整个亚太地区及世界范围都掀起波澜。该计划的实施，对东亚地区的政治、经济、军事等产生巨大影响。同样，该计划的实施也受到日本国内及周边环境的影响。西伯利亚与远东开发计划为期25年。1965年7月，日苏两国达成协议，成立了苏日经济委员会，研究协商开发西伯利亚与远东事宜，从此打开了苏日合作开发西伯利亚与远东的大门。自1968年以来，分别在莫斯科与东京，召开9次苏日和日苏经济委员会联席会议，就若干西伯利亚与远东地区的经济建设项目达成协议。20世纪60—80年代，日苏双方签署了如下合作协议：

（1）1968年7月29日，日苏两国签订了第一个开发远东森林资源协定，即所谓KS计划。[①] 根据这一协议，日本以定期付款的方式向苏联提供出口商业信用贷款1.3亿美元，到1973年末全部偿还，利息为

[①] KS计划是指日本远东森林开发委员会会长、小松制作所社长河合良成与苏联对外经济部进出口局局长绶特夫签订的协约，取两人名字第一个字母组合而得名。

6.8%。苏联利用这笔贷款从日本购买开发森林用的机器设备和器材。在提供的机器设备中，有 280 万美元的木材加工成套设备、有 1280 台推土机、100 台自动平土车、23 艘木材运输船、165 台挖掘机、96 台自动起重机及其他设备。另外，日本还向苏联提供 3000 万美元的购买消费品用的贷款，签订协约一年以后支付。

苏联从 1969 年开始，在 5 年内向日本提供价值 1.8 亿美元的木材（766 万立方米成材和 42 万立方米锯材）。这项协定执行得比较顺利，日本方面的输出完成率达到 91.3%，输入完成率达到 94.5%。这一协议的实施扩大了苏联东部地区木材采伐基地的生产规模，使苏联木材产品对日本的出口有了明显的增加。日本出口商也从苏联大量进口机器、设备、材料和日用品中得到丰厚的回报。

（2）1970 年 12 月 18 日，日苏两国签订了修建弗兰格尔湾东方港协定，即所谓 YV 计划。① 苏联远东地区弗兰格尔湾在纳霍德卡港东北 18 千米处。1957 年日苏两国签订《日苏通商条约》，1958 年日本各港和苏联纳霍德卡港开始定期通航。十几年后，货物量增加了 40 倍以上。虽然日苏双方每月定期有 4 艘船加强运输，但是仍然完不成货运计划。苏联远东地区各港口吞吐能力几乎达到了极限。夏季向北冰洋沿岸基地和边境地区运输过冬物资，更增加了远东地区港口的负担。为了减轻纳霍德卡港和远东地区其他港口的困难，在第 4 次苏日经济委员会联席会议上，签署了苏日合作修建符兰格尔湾东方港的协议。

1971 年东方港动土兴建。第一期工程（1971—1978 年）的投资总额为 33.2 亿美元。1973 年 12 月，原木码头最先建成，年吞吐量为 36 万吨。1975 年建成工业用碎木片装卸专用码头，年吞吐量为 80 万吨，1976 年建成集装箱码头，年吞吐量为 70 万吨。1978 年末煤炭码头、化工产品和谷物码头的工程开始动工。东方港全部工程预定于 1990 年前后全部竣工，竣工后年吞吐量达到 3500 万吨，共有 70 个装卸木材、煤炭、工业用碎木片、集装箱等专用码头。码头长 12 千米，每个煤炭栈桥 1 小时可装煤 1.2 万吨。装载能力为 10 万吨的船只进港当日即可出

---

① YV 计划是由日本方面具体负责符兰格尔湾东方港建设的新山下汽船的社长山县胜见与苏联方面符兰格尔港湾的名字第一个字母组合而得名。

港。根据日苏两国合作建筑东方港的协议，日本向苏联提供出口商信用贷款 8000 万美元。苏联用它从日本购买港湾建设用的机器、设备和器材，分期交付贷款，期限 7 年，年利息为 6%。

（3）1974 年 7 月 30 日，日苏两国签订了第二个开发远东森林资源协定。根据这一协定，苏联获得 5.5 亿美元的银行贷款，1975—1978 年，向日本购买机器、设备、船舶、材料及其他商品。1975—1979 年，苏联向日本方面提供 1750 万立方米的原木和 90 万立方米锯材。

（4）开发工业用碎木片和纸浆用材协定，即木屑贸易。1967 年 6 月，在苏日经济委员会第二次联席会议上，苏联就已提出这一合作项目的设想。1970 年 10 月，就该项目的合作问题在苏联首都莫斯科进行谈判，1971 年 12 月 6 日，两国达成协议，次年开始执行。根据这一协定，日本以信用贷款的方式向苏联提供价值 4500 万美元的机器设备，还提供价值 500 万美元的消费品，定期付款的期限为 6 年，年利息为 6%。苏联在 1972—1981 年，以 800 万立方米工业用碎木片和 420 万立方米松树原木偿还贷款。其中从 1972 年起的 6 年内，提供工业用碎木片 360 万立方米，松树原木 270 万立方米，从 1978 年起的 4 年内，提供工业用碎木片 440 万立方米，松树原木 200 万立方米。

（5）开发南雅库特煤田协定。这是日苏两国合作开发能源的第一个协定，也是由出口商信用贷款转为国家银行贷款的第一个协定。在 1968 年第三次苏日经济委员会联席会议上，苏联就要求日本合作开发南雅库特煤田。1972 年的第五次苏日经济委员会联席会议上，苏联提出具体方案。1970 年，日本派出一个钢铁界调查团访问苏联，进行现场考察，判明煤田的表层埋藏有 3000 万—3500 万吨弱黏结性煤，而日方却希望进口强黏结性煤。另外，苏方要求提供银行贷款，日本政府犹豫不决，未能达成协定。1973 年发生了世界性能源危机，日本政府才同意提供银行贷款，双方终于在 1974 年 6 月 3 日签订了基本协定。

根据协定，日本向苏联提供 4.5 亿美元的银行贷款，其中 3.9 亿美元用来购买建设南雅库特煤田和蒂恩达至别尔卡特铁路所需的载重汽车、起重机、挖土机、建设桥梁和隧道用机器和煤炭企业所需要的设备，6000 万美元用来购买消费品。苏联在协定有效期内，向日本提供

1.04 亿吨炼焦用煤，其中 8400 万吨为南雅库特煤（从 1983 年起供货）和 2000 万吨为库兹巴斯煤（从 1979 年起供货）。

（6）开发雅库特天然气协定。这是日、苏、美三方合作勘探和开发的协定。1968 年第三次日苏经济委员会联席会议上，苏联最初提出了联合开发雅库特天然气建议。1972 年第五次日苏经济委员会联席会议上，双方就联合开发雅库特天然气问题进行讨论。此时在美苏经济贸易快速发展大背景下，1972 年 6 月美国大企业表示愿意参加雅库特天然气开发计划，同年 8 月日美两国表示愿意联合参加开发苏联雅库特天然气计划。10 月，日苏两国在莫斯科就该计划举行第一次谈判，并且签署了雅库特天然气作为日美苏三国共同开发项目的备忘录。1974 年 4 月日苏两国签署有关该项目银行贷款协议，日本提供银行贷款 1 亿美元作为勘探费，其条件为日美两国承担相同数额贷款，而为了促使美国贷款落实，要尽快签署该项目的基本合同书。

1974 年 5 月，日美苏三国开始就该项目进行谈判，同年 9 月日美两国就基本合同书内容达成一致，11 月日美苏三国签署了基本合同书。但是，1975 年 1 月美国通过了新通商法，使银行贷款出现困难。对此苏联提出抗议，然而最后还是作出让步，2 月苏联同意将银行贷款从 1 亿美元减少到 2500 万美元。1975 年 3 月，苏联分别与日、美两国在修改后合同书上签字。1976 年 7 月，日美苏三国又就苏联方面购买设备及贷款等内容达成协议。至此，雅库特天然气项目才正式进入实施阶段。根据协定，日美两国向苏联提供的银行贷款为：勘探费 5000 万美元，开发费 3400 万美元（日美两国各负责一半）。苏联用贷款分别从日美两国购买设备、机器和器材。偿还的方式为，在开采后的 25 年内，苏联向日美两国分别每年供应天然气 100 亿立方米。1977 年 3 月，苏联在三国会议上报告，该气田发现储藏量为 7000 亿立方米。同时，苏联与日美两国也就建设输气管线达成一致。

（7）勘探和开发萨哈林大陆架石油和天然气协定。1972 年第五次日苏经济委员会联席会议上，苏联提出联合开发萨哈林大陆架石油天然气计划，为此，日本方面成立了萨哈林大陆架开发委员会，下设以今里广记为首的专门委员会。同年 9 月，日本派出技术专家代表团进行实地考察。11 月两国举行该计划第一次谈判，日本提出了参加该计划条件，即：①参加制订勘探与开采计划；②分担勘探与开采费用；③参加实施作业；④发现产品时要收取报酬；⑤产品要优先供给日本。

1974年两国在第三次谈判中，就有关经济与技术合作问题达成一致并签署备忘录。其主要内容：①实施共同作业区域为萨哈林大陆架东北部与西南部两块；②日本在5年间提供1亿美元贷款并提供勘探所必要的设备、机械、资材；③日本向苏联提供购买计算机等长期设备资金2000万—2500万美元，提供地方经费3000万美元；④勘探作业发现商业油与天然气时，转入开发阶段，同时开发所需资金50%由银行贷款提供；⑤产品对日本供应比例，石油为全部的50%，天然气可以追加；⑥贷款偿还为勘探开始后18年以内用萨哈林大陆架所生产石油、天然气执行；⑦苏联对贷款的补偿为生产开始后10年内，以石油与天然气产量的50%向日本提供，价格低于市场的8.4%；⑧苏联不反对美国企业协助日本企业。

1974年7月，两国就基本合同问题进行交涉，为此日本于1974年10月设立了萨哈林岛石油开发合作株式会社。1975年1月，两国签署了基本合同书。其主要内容：①日本为实施萨哈林大陆架勘探作业提供移动式挖掘装置、挖掘用机械与设备、特殊船舶及补助船舶，即时提供资材，提供购买物理探矿器、计算机等长期设备所需贷款；②发现有价值石油及天然气矿床时，日本方面提供贷款并提供必要的设备、机械、资材等；③石油、天然气以合适条件作为返还贷款提供给日本。贷款返还后，石油、天然气也要长期向日本出售。1975年两国又正式签署了贷款协议，其主要内容：①差额补偿津贴1亿美元（偿还利息为6%，以石油低于价格8.4%偿还）；②购买计算机等长期设备贷款2250万美元（偿还利息为6.3%）；③地方经费3000万美元（偿还利息为7.3%）。

1976年初，开始交涉勘探船舶长期租借事宜，11月签署长期租借协议并进行作业，但不久后该作业船触礁，使得勘探作业不得不推迟。1977年8月重新开始作业，同年10月在萨哈林岛东北部海面约6千米、水深约30米地处，成功探钻出深度1400—2300米四个油层，其中一层日产量约2000桶，油层面积约300平方千米。

日本参与苏联远东开发计划主要负责人是日苏经济委员会会长、日商名誉会长足立正。具体合作项目方面负责人是石油委员会原会长出光计介，继任会长为今里广记；负责工业用碎木片和纸浆项目的是王子制纸会社社长田中文雄；负责港湾输送项目的是新山下汽船会社社长山县胜见；具体负责弗兰格尔湾东方港的也是山县胜见；负责萨哈林天然气项目的是新日铁会社社长永野重雄、负责南雅库特天然气项目的是东京煤气会社社长安西。结算、金融问题的负责人是富士银行总裁岩佐凯美，继任者为崛江董雄（原东京银行总裁、苏联东欧贸易会会长）。苏日经济委员会联席会议，每年举行一次，轮流在莫斯科和东京交换举行。

第三节　苏日渔业问题

一　苏日渔业问题的起因

北方四岛周边海域是世界著名渔场。第二次世界大战结束后，虽然苏联占领了北方四岛，但是这里的日本渔民仍然按照传统习惯，在该渔场捕鱼作业。在该海域，苏联宣布拥有12海里的领海主权，对于侵犯领海的日本渔船则采取扣押措施，因此不断产生两国之间的渔业纠纷。

日本方面为了确保渔民的安全作业，在苏联占领下的北方领土周边海域设立"危险推定线"，警告渔民掌握好作业范围，但是渔民稍不留心就会进入苏联"领海"。苏联方面对于自己确立的领海，采取了严格防范措施，不断派遣监视船巡逻警卫。如果确认有侵犯领海的船只，立即予以扣押。日本渔船马力小、速度慢，根本不是苏联监视船的对手，而且苏联方面扣押战术水平也在不断提高，除提高监视船的速度外，又增加直升机参与巡逻，使扣押力度不断加大。1946年4月20日，齿舞群岛的多乐岛周边海域，日本北海道地区根室市的渡边雄吉所拥有的鲜鱼运输船"第三晓丸"（16吨、4名船员）被苏联监视船扣押为第一例。到1976年9月30日止，在北方四岛周边海域，苏联共扣押了日本渔船1531艘，渔民12726人，其中在北方四岛周边海域扣押的渔船占74%。

在1946—1976年的30年，苏联扣押日本渔船的最高峰是1955—

1956年，1955年扣押渔船125艘，渔民1104人；1956年扣押渔船131艘，渔民1207人。其原因为：第一，苏联的警备力量加强；第二，《旧金山对日媾和条约》生效后，日本渔民自认为恢复了法律地位，可以进入该海域；第三，1955年该海域的特产鱼增多的诱惑力。然而关键性原因是1955—1956年，正是日苏两国为恢复邦交正常化而进行艰苦谈判之际，苏联为了迫使日本让步，在渔业问题上有意加大打击力度，为谈判起到配合作用。

苏联实施扣押行动的主要是国境警备队的监视船及军舰，其理由是日本渔民违反《日苏渔业条约》。苏联国境警备队的监视船频繁出现在日本渔船作业的海域，如果认为某渔船可疑，就命令其停船，然后军官、翻译及武装士兵登船检查，实施确定船位。如果该船确定为"入侵"苏联12海里领海，立即将船和人一起扣押。日本渔船被扣押后，要把船长、捕捞长、船主人等扣押，最少被判3个月刑期，最多被判4年刑期。对一般船员进行有关调查，扣押1—2个月后释放。对于船只、渔网等捕捞工具则予以没收，获释放人员须支付伙食费。到1976年末，被扣押的日本渔船总数达到1534艘，其中37%，即570艘没有返还。这种扣押措施，不仅使日本渔民遭受肉体痛苦，而且没收渔船和渔网，对小规模经营的渔民也是经济上、生活上的致命打击。在这些被扣押的渔民中，根室市的片冈永吉是被扣押渔船最多的，在1959—1972年的13年，共有17艘渔船被扣押，年平均达到1.3艘。片冈永吉出生在国后岛，是1948年被强行驱逐到根室市的（见表11—2）。

表11—2　　　　　　　　苏联扣押日本渔民状况

年份	扣押 船数（艘）	扣押 人数（人）	归还 船数（艘）	归还 人数（人）	事故 船数（艘）	事故 人数（人）	未归还 船数（艘）	未归还 人数（人）
1946	7	52	7	52	0	0	0	0
1947	1	3	1	3	0	0	0	0
1948	19	159	18	157	0	0	1	0
1949	25	492	24	490	0	2	4	0
1950	45	276	32	276	1	2	0	0

续表

年份	扣押 船数（艘）	扣押 人数（人）	归还 船数（艘）	归还 人数（人）	事故 船数（艘）	事故 人数（人）	未归还 船数（艘）	未归还 人数（人）
1951	47	368	25	367	2	0	0	0
1952	47	390	45	385	1	0	0	0
1953	44	340	44	340	0	2	1	0
1954	65	537	63	537	2	2	4	0
1955	125	1104	125	1103	0	0	12	0
1956	131	1207	83	1206	3	1	0	0
1957	99	944	68	944	2	1	45	0
1958	80	557	50	557	2	0	29	0
1959	91	774	44	774	1	0	28	0
1960	58	476	13	475	0	0	46	0
1961	89	579	41	579	2	1	45	0
1962	72	506	26	506	1	0	46	0
1963	31	326	16	326	1	0	14	0
1964	35	268	10	268	0	0	25	0
1965	40	450	21	450	0	0	19	0
1966	34	294	16	288	1	6	17	0
1967	47	315	11	315	0	0	36	0
1968	40	346	15	345	0	1	25	0
1969	39	363	12	351	2	12	25	0
1970	22	190	14	190	`	0	7	0
1971	27	272	20	272	0	0	7	0
1972	36	234	17	234	1	0	18	0
1973	25	186	15	186	0	0	10	0
1974	33	246	18	246	0	0	15	0
1975	42	290	26	286	2	4	14	0
1976	35	198	19	184	0	1	1	13
合计	1534	12742	393	12692	25	37	570	13

资料来源：坂本德松·甲斐静馬：《返せ北方領土》，日本青年出版社1980年版，第80页。

在苏联扣押日本渔船过程中，经常出现日本渔船拼命逃跑，苏联监视船加快速度追赶的情况，导致渔船沉没而船毁人亡的事件发生。据表10—2可知，1976年末有25艘船沉没，死亡人数为37名。这其中有两件重大事件：一是1966年的"第十一进洋丸事件"；二是1969年的"第十三福寿丸事件"。"第十一进洋丸"（19.9吨、船员8人）是罗臼町的小林源太郎所拥有的渔船，是1966年5月8日在国后岛的浅海作业时，被苏联监视船（300吨）的左侧船尾碰击而沉没的。船上包括小林的两个儿子等6人死亡，轮机长和甲板长两人获救。在"第十一进洋丸"与苏联监视船相碰击时，苏联士兵也掉入大海，而苏联监视船只救自己的士兵，不理睬落水的日本渔民。

5月8日发生的事件，到5月13日苏联也未向日本方面通报。5月20日，日本外务省经过对此事调查后，向苏联方面提出口头声明，以示抗议。日本方面的抗议主要内容是：

第一，"第十一进洋丸"是在国后岛周边海域的公海上进行作业时被苏联监视船追赶，在几乎要碰击状态下强行接舷而浸水。苏联官员无视日本渔民的危险，在恶劣气候条件下强行拖船，最终造成该船翻，6人死亡的事件发生。

第二，"第十一进洋丸"的沉没，不是苏联所说的由大浪或强风造成，而是苏方监视船强行接舷造成的。苏方在拖船时，没有采取有效的防范措施。

第三，据苏方通报，苏联监视船为救助"第十一进洋丸"船员，采取了尽可能的措施。但是，据获救的两名船员反映，苏联监视船在相当长的时间内没有救日本渔民，仅是救起本国士兵后离开了现场。这是以尊重人的生命为最高准则的国际法所不允许的。另外，根据《日苏海难救助协议》，这也是令人遗憾的。苏联方面关于6人死亡是翻船，造成船底部的鱼群探视器的绳索绕在身体上而使船员死亡之说，是与事实不相符合的。

"第十一进洋丸事件"发生4年后，1970年1月，该船的船主与家属，通过日本外务省向苏联方面提出赔偿1.067亿日元的要求，苏方对此不予理睬。

"第十三福寿丸事件"是在1969年8月齿舞群岛周边海域发生的，

"第十三福寿丸"（16吨）的 12 名船员中，有 11 人死亡。该船是根室市渔民门间五郎所拥有的渔船，8 月 8 日离开根室市驶向齿舞群岛海域渔场，到了归港日期没有返回。经过日方多次询问，8 月 29 日，苏联才通报日方。通报说，8 月 9 日，"第十三福寿丸"侵入苏联领海，在苏联监视船追赶过程中，由于"不当航行"造成相碰，结果该船员 12 人中有 11 人下落不明。

9 月 2 日，日本外务省就此事件向苏联政府提出口头声明，对苏方拖延通报表示抗议，认为苏方提出"侵犯领海"的理由是单方面的、不能接受的。声明指出"苏联监视船都是大型钢铁船，追赶小型木船'第十三福寿丸'，造成船沉多人死亡，是人道主义所不允许的"。

1970 年 1 月，"第十三福寿丸"的船主与家属通过日本外务省向苏方提出赔偿 1.5 亿日元的要求。同样，苏联方面也没有回音。

二　苏日渔业问题与北方四岛争端

渔业安全作业问题，实际上与北方领土问题有密不可分的关系。苏联也正是不断利用渔业问题来向日本施加压力，迫使其在领土问题上让步，而日本也因以渔业问题为由，坚持要求收回北方四岛。

1976 年 12 月 10 日，苏联部长会议公布《苏联沿岸水域生物资源保护与渔业调查临时措施》，宣布设立 200 海里经济专属区水域，并于 1977 年 3 月 1 日起正式生效。设立 200 海里经济专管区水域，本来是拉丁美洲国家首先提出的，其目的是反对美苏两个海洋霸权主义国家，所以受到越来越多的第三世界国家的支持。随着越来越多的第三世界国家宣布自己拥有 200 海里经济专属区水域，美苏两个海洋霸权国家也不得不宣布自己同样实施 200 海里经济专属区水域。

日本与苏联本来就存在北方领土问题，所以实施 200 海里经济专属区水域必然带来极大影响。例如，日本年均渔业产量约 1010 万吨，其中在美国 200 海里经济专属区水域捕捞为 160 万吨，在苏联 200 海里经济专属区水域捕捞为 170 万吨，两者相加 330 万吨。再从北海道地区情况看，1974 年度该地区渔业生产量为 233 万吨，其中半数，即 118 万吨是从其他国家的 200 海里经济专属区水域捕捞，这其中的 48% 是在苏联 200 海里经济专属区水域捕捞，金额达 700 亿日元。①

按照苏联部长会议公布的《临时措施》的规定，在苏联政府划定的 200 海里经济专属区水域里，外国渔船进行渔业捕捞作业，必须事先与苏联签订协议，确定每种生物资源种类、年度总的捕捞量。对此，苏联方面还确立了严格的监视方法。如果触犯这一规定将被处以罚金，作为行政处罚的罚金为 1 万卢布（约 4000 万日元），被扣留的渔船与渔民，在提出合理的担保或其他保证后方可获释。

在苏联实施 200 海里经济专属区水域之前，1977 年 2 月 25 日，日本内阁官房长官园田直发表了抗议谈话，表示不接受涉及日本北方领土周边海域的所谓苏联 200 海里经济专属区水域限制。2 月 28 日至 3 月 3 日，日本农林相铃木善幸与苏联渔业部长伊什科夫在莫斯科举行了会谈。铃木认为，渔业是重要的，但是日本承认从北方领土划定的 200 海里经济专属区，就等于承认了苏联占领日本北方领土既成事实，也等于自己放弃了主权要求。因此，日本方面希望把领土问题与渔业问题分开处理，而苏联方面希望形成日本承认苏联占领北方领土为既成事实，结果双方没有达成一致。

4 月 7 日，日本农林相铃木善幸再赴莫斯科，与苏联渔业部长伊什科夫继续进行谈判，为了加强力量，日本首相福田赳夫特派官房长官园田直以首相特使身份前来助阵。5 月 27 日，双方签订了《日苏渔业临时协定》，规定北方领土包括在苏联划定的 200 海里经济专属区范围内，苏联渔船拥有"在日本沿海水域进行传统捕鱼的权利"。

双方还交换了分配捕鱼量的文件，允许日本每年在苏联沿海 200 海里经济专属区水域捕捞鳕鱼、竹刀鱼 70 万吨。8 月 4 日，双方又一次签订了《日苏渔业临时协定》，以相互重叠形式，规定苏联渔船在日本 200 海里经济专属区水域捕鱼的条件。这样两国在渔业问题上的紧张局势有所缓解。

进入 1978 年后，日苏两国在北方领土问题上又出现了公开争论，使渔业问题又一次受到影响。1978 年 4 月 21 日，两国签订了《日苏渔业合作协定》。据此协定，苏方分配给日方的鲑鱼、鳟鱼的捕捞量大幅

---

① 坂本德松・甲斐静馬：《返せ北方領土》，日本青年出版社 1980 年版，第 93 页。

度下降：1976年为8万吨，1977年为6.2万吨，1978年与1979年则下降到4.25万吨，而且日方还要支付40.1亿日元的"渔业合作费"。

同样，日本实施200海里经济专属区水域后，也遇到许多新问题。就渔业而言，日本领海权从过去的3海里扩大到12海里后，无疑阻拦了苏联渔船队向日本沿岸海域靠近，对日本沿岸海域的渔业发展是有利的。但是，实施了12海里领海权后，津轻海峡就不能让苏联船只自由通航。因此如果苏联舰艇携带核武器通过这些海峡，就违反了日本的"不拥有、不使用、不携带"非核三原则。于是，对于苏联舰艇携带核武器通过海峡，日本只能采取视而不见的态度。为了避免出现这种尴尬局面，日本最后决定在宗谷海峡、津轻海峡、对岛海峡仍然实施3海里领海权，承认外国船只拥有的"自由航行权"。

从战后日苏渔业纠纷看，日本坚持的立场为在北方领土问题没有解决前暂时搁置领土问题，先就渔业问题进行交涉，以保证眼前的渔业生产顺利进行。苏联则利用渔业问题不断向日本施加压力，特别是两国关系紧张时。实际上，要想真正解决两国之间的渔业纠纷，必须要解决两国之间的领土问题，否则只能缓解纠纷，并不能真正解决纠纷。

第十二章

贝阿铁路建设

贝加尔—阿穆尔铁路干线（简称"贝阿铁路"）是苏联东部地区重要的交通干线。贝阿铁路西起泰舍特，东至苏维埃港，途经伊尔库茨克州、布里亚特共和国、后贝加尔边疆区、阿穆尔州、萨哈共和国（雅库特）以及哈巴罗夫斯克边疆区，是西伯利亚和远东的第二条交通大动脉，也是从苏联腹地通向太平洋沿岸的又一条通衢大道。沿线地区可供经济开发的总面积达150万平方千米。[①] 这条铁路的建设和运营为促进西伯利亚大铁路以北边远地区的经济开发，扩大苏联同亚太国家的对外经济联系创造了必要条件。

第一节　贝阿铁路的修筑

一　伟大卫国战争前的贝阿铁路建设

20世纪20年代末至30年代初，为加快铁路运输业的发展，苏联中央和地方政府作出了一系列努力。1927年，远东边疆区计划委员会着手前期技术论证，组织启动哈巴罗夫斯克—苏维埃港铁路现地勘察工作。1930年初，远东地方政府向联共（布）中央政治局和苏联人民委员会提交《关于建设西伯利亚和远东第二条铁路干线的报告》，建议修建从贝加尔湖北端泰舍特经阿穆尔河畔尼古拉耶夫斯克最终到达苏维埃港的铁路，这份报告首次将新铁路命名为"贝加尔—阿穆尔铁路干

[①] 陶永志：《贝阿铁路沿线地区农业的现状、特点和发展趋势》，《西伯利亚与远东》1982年第6期。

线"。1931 年，苏联科学院远东综合考察队对维柳伊河至太平洋沿岸的广大地区展开全面调查，目的是弄清这一地区的地质和水文条件。

1932 年 4 月 13 日，苏联人民委员会通过了《关于建设贝加尔—阿穆尔铁路干线的决议》。① 工程的首要任务是修建从贝阿铁路与西伯利亚大铁路邻接点至彼尔姆斯科耶村（这里很快建起了一座新城市——阿穆尔河畔共青城）的 1000 千米长的铁路。阿穆尔河畔共青城是贝阿铁路中间节点城市：由此向东可延伸通往苏维埃港，向南可修建连结西伯利亚大铁路的支线。苏联人民委员会要求交通人民委员部"立即开始贝阿铁路建设的所有筹备工作"，保证到 1935 年底整个路段投入运营。为此，需要铺设临时道路、建立通讯联系、修筑桥梁、建造渡船以及清理场地。② 1932 年 6 月 17 日，贝阿铁路与西伯利亚大铁路的邻接点确定，经苏联交通人民委员部批准，这个距离莫斯科 7273 千米的新车站被命名为巴姆火车站。③

贝阿铁路工程庞大，筹备事项繁多，建立起有效的建设管理体系是紧迫任务。铁路建设管理中心设在阿穆尔州的斯沃博德内。1932 年 5 月开始组建贝阿铁路地区分部。按计划，应成立至少 5 个地区分部，分别设在乌鲁沙车站、彼尔姆斯科耶村、滕金斯基④、捷亚和符拉迪沃斯托克，每个地区分部需承担约 600 千米路段的建设任务，管理 1500—1800 名工人。⑤ 根据 1933 年 8 月 17 日苏联人民委员会第 177 - 38 - с 号决议和 1933 年 8 月 31 日国家政治保安总局第 186 - Б 号命令，Н. А. 弗伦克尔被任命为贝阿铁路建设工程负责人。

由于要在人烟稀少、气候和地形条件复杂的地区铺设道路，因此贝

---

① От оленьих троп до столицы БАМа / сост. В. Гузий. Новосибирск：Наука, 2003. 310 с.

② Киреев С. В. Создание оборонно - экономического потенциала на Дальнем Востоке СССР（конец 1920 - х - 1941 г.）. Хабаровск：Изд - во Тихоокеан. гос. ун - та, 2018.

③ Крюков А. М. Пути и тревоги：записки военного железнодорожника. Петрозаводск：Карелия, 1982. 288 с.

④ 现在的滕达市。

⑤ Туктаров А. Т. Строительство Байкало - амурской магистрали в довоенный период / Материалы III Всероссийского научно - практического конкурса молодых ученых, аспирантов и студентов, посвященного памяти проф. А. П. Лончакова. Хабаровск：Издательство：Тихоокеанский государственный университет, 2019.

阿铁路的勘测、设计和建设耗时甚巨。以设计工作为例，按照政府最初下达的计划，提交贝阿铁路设计方案的时间不晚于 1933 年 1 月 1 日，后来推迟到 1933 年底，最终设计方案出台时间则明显延后。① 物资保障同样困难重重。贝阿铁路建设初期，空运曾是主要的运输方式，第 61 和第 105 独立直升机大队承担了水、粮食、燃料、建筑材料、车厢式活动房屋以及伤病员等物资和人员运输任务。② 个别施工地段需要穿越大量沼泽地，河运和牲畜驮运甚至成为主要的物资供应方式，一旦遇到下雨天气根本无法通行。

劳动力资源短缺一直是影响贝阿铁路建设速度的难题。如 1932 年政府规定的建设工人限额为 25000 人，而实际到位人数只有 2500 人。各类专业人才严重不足。为缓解劳动力短缺问题，一些集体农庄庄员和企业工人被派往贝阿铁路工作，结果造成大量集体农庄解散。③ 这一时期，苏联的国民经济恢复和社会主义改造取得了显著成绩，政府同时推进一系列重大基础设施建设项目，劳动力市场兼具计划分配和竞争双重特点，不同地区产业间劳动力资源分配不均衡。从建设规模和重要程度角度来看，此时贝阿铁路尚未进入苏联政府绝对优先项目之列，资源分配方面没有享受到特殊的政策倾斜。

受上述一系列因素的影响，贝阿铁路的建设速度极其缓慢。到 1938 年，共铺设铁路近 2700 千米，改造了一批火车站、机车库，建成工人新村、医院、学校、俱乐部、体育场等公共设施。同年 6 月，苏联人民委员会发布命令，要求 1945 年前贝阿铁路投入常态化运营。1941 年贝阿铁路的主要路段巴姆—滕达支线投入运营。1941 年 6 月 22 日德

---

① Туктаров А. Т. Строительство Байкало－амурской магистрали в довоенный период / Материалы III Всероссийского научно－практического конкурса молодых ученых, аспирантов и студентов, посвященного памяти проф. А. П. Лончакова. Хабаровск: Издательство: Тихоокеанский государственный университет, 2019.

② Колоколов В. Н., Левин М. А., Донцов И. Л. История и реальность строительства и реконструкции Байкало－амурской магистрали // Научные проблемы материально－технического обеспечения Вооруженных сил Российской Федерации, 2021. № 4（22）.

③ История Дальнего Востока: учеб. пособие / Л. Н. Булдыгерова, Е. И. Куликова, Л. П. Степанова; под общ. ред. Л. Н. Булдыгеровой. Хабаровск: Изд－во Тихоокеан. гос. ун－та, 2015.

国入侵苏联，伟大卫国战争爆发，贝阿铁路暂停建设。1942 年 7 月，德军大举进攻斯大林格勒。为了保障斯大林格勒的物资供应和部队调动，赢得战争胜利，亟需修建伊洛夫利亚—萨拉托夫铁路。根据苏联国防委员会的决定，巴姆—滕达区段的铁路上层建筑被拆除并运往斯大林格勒。①

二 20 世纪 70 年代贝阿铁路复工

伟大卫国战争结束后，苏联政府曾利用日本战俘等劳动力资源，短暂恢复贝阿铁路的建设。② 从 1947 年起，泰舍特—布拉茨克支线开通列车的施工运行，1958 年铁路全线（到勒拿火车站）投入常态化运行。

20 世纪 70 年代中期苏联政府决定全面恢复贝阿铁路建设。1972—1973 年修筑冬季道路和建设工人新村的筹备工作启动，为未来铁路建设者的工作和生活作基础性准备。1974 年 3 月 15 日，苏共中央总书记勃列日涅夫在阿拉木图举行的垦荒运动 20 周年纪念大会上首次正式提出将开工建设贝阿铁路新路段。同年 4 月，全苏列宁共产主义青年团第十七次代表大会召开。在这次代表大会上，宣布成立由 600 名队员组成的全苏共青团突击队，社会主义劳动英雄 В. И. 拉科莫夫担任队长。会后这只突击队被直接派往贝阿铁路建设地区。

1974 年 7 月 8 日，苏共中央委员会和苏联部长会议联合发布《关于建设贝阿铁路的决议》（以下简称"1974 年决议"），责成苏联交通建设部和交通部规划建设贝阿铁路：1974—1983 年铺设从乌斯季库特（勒拿火车站）到阿穆尔河畔共青城的单轨铁路（3145 千米），这条铁路途经下安加尔斯克、恰拉、滕达和乌尔加尔；1974—1982 年敷设泰舍特—勒拿铁路复线（680 千米）；1974—1979 年敷设巴姆—滕达—别

---

① Колоколов В. Н., Левин М. А., Донцов И. Л. История и реальность строительства и реконструкции Байкало – амурской магистрали // Научные проблемы материально – технического обеспечения Вооруженных сил Российской Федерации, 2021. № 4 (22).

② Байкалов Н. С. Последняя стройка социализма: исторический опыт позднесоветской модернизации районов Байкало – Амурской железнодорожной магистрали. Улан – Удэ: Издательство Бурятского университета. С. 33.

尔卡基特单轨铁路（397 千米）。① 决议中强调，新铁路的修建将有助于加快西伯利亚和远东生产力的发展，可以将更多的自然资源投入到国民经济建设，保证日益增长的货物运输需求，通过远东港口改善苏联的对外经济联系。

按照 1974 年决议，贝阿铁路新线路分为八个路段，整个工地东西双向同时开工：乌斯季库特—下安加尔斯克（342 千米）、下安加尔斯克—恰拉（720 千米）、恰拉—滕达（625 千米）、滕达—乌尔加尔（950 千米）、乌尔加尔—杜基（305 千米）、杜基—阿穆尔河畔共青城（203 千米）、巴姆—滕达（180 千米）。以滕达为界，新路线分成东西两段：乌斯季库特—滕达为西段，依靠共青团力量铺设；滕达以东路段由苏联国防部铁道兵部队铺设。为便于管理，西段按照行政区域特征划分为三部分：伊尔库茨克段（小西段）、布里亚特段和赤塔段。后来，随着施工进程的发展，穿越阿穆尔州北部地区的路线被称为"中段"，穿越哈巴罗夫斯克边疆区的路段被称为"东段"（也称"小东段"）。

根据苏联政府的决定，新的贝阿铁路工程包括以下几项任务：（1）铺设通过 5 个边疆区（州、自治共和国）的自乌斯季库特至阿穆尔河畔共青城区间约 3102 千米的铁路正线；（2）从西伯利亚大铁路阿穆尔州境内段的巴姆火车站向北，经滕达火车站，至别尔卡基特的 398 千米支线（小巴姆铁路）；（3）铺设西段泰舍特至勒拿火车站（乌斯季库特）之间的复线及相关工程。工程还须包括为了顺利运营而需要的基础设施、车站及会让站的线路及配套工程和其他生产、生活设施，如兴建城镇 45 座。②

为完成这项艰巨的建设任务，苏联政府做了大量动员和组织工作。苏联部长会议成立直属的贝阿铁路建设问题委员会，这是新铁路建设工程的最高管理机构。该委员会主席由苏联部长会议第一副主席担任，成员包括铁路建设项目涉及的所有部委的负责人，拥有广泛权力，可以协

---

① О строительстве Байкало－Амурской железнодорожной магистрали：постановление ЦК КПСС И Совета министров СССР от 08 июля 1974 г. № 561 // Электронный фонд нормативно－технической и нормативно－правовой информации консорциума 《Кодекс》. https：//docs. cntd. ru/document/901853768

② 徐景学：《西伯利亚史》，黑龙江教育出版社 1991 年版，第 608 页。

调国民经济的任何领域。

为有效领导贝阿铁路建设工程和保证工地的物质技术供应，1974年7月16日苏联交通建设部发布第163号命令，决定组建贝阿铁路建设总局，交通建设部副部长 К. В. 莫霍尔托夫被任命为首任局长。[①] 苏联交通部成立贝阿铁路建设管理处，吸收各路段采购部门加入。苏联建设银行在施工地区和建设单位所在地开办分支机构，以为项目建设提供稳定的资金来源。

贝阿铁路工程采取分段承包形式施工，为此贝阿铁路建设总局组建了数个联合公司和管理局。安加尔斯克建设管理局负责铺设贝阿铁路伊尔库茨克段。这家企业施工经验丰富，此前已经完成泰舍特—勒拿、阿巴坎—泰舍特和赫列布托瓦亚—乌斯季伊利姆斯克等三条铁路的铺设。从1974年起，安加尔斯克建设管理局划归贝阿铁路建设总局，负责铺设雅库特会让站（乌斯季库特）至贝加尔山脉（达万）的铁路，以及泰舍特—勒拿铁路复线。1975年，安加尔斯克建设管理局共有员工12694人。[②] 按照1980年3月28日苏联交通建设部第48-ор号命令，贝阿铁路建设工程勒拿联合公司从安加尔斯克建设管理局独立出来。勒拿联合公司是修建勒拿枢纽站的专业公司，这家企业还完成了包括建设工人临时定居点在内的一些民用住宅项目。

根据1974年11月苏联交通建设部第217号命令，下安加尔斯克交通建设联合公司负责协调贝阿铁路布里亚特段的铺设工作。[③] 最初联合公司的总部设在下安加尔斯克，但随着建设工程的展开，联合公司总部很快搬迁到北贝加尔斯克。这家联合公司承担了大量工作，包括路基工程施工砍伐，铺设525千米的铁路正线，修筑公路、石油基地以及库尔图克、贝加尔和库尔雷码头，建设者新村配套安装工程，修建临时性和永久性住房、铁路和公共服务设施等。下安加尔斯克交通建设联合公司

---

① По рельсам времени приходят поезда / редактор – составитель В. В. Островский. Иркутск：Ирк. дом. Печати. 2001. С. 2.

② Архивный отдел организационно – контрольного управления аппарата Администрации города Братска Иркутской области. Ф. Р – 148. Оп. 1. Д. 803. Л. 7 – 8.

③ По рельсам времени приходят поезда / редактор – составитель В. В. Островский. Иркутск：Ирк. дом. Печати. 2001. С. 2.

联合了 18 家专门的建设类和交通类分公司，拥有 12 列工程列车、汽车基地、机械化管理局和生产技术配套管理局等。贝阿铁路建设高峰时期，联合公司的员工总数达到 9000 人。①

贝阿铁路道路建设管理局承担巴姆—滕达—别尔卡基特铁路的修筑，穿越赤塔州卡拉尔区地段和雅库特奥廖克明斯克区地段的路轨铺设，以及贝阿铁路中段的一系列工程。滕达交通建设管理局和贝阿铁路建设中段管理局联合负责铺设滕达运输枢纽的轨道铺设和基础设施建设工作，同时承建贝阿铁路阿穆尔州境内路段沿线地区的临时性和永久性居民点。

贝阿铁路建设与机械化联合公司和贝阿铁路西段建设与机械化联合公司的分公司承担铁路路基填土工程、修筑公路、铺设铁路专用线、开采建筑用砂石等项目。贝阿铁路轨道交通爆破工业联合公司专门建筑工程管理局负责钻眼爆破工作。② 1975 年组建建筑配套联合公司，负责贝阿铁路建设工程所需材料、技术和零部件的配套工作。1976 年组建贝阿铁路交通技术安装联合公司，负责贝阿铁路建设工程的其他技术工作。

到 20 世纪 80 年代初，贝阿铁路建设总局各下属机构的服务人员、工作人员、学前机构工作人员、贝阿铁路报编辑部的总人数超过 6 万人。③

除了贝阿铁路建设总局以外，苏联交通建设部的其他一些部门也参加了铁路的建设工作。为修建贝阿铁路的桥梁、桥底过道和人工建筑，苏联交通建设部第八桥梁建筑联合公司被派往贝阿铁路工地。为加强有关建设力量，1974 年苏联交通建设部又陆续组建了第九和第十桥梁建筑联合公司。1975 年 1 月，贝阿铁路隧道建设管理局从隧道桥梁建设总局分离出去，专门负责贝阿铁路隧道工程施工。贝阿铁路隧道建设管理局的固定办公地设在布里亚特共和国的下安加尔斯克，因为贝阿铁路

---

① Архивный отдел МО 《Город Северобайкальск》（АО СБ）. Ф. Р – 15. Оп. 1. Д. 262. Л. 8.

② Шестак И. М. БАМ: километры эпохи. Факты, события, размышления. Новосибирск, 2009. С. 265.

③ РГАЭ. Ф. Р – 9538. Оп. 16. Д. 3903. Л. 8.

的 6 条隧道，包括苏联最长的北穆亚隧道都位于布里亚特共和国境内。到 20 世纪 80 年代中期，贝阿铁路隧道建设管理局发展成为贝阿铁路上最大的单位之一，员工人数超过 7000 人。①

三　20 世纪七八十年代的铁路建设

勘测和设计工作是建造铁路的前提条件，也是重要的基础性技术工作。贝阿铁路的建设也不例外。贝阿铁路的大规模设计工作始于 1976 年。苏联交通建设部下属的托木斯克、西伯利亚、列宁格勒、远东等勘测设计院承担了这项任务（见表 12—1）。苏联"九五"计划中确定仅用于勘测设计工程的预算就有 3600 万卢布左右。交通建设部的国立交通设计院莫斯科分院被指定为总设计部门，其他专业设计院负责单项设计。国立工业建筑设计院负责建筑工业基地的设计，国立交通桥梁设计院和列宁格勒交通桥梁设计院负责大型桥梁的设计，列宁格勒地下铁道设计院负责隧道的设计。此外，还有数十个研究所从事建设工程中的特殊问题的研究。交通建设部设计总局承担贝阿铁路勘测设计工程的组织和协调工作。② 这些设计单位和部门分别就路基、桥梁、隧道、冻土建设、水文、地质、地震、信号通讯、控制系统、电力网等问题提出科学报告并提交设计施工方案，保证了施工的进行和安全生产。③

表 12—1　1976—1977 年贝阿铁路建筑设计机构设计工作完成情况

单位：千卢布

设计单位	1976 年				1977 年			
	计划金额	合同金额	完成金额	%	计划金额	合同金额	完成金额	%
莫斯科国家运输工程勘测设计院	11721	11721	9384.6	80	7445.4	7362	7312.3	99
列宁格勒国家勘测设计院	3570	3582.4	3324.7	93	3461	3451	3428	99

---

① Государственный архив Республики Бурятия. Ф. Р - 1880. Оп. 1. Д. 467. Л. 10.
②［苏］维·叶·比柳科夫：《巴姆干线是百年大计、工程艰巨的线路》，《西伯利亚与远东》1974 年第 2 期。
③ 徐景学：《西伯利亚史》，黑龙江教育出版社 1991 年版，第 609 页。

续表

设计单位	1976年				1977年			
	计划金额	合同金额	完成金额	%	计划金额	合同金额	完成金额	%
西伯利亚国家勘测设计院	2700	2699.4	2019.4	75	2660	2660	2553	96
托木斯克国家勘测设计院	2025	1976.3	1649.4	83	1369	1366.2	1200	88
远东国家勘测设计院	2134.5	2125.2	1654.4	78	2081.2	2047	1740	85
基辅国家勘测设计院	13	12.4	7.6	58	—	—	—	—
铁路建筑设计总局赤塔分局	—	—	—	—	7.7	7.7	7.7	100
莫斯科市民用住宅建筑和公用建筑设计局	615	599.2	215.4	36	792.7	785.7	748	95
国家运输设计局	90	154.1	153	99	42.7	42.7	42.7	100
合计	22868.5	22870	18493.9	88	17860	177721.6	17031	96

资料来源：转引自 Байкалов Н. С. Последняя стройка социализма: исторический опыт позднесоветской модернизации районов Байкало – Амурской железнодорожной магистрали. Улан – Удэ: Издательство Бурятского университета. С. 288。

  这一时期的贝阿铁路建设可分为三个阶段：最初阶段（1972—1975 年）、主要阶段（1976—1984 年）和结束阶段（1985—1989 年）。

  贝阿铁路工程最初阶段的主要任务有施工单位和设备部署到位，准备施工场地，铺设临时道路，为铁路建设工人的临时住所安装卫浴设备等服务性设施。施工的准备工作包括开辟林间通道、架设输电线路和临时道路施工。1972 年 5 月，连结西伯利亚大铁路和未来贝阿铁路的巴姆—滕达区段开工。1973 年底，安加尔斯克建设管理局转战到贝阿铁路，开始在那里修筑首批冬季道路和工人居住点。

  贝阿铁路建设工程的主要施工活动集中在第二阶段。1984 年 10 月，随着最后一组钢轨铺设到位，东西支线合拢，贝阿铁路全线铺轨完成。由此，工程列车可全路段开行，尽管这时许多隧道、大型桥梁、火车站和车站附属设施仍未完工。需要说明的是，苏联新建铁路的第一次列车虽然已经通过并举行了通车仪式，但并不等于立即开始营业性运营。因为苏联铁路建设是路基建成后立即铺路轨，无论如何要先集中力量保证第一趟列车通过，哪怕在质量和要求上有些毛病也暂时不管。因为第一辆列车通过后，铁路区段就成为施工用工程列车运营区段①，铁路的建设速度将显著加快。

第三阶段属于收尾和完善阶段。建设单位继续实施一系列交通运输项目，建设生产基础设施，修建火车站和车站居民点。进一步完善道路建设工程，利用工程列车继续运进砂石，加固永久冻土带的道床和其他防止冻土工程，并进行养路工程。因此脱轨事故时常发生。这样的工程进行几年后，才转为"临时营业运营"。再进行一些工程后才转为"营业运营"。② 1989 年，苏联国家贝阿铁路验收委员会签署竣工许可文件，批准铁路常态化开通运营。

总体而言，贝阿铁路建设工程主要涉及两个方面：第一，铁路本身的建设，包括铁路路基工程、上层建筑、隧道、桥梁、人工设施，电力供应和通讯设施；第二，非生产性建设，包括铁路建设者临时居住区和民用住房建设等。贝阿铁路的建设是中央集权体制的鲜明例证。基本采用下达行政指令的办法，调动 15 个加盟共和国及中央几十个部委、全国上千个单位参加大会战。③ 每个加盟共和国都有自己的建设任务，如乌克兰苏维埃社会主义共和国负责修建乌尔卡尔车站，白俄罗斯苏维埃社会主义共和国负责修建穆亚坎车站，立陶宛苏维埃社会主义共和国负责修建乌奥扬车站，爱沙尼亚苏维埃社会主义共和国承担基切拉车站的建设，俄罗斯苏维埃社会主义共和国负责滕达车站的建设。④

贝阿铁路建设初期，施工区交通状况差、气候恶劣、物资供应困难，加之建设者缺乏在低温和永久冻土带施工的经验，工程进展缓慢，

---

① ［日］冈田安彦：《贝阿铁路建设的现状和有关问题》，董佩林译，《西伯利亚与远东》1981 年第 4 期。

② ［日］冈田安彦：《贝阿铁路建设的现状和有关问题》，董佩林译，《西伯利亚与远东》1981 年第 4 期。

③ 徐景学：《西伯利亚史》，黑龙江教育出版社 1991 年版，第 609 页。

④ БАМ － счастливое время моей жизни / Сельская жизнь. 09 декабря, 2023.

管理也较混乱。1976 年，贝阿铁路建设与机械化联合公司和贝阿铁路西段建设与机械化联合公司开始重视专业人才引进与培养工作，并出台了近极北地区条件下建筑施工规范，劳动生产率因此明显提高。1976 年完成的工程量比上年增长 44%。① 勒拿—贝加尔隧道区段建成乌斯季库特至隧道西洞门的沿线路，砍伐林间通道 84 千米，施设路基 69 千米（土方量 618.2 万立方米），建造人工设施 106 座，铺设铁路正线 69 千米、站线 127 千米，工程列车开通至涅别尔站。贝加尔隧道—下安加尔斯克—恰拉区段建成临时公路 149 千米，施设路基 226 千米（土方量 473.99 万立方米），建造人工设施 415 座，布里亚特共和国卡班斯克区库尔图克码头转运基地投入使用。拉尔巴—洛普恰区段开辟出林间通道 50 千米，施设路基 50 千米（土方量 1056 立方米），建造人工设施 56 座。霍罗戈奇—拉尔巴区段和库维克塔—霍罗戈奇区段建成临时道路 93 千米，填筑路基土方量 4482 立方米。滕达—别尔卡基特区段填筑铁路路基土方量 1016.2 万立方米，铺设铁路正线 92 千米、站线 10 千米，建造桥梁 58 座、泄水管 66 孔。② 需要强调的是，一些施工单位没有严格遵守道路建筑规范，路基压实不符合要求，导致经常出现路基沉降等问题。

1977 年 10 月，连接西伯利亚大铁路与贝阿铁路的巴姆—滕达铁路投入使用，勒拿—乌利坎和滕达—别尔卡基特区段工程列车开通。这为贝阿铁路建设带来了新动力，工程进度加快。

1978 年，乌斯季库特—达万、滕达—拉尔巴、滕达—乌纳哈、乌格拉尔—奥罗科特、别廖佐夫卡—巴扎尔等五个区段工程性开通，别斯图热沃—玛列瓦亚、乌斯季库特—基廉加、滕达—别尔卡基特、乌尔卡尔—苏卢克、别廖佐夫卡—埃安加、乌尔卡尔—克恰拉克、滕达—库维克塔区段共 624 千米的铁路投入临管运营，别廖佐夫卡—共青城区段常态化运营。③

---

① ГАХК. Ф. Р – 2021. Оп. 1. Д. 13. Л. 2.

② 转引自 Байкалов Н. С. Последняя стройка социализма: исторический опыт позднесоветской модернизации районов Байкало – Амурской железнодорожной магистрали. Улан – Удэ: Издательство Бурятского университета. С. 47.

③ ГАХК. Ф. Р – 2021. Оп. 1. Д. 44. Л. 3.

从新一轮贝阿铁路建设动工开始到 1979 年底,建设者共完成土方工程 1.757 亿立方米,修筑临时沿线路 2295 千米,铺设铁路正线 1656 千米、站线 304 千米。①

但是,由于劳动力短缺,机械力量不足,钢轨、枕木、桥梁构件等供应不及时,地理地质条件极其复杂,苏联交通建设部和苏联交通部下达的铁路建设年度计划的完成情况并不理想,这也是贝阿铁路工程进展缓慢,竣工时间一再延期的关键原因。1979 年,乌斯季库特—贝加尔隧道区段计划完成土方工程 265 万立方米,铺设铁路站线 29 千米,实际分别完成 93.3 万立方米(计划任务的 35.2%)和 2.6 千米(计划任务的 8.9%)。② 1980 年,贝阿铁路全线铺设 327.7 千米正线(计划铺设 420 千米)和 54 千米站线(计划铺设 156 千米),只有滕达—哈尼区段完成了正线铺设计划(116 千米)。1981 年,贝阿铁路西段铺设正线 209 千米(计划铺设 269 千米),东段铺设正线 99 千米(计划铺设 228 千米)。③

尽管贝阿铁路建设困难重重,需要开展大量组织和管理工作,需要攻克一系列科学技术难题,需要统筹工程建设、经济开发与环境保护,但在苏联政府的有力领导下和广大建设者的艰苦努力下,施工进程不断推进。1984 年 10 月 11 日,具有重要象征意义的"黄金环节"——最后一组路轨铺到赤塔州库安达车站的路基上,东西段合拢,标志着贝阿铁路全线竣工。1974—1984 年,建设者共填筑路基土方 4.3 亿立方米,建成 3100 座桥梁和人工设施。在总长 3102 千米的铁路线中,774 千米投入常态化运营,1334 千米投入临管运营。陆续建成总长 429 千米的巴姆—滕达—别尔卡基特和别尔卡基特—乌戈利纳亚两条支线(1979年),巴斯特舍沃—共青城(199 千米,1980 年)、勒拿—库涅尔马(271 千米,1981 年)和乌尔卡尔—巴斯特舍沃(303 千米,1982 年)

---

① Байкалов Н. С. Последняя стройка социализма: исторический опыт позднесоветской модернизации районов Байкало - Амурской железнодорожной магистрали. Улан - Удэ: Издательство Бурятского университета. С. 49.

② ГАХК. Ф. Р – 2021. Оп. 1. Д. 61. Л. 147.

③ Байкалов Н. С. Последняя стройка социализма: исторический опыт позднесоветской модернизации районов Байкало - Амурской железнодорожной магистрали. Улан - Удэ: Издательство Бурятского университета. С. 51.

三个区段。此外，泰舍特—勒拿复线开通。

修建桥梁和隧道的地质条件复杂，技术和材料要求高，致使贝阿铁路常态化运营的时间改期。1985年7月12日，苏共中央委员会和苏联部长会议联合发布第651号决议——《关于继续建设贝阿铁路的措施》，明确要求贝阿铁路分阶段投入常态化运营。根据该决议，贝阿铁路各区段投入常态化运营的时间表如下：

1985年须投入运营的区段：第271千米站—下安加尔斯克、拉尔巴—乌斯季纽克扎、沙赫塔乌姆—别斯图热沃、季普库恩—波诺马廖沃、费夫拉利斯克—乌尔卡尔。

1987年须投入运营的区段：下安加尔斯克—乌奥扬（电气化铁路）、哈尼—乌斯季纽克扎、滕达—沙赫塔乌姆、波诺马廖沃—结伊斯克。

1988年须投入运营的区段：乌奥扬—安加拉坎（电气化铁路）、恰拉—哈尼、通加拉—费夫拉利斯克。

1989年须投入运营的区段：安加拉坎—塔克西莫（电气化铁路）、塔克西莫—恰拉、结伊斯克—通加拉。①

按照新的工期要求，贝阿铁路工程的管理部门、施工企业和设计单位不断完善工作机制，通过组建经营理事会和开展专业技能竞赛等途径，全力加快工程建设速度。1989年，建设者完成至维季姆的最后一个区间的工程施工，项目顺利通过国家贝阿铁路开通验收委员会验收。1989年9月29日，3145千米长的贝阿铁路正式并入苏联交通建设部运营铁路系统。但到这时，仍有约400个项目未投入使用。

1992年1月4日。俄联邦政府发布第20号命令——《关于完成贝阿铁路建设和修筑别尔卡基特—托莫特—雅库茨克铁路的措施》，责成俄罗斯国家交通建设集团1992—1995年承建贝阿铁路未完成的项目，

---

① О мерах по дальнейшему строительству Байкало－Амурской железнодорожной магистрали: постановление ЦК КПСС и Совмина СССР от 12 июля 1985 г. № 651 // Электронный фонд нормативно－технической и нормативно－правовой информации консорциума《Кодекс》. https：//docs.cntd.ru/document/765705164.

同时允许该集团吸引贝阿铁路沿线企业和单位参加项目建设。[①] 不过，由于苏联解体之初俄罗斯的经济社会形势恶化，政府和企业都无力完成计划的铁路建设任务。一直到 21 世纪初，随着俄罗斯经济形势的稳定，包括北穆亚隧道在内的一些项目才最终建成。[②]

第二节　贝阿铁路的建设者

一　铁道兵部队

贝阿铁路东段的修筑任务由苏联铁道兵部队承担。按照铁道兵司令部的测算，要开展相关建筑工程须向工地派遣 8 个铁道兵加强旅和 2 个独立舟桥团。为此，铁道兵部队总局组建了滕达方面军和切格多门方面军，下辖数十个铁道兵营和分队。1974 年 7 月 31 日苏联国防部下达了《关于使用铁道兵部队建设贝阿铁路东段的命令》[③]，同年 8 月，首批军队建设者来到贝阿铁路工地。作为苏联"世纪工程"——贝阿铁路的建设力量之一，铁道兵部队完成了大量的复杂任务，为苏联新工业区的建设和西伯利亚与远东自然资源的开发作出了重要贡献。

贝阿铁路穿越东西伯利亚和远东北部地区，经过贝加尔山脉、北穆亚山脉、科达尔山脉、乌多坎山脉、图拉纳山脉、杜谢阿林山脉和谢霍得阿林山脉七座大山，而且计划修建的铁路 65% 位于永久冻土带，沼泽、原始森林、河流众多，几乎没有道路，施工难度巨大。建设新铁路要解决大量关键的科学和技术问题，如必须在极端复杂的地质条件下修

[①] О мерах по завершению строительства Байкало－Амурской железнодорожной магистрали（БАМа）и сооружению железнодорожной линии Беркакит — Томмот —Якутск: постановление Правительства РФ от 4 января 1992 г. № 20 // Электронныйфонд нормативно－технической и нормативно－правовой информации консорциума《Кодекс》. https://docs. cntd. ru/document/901605692.

[②] Байкалов Н. С. Последняя стройка социализма: исторический опыт позднесоветской модернизации районов Байкало－Амурской железнодорожной магистрали. Улан－Удэ: Издательство Бурятского университета. С. 56.

[③] Альманах《Дорога доблести, дорога мастерства》. М.: Издательство《Лика》, 2014. С. 9.

建大量桥梁、隧道、高架桥和泄水管。①

　　苏联铁道兵部队总局负责管理贝阿铁路东段建设。施工任务艰巨，工期短，机械和建筑材料供应以及食宿保障问题多，这是工程建设管理者面临的现实困难。为此，铁道兵部队总局在综合考虑先进建筑工艺、新材料和新构件以及国产最新建筑机械等情况下，制定了专门的贝阿铁路东段施工计划，并编制了指令性工程进度表。铁道兵部队非常重视贝阿铁路东段的施工进度安排，工程进度表由铁道兵司令 А. М. 克留科夫上将亲自签署，征得国防部副部长 С. К. 库尔科特金元帅和交通部部长 Б. П. 别谢夫同意后，最终由交通建设部部长 И. Д. 索斯诺夫批准。

　　铁道兵建设者设备维修的主要保障力量配置如下：铁道兵团下辖若干修理厂和独立维修营，铁道兵旅下辖若干独立维修营，铁道兵独立营下辖若干维修排，机械化营下辖维修连。这些维修力量利用固定和移动的生产及修理设施为铁道兵部队提供机械设备维修服务。

　　参加贝阿铁路建设的铁道兵的吊车、推土机、挖掘机和铺路机等工程机械有两个来源：一是铁道兵部队的现有储备，二是苏联交通建设部的物资调拨。为解决部队专业技术人员短缺问题，苏联国防部部长发布命令，批准军事单位和部队吸收一定数量的地方技术能手，从事机械修理、民用工业工程建设等工作。②

　　工程机械品牌众多、型号不一，有国产机械，也有进口设备，给筑路部队的零配件保障带来极大困难。综合起来看，贝阿铁路工程铁道兵施工队伍的设备和技术物资保障工作具有以下几个特点：全部统一供应；与生产企业特别是外国生产企业保持经常性联系，目的是为部队提供能够适应恶劣自然条件的工程车辆；为同一施工部队分配相同型号的机械，尽量使用国产大功率机械，以降低维修和配件供应的复杂程度，增加作业时间；为保证机械效率，合理缩短机械使用期限和更换时间间隔。值得一提的是，"集中技术服务法"显著提高了部队工程机械的使

---

　　① Железнодорожные войска России. Книга 4. В период мирного строительства: 1945 - 1991. Под ред. Г. И. Когатько. М. : ООО 《Русь - Стиль XXI век》, 2002. С. 94.

　　② Донцов И. П., Миронович О. М., Сереев А. А. Опыт эксплуатации и ремонта техники в воинских частях железнодорожных войск при строительстве Байкало - амурской магистрали // Специальная техника и технологии транспорта, 2019. № 3.

用效率。这种方法的实质在于，配备有相应设备、工具、零件和材料的专业维修队伍提供技术服务，依托固定的据点和移动式维修间，吸收地方机械修理专家和工程机械操作人员参加，及时解决施工现场的技术服务问题，特别是零配件和部分运行材料短缺情况下进口机械的技术服务问题。

由于民用工业建筑工程数量的增加以及铁道兵部队缺少相关的专业技术人员，1980年7月组建由铁道兵司令直接领导的乌尔加尔贝阿铁路交通建设联合公司。这家企业承担起大型技术服务设施（铁路机车车辆库）和办公楼（生产技术处等）、供热和排水设施、污水处理设施以及部分居民点的建设任务。高峰时期，乌尔加尔贝阿铁路交通建设联合公司设立有9家建筑安装分公司和数家服务分公司。

贝阿铁路工程的施工条件极其恶劣，许多建设地点人迹罕至，建设者甚至要坐直升机去工地，经常出现迷路现象。1974年整个秋季和冬季，铁道兵建设者都在做准备性工作。初期部队的主要任务是创造必要的劳动和休息条件，包括在施工地段修筑临时道路，建立通信联系，运入工程机械、建筑材料和粮食，修建住房和文化设施，同时还要考虑到环境保护问题。

上级命令的传达，各施工部队和分队之间的联系，与设计单位的沟通，工程应急处置等都要求有及时有效的通信保障。但由于贝阿铁路建设地区的气候、地形和地质等因素，铁道兵战士的通信保障任务非常繁重。通常使用无线电设备和电话与野外作业的独立分队进行联系，但也会遇到一些意外情况，如大风吹断电线，严寒冻断电线，洪水冲毁基站，导致通信中断。有时不得不派出专门的信使乘坐直升机传达书面指示或命令。

尽管困难重重，但铁道兵战士表现出了献身精神，贝阿铁路建设工地上涌现出了一批超额完成任务的集体和个人。Л.斯韦特洛夫指挥的舟桥营还倡议发起迎接伟大卫国战争胜利30周年的社会主义竞赛，承诺提前完成全年任务、高品质交付建设工程。

1975年5月9日，连接西伯利亚大铁路与贝阿铁路的巴姆—滕达铁路投入使用。这条铁路长180千米，在滕达的最后一组路轨由社会主义竞赛获胜者铺设，其中包括大尉 Э. 扎哈罗夫、上尉 П. 鲁萨科夫、

士兵 В. 叶罗欣等。同一天，首列工程列车沿着巴姆—滕达铁路到达滕达，运来装配式房屋、建筑材料和设备。①

在参建铁道兵部队的艰苦努力下，贝阿铁路东段建设不断取得新的进展。1974 年铁道兵在贝阿铁路上打下第一批桩基，1975 年初开始铺设铁路。1980 年，200 千米长的波斯特舍沃—阿穆尔河畔共青城铁路投入常态化运营。两年后，302 千米长的乌尔卡尔—波斯特舍沃铁路正式通车。这两条铁路的实际运营日期都早于计划运营日期。

1974—1989 年，苏联铁道兵部队和援建单位共铺设贝阿铁路正线 1449 千米、站线逾 330 千米；完成土方工程 2.2 亿立方米；建成 1217 座人工设施，其中大型桥梁 45 座、中型桥梁 296 座；架设通信线路 527 千米。贝阿铁路东段沿线地区出现一批新城市和居民点，建成 30 个左右车站和会让站。为了完善配套设施，铁道兵部队新建 17.4 万平方米住房、8 所学校和 13 家幼儿园，以及一系列其他公共设施。②

铁道兵部队忘我的劳动得到了政府的高度评价。由于在贝阿铁路东段建设工程中表现突出，1000 多名军人获得各类勋章和奖章，180 名军人获得苏联国防部奖章，5.6 万余名士兵被授予"贝阿铁路建设奖章"，25 名军官团员获得"列宁共青团生产奖"，Г. И. 科加季科、В. В. 库普里亚诺夫、М. К. 马卡尔采夫、С. Н. 帕利秋科和 А. А. 尚策夫等将军和军官被授予"社会主义劳动英雄"称号，В. А. 瓦西里耶夫将军和 А. Б. 丘达科夫大尉获得"苏联国家奖"。③

二 大学生突击队

20 世纪 50 年代末，为了推进全苏垦荒运动，巩固集体农庄和国营农场的生产文化基础，解决农业劳动力短缺问题，政府号召组建大学生突击队，参与国家的经济社会建设。

---

① Железнодорожные войска России. Книга 4. В период мирного строительства：1945 - 1991. Под ред. Г. И. Когатько. М. : ООО 《Русь - Стиль XXI век》, 2002.

② Железнодорожные войска России. Книга 4. В период мирного строительства：1945 - 1991. Под ред. Г. И. Когатько. М. : ООО 《Русь - Стиль XXI век》, 2002.

③ Косенков О. И., Козлов А. Б. Реконструкция магистрали：первые итоги // Материально - техническое обеспечение Вооруженных сил Российской Федерации，2022. No 7.

20 世纪 70 年代初，大学生突击队的人数超过 50 万人。① 这个时期，苏联政府开始有计划地组建大学生建筑突击队，参加新城市和大型工程的建设。1974 年 4 月，贝阿铁路被宣布为"共青团突击工程"。由于俄西伯利亚茫茫森林的开发程度极低、人口和居民点稀少，难以筹集地方建筑队。所以，苏联政府当时从全国各地共动员了大约 200 万人参与这一浩大工程。特别值得一提的是，全苏列宁共产主义青年团领导下的青年在这个工程中发挥了不可忽视的作用。早在苏共中央正式签署修建贝阿铁路命令之前，全苏列宁共产主义青年团在 1974 年 4 月 27 日召开的第 17 次代表大会上就向全苏青年发出了"让我们一起去修建贝阿铁路"的号召，第一批响应苏联团中央号召的共青团员直接从克里姆林宫的团代会会场开赴滕达。②

1974 年，约 2000 名大学生建筑突击队成员参加了当时全苏最著名的工程——贝阿铁路建设。这条铁路的修建不仅成为时代的象征，也成为大学生突击队的象征。大学生特别是团员大学生踊跃报名。1974，苏联列宁共产主义青年团中央委员会共收到 10 万多封愿意到贝阿铁路工作的大学生的来信。③ 应当指出的是，大学生报名参加贝阿铁路建设的动机不同：一些人出于从众心理，与同学结伴而行；另一些人希望到艰苦的环境里考验自己；还有一些人想更多地了解自己的国家，亲眼见证伟大工程的建设。此外，一部分大学生只是单纯地出于经济目的，希望获得额外的工资收入以贴补生活。④

贝阿铁路建设地区的生活条件非常艰苦。1979 年，贝阿铁路的一个施工区段有 5200 多名工人，但只配备了 22 个淋浴喷头、164 个洗脸

---

① Гусев Н. И., Григорьев А. В. ССО: учимся и строим. М.: Стройиздат, 1990. С. 39.

② 关健斌：《苏联共青团：让我们一起去修建贝阿铁路》，《中国青年报》2009 年 8 月 9 日。

③ Дихтярь А. БАМ: история проектирования и строительства. М.: Молодая гвардия, 1974. С. 29.

④ Горлов В. Н. Патриотизм в деятельности студенческих строительных отрядов в годы строительства Байкало‑амурской магистрали // Материалы II Всероссийской научно‑практической конференции с международным участием, посвященной 77‑й годовщине начала контрнаступления советских войск в битве под Москвой. 2018. М.: Издательство: Национальный исследовательский технологический университет "МИСИС".

池、282个存衣室和149个休息间。很多施工区段的工人长时间近乎与世隔绝地生活。1975年,布里亚特共和国境内的贝阿铁路工人2—3个月不洗澡,收不到换洗衣物和信件等。①

尽管生产生活环境严酷,大学生建筑突击队仍积极参加贝阿铁路建设。1975年4月28日,209名列宁格勒的大学生来到贝阿铁路布里亚特段。联合青年突击队分为4个施工队:捷尔任涅茨施工队、巨石施工队、普罗米修斯施工队和阿特拉斯施工队。捷尔任涅茨施工队和巨石施工队由A. 科什金领导,被派到乌奥扬区参加工程建设;普罗米修斯施工队和阿特拉斯施工队由B. 津凯维奇带队,被派到库尔雷角参加建设工作。② 1977年,贝阿铁路线上共有13支大学生建筑突击队,总人数757人。来自47个国家的254名大学生也参加到大学生建筑突击队中来。③

贝阿铁路不仅仅意味着铁轨、桥梁和隧道,它首先让人们想到的是来到西伯利亚深处铺设道路和建设新生活的共青团员们。④ 苏联时期,大学生建筑突击队主要由大学和中等职业学校的共青团组织基于自愿原则组建,在共青团委员会的领导下开展工作,并且与工会、国家机关等部门联系密切。⑤

从伊尔库茨克州的情况看,按照地域特征和建设单位的归属,来到这里的大学生建筑突击队被整合到5个区工地指挥部。区指挥部一般下设组织、政治、工程和医务共四个处室,配备4—9名工作人员。⑥

伊尔库茨克州和布里亚特共和国大学生建筑突击队遇到的问题具有

---

① Байкалов Н. С. Заповедник Советской власти: производственная повседневность в нарративной памяти строителей БАМа // Вестник Томского государственного универсидета, 2020. № 453.

② Строитель БАМА. 1976. 30 сентября.

③ ГАНИИО. Ф. 185. Оп. 20. Д. 69. Л. 19.

④ Еженедельник "Аргументы и Факты", № 17.《АиФ в Восточной Сибири》. 23 апрелля. 2014.

⑤ Головоненко Д. В., Кудашкин В. А. Студенческие строительные отряды как инструмент молодежной политики в районе нового освоения (на материалах Иркуткой области и Бурятии) // Вестник Поморского университета, Серия: гуманитарные и социальные науки. 2010. № 3.

⑥ ГАНИИО. Ф. 185. Оп. 17. Д. 4. Л. 77.

典型性。因此，这些问题需要从国家层面而非地区层面加以解决。如针对企业、工会和共青团组织对生产安全重视程度降低的问题，苏联工会中央委员会主席团决定1971年5—6月检查建筑企业接收大学生突击队的准备情况，重点检查大学生的住房、热食、卫生设施、医疗服务和文化生活保障情况。

派出单位特别重视大学生建筑突击队的组织工作。组建大学生建筑突击队的时候，大学校长和工会都强调要提高大学生的安全意识和专业技能，抓好大学生的建筑专业和建筑机械使用安全规则教育。大学生建筑突击队指挥员的遴选也很关键。许多大学任命青年教师或研究生担任突击队队长、教导员和工程师职务，这显著改善了建筑突击队的组织工作，也有助于更好地解决生产问题和教育工作。

但在地方上，如共和国、州的施工指挥部不太重视大学生建筑突击队施工区段的劳动保护的组织问题，对此也缺乏进行必要的监督。为扭转这种局面，1972年12月23日，俄罗斯苏维埃联邦社会主义共和国高等和中等专业教育部部务委员会等部门联合发布决议：禁止派遣大学二、三年级的学生担任大学生建筑突击队队长、辅导员、工程师和班组长；禁止使用大学生拆除楼房和其他建筑、砍伐木材，以及从事锯床工和塔吊工工作。[①]

大学生建筑突击队的生产活动要依据经济合同进行。这类合同须由大学生建筑突击队与经营企业或建筑企业签订，并经州、边疆区或共和国的大学生建筑突击队施工指挥部，以及经营企业或建筑企业的有关部门批准。在订立合同的条件下，给大学生突击队分配任务要考虑到工程的重要性、大学生依靠自身力量完成任务的可能性和工程的质量等因素，目的是保证大学生建筑突击队完成的项目优质可用。[②]

除了按时保质完成施工任务以外，参加贝阿铁路建设的大学生建筑突击队还要承担一些其他职能，如组织业余文娱活动、体育比赛，

---

① ГАНИИО. Ф. 185. Оп. 20. Д. 69. Л. 11－12.

② Головоненко Д. В., Кудашкин В. А. Студенческие строительные отряды как инструмент молодежной политики в районе нового освоения（на материалах Иркуткой области и Бурятии）// Вестник Поморского университета, Серия: гуманитарные и социальные науки. 2010. № 3.

开展思想教育工作。同时，大学生建筑突击队的组成带有国际性特点。1975年，由经济互助委员会5个成员国的5000名大学生组成的建筑突击队来到乌斯季—伊利姆斯克参加工程建设。1977年，在贝阿铁路工作的大学生建筑突击队成立了讲课小组，为当地居民作了352场讲座和报告，其中讲课小组中的74名外国大学生的讲座尤其令听众感兴趣。①

三 贝阿铁路建设工程中的女性

与贝阿铁路以往的建设阶段不同，1974年开始的新一轮建设完全使用自由雇佣工人，主要是响应苏共和列宁共青团号召的工程建设者。1974—1982年，共有4支全苏突击队，29支共和国、边疆区和州突击队被派到贝阿铁路地区，总计43700名共青团员和青年。1975—1989年，100多万人在贝阿铁路经过锻炼。②

谈起贝阿铁路的建设者，人们会很自然地联想到坚强的男性。但实际上并非如此。由于铁路运输业在苏联国民经济中的重要地位，机械化水平低，铁路建设工程规模大、工期紧，远东地区劳动力不足，以及各工地和建筑企业劳动力资源流失严重，苏联早在20世纪三四十年代就开始使用女性劳动力修建铁路。③尽管苏联北部地区的劳动条件恶劣和居住环境差，但贝阿铁路建设初期女性占建设工人总人数的比例就已经超过30%，到1985年女性占比达到40.2%（见表12—2）。

表12—2 　　　安加尔斯克建设管理局的员工情况 　　　单位：人、%

年份	员工总数	男性数量	男性占比	女性数量	女性占比
1975	12694	8858	69.8	3836	30.2
1977	13656	8432	61.7	5224	38.3

---

① ГАНИИО. Ф. 185. Оп. 20. Д. 69. Л. 20.

② Власов Г. П. Комплетование кадров нового района освоения（по материалам региона БАМ）// Проблемы социально‐экономического развития Сибири, 2011. № 3（5）.

③ Ежеля У. В. Женский трут на железнодорожном транспорте Дальнего Востока СССР в 30—40‐ые годы XX в. // Россия и АТР, 2012. № 3.

续表

年份	员工总数	男性数量	男性占比	女性数量	女性占比
1979	15130	9128	60.3	6002	39.7
1980	7802	5105	65.5	2696	34.5
1985	5459	3361	59.8	2198	40.2

资料来源：转引自 Шевченко Л. А. Женщины на строительстве Байкало - Амурской магистрали // Труды Братского государственного университета. Серия：гуманитарные и социальные проблемы развития регионов Сибири. 2014. Т. 1。

女建设者奔赴贝阿铁路工程的初衷主要是希望找到适合自己所学专业的有意义的工作，寻找人生伴侣，谋划未来生活。[1] 不过，物质待遇并不是大多数女性考虑的主要因素，尽管贝阿铁路建设者的劳动报酬比全苏平均水平高0.6倍。[2]

女性在贝阿铁路建设工程中承担的工作与她们的受教育程度以及专业技能有关。有观点认为，女性在贝阿铁路上基本从事重体力劳动。[3] 但这种看法只对没有受过专业教育或不掌握专业技能的女性而言是正确的。毕业于列宁格勒铁路交通学院的 Л. 鲁希诺娃在贝阿铁路工作期间，先后担任过列车调度员，生产技术处工程师、处长等职务。[4] 未受过高等教育或中等职业教育的女性则不得不从事砌砖工、道路维修工、抹灰工、伐木工、混凝土工等工作。当然，也有一些公认的女性职业，如厨师、医生、教师、护士、保育员、医士等。据安加尔斯克建设管理局干部处统计，1975年该局有545名有文凭的女工作人员（持有大学毕业证的436

---

[1] Куцев Г. Ф. Человек на Севере. М.：Издательство политической литературы，1989. 217 с.

[2] Белкин Е. В.，Шереги Ф. Э. Формирование населения в зоне БАМ. Коллективная монография / под ред. М. К. Горшкова и Ф. Э. Шереги. М.：Политиздат，1985.

[3] Воронина Т. Память о БАМе. Тематические доминанты в биографических интервью с бывшими строителями / Новое литературное обозрение. http：//www. nlobooks. ru/sites/default/files/old/nlobooks. ru/rus/nz - online.

[4] Шевченко Л. А. Женщины на строительстве Байкало - Амурской магистрали // Труды Братского государственного университета. Серия：гуманитарные и социальные проблемы развития регионов Сибири. 2014. Т. 1.

人，持有中等职业学校毕业证的 109 人），占管理局总人数的 14.2%。①

女建设者们没有畏惧困难，而是越来越多地承担起贝阿铁路工程中一些长期由男性主导的重体力劳动（见表 12—3）。如，1975—1976 年，女钢筋工占安加尔斯克建设管理局钢筋工的比例由 56.1% 增加到 58.9%，女混凝土工占混凝土工的比例由 34.2% 增加到 37.7%，女修路工占修路工的比例由 27.5% 增加到 36.6%。此外，没有受过专业教育的女工占未受过专业教育员工总数的比重由 76.7% 上升至 79.7%。②

表 12—3　　安加尔斯克建设管理局主要职业的员工结构　　单位：人

职业	1975 年 男性	1975 年 女性	1976 年 男性	1976 年 女性
钢筋工	25	32	16	23
混凝土工	303	156	237	144
油漆工	45	278	11	308
压缩机操作工	26	17	32	7
塔吊工	21	35	29	28
修路工	818	225	613	354
贴瓷砖工	15	24	5	25
细木工	75	9	—	—
通信安装工	25	12	—	—
抹灰工	67	577	34	671
电焊工	224	18	55	5
机床工	—	—	7	50
伐木工	—	—	532	40
瓦工	—	—	424	267
未受过专业教育的员工	170	562	112	440

资料来源：转引自 Шевченко Л. А. Женщины на строительстве Байкало - Амурской магистрали // Труды Братского государственного университета. Серия: гуманитарные и социальные проблемы развития регионов Сибири. 2014. Т. 1。

---

① Докладная записка о работе с кадрами управления строительства《Ангарстрой》. Архивный отдел администрации г. Братска. Ф. Р - 148. Оп. 1. Д. 803. Л. 26; Д. 930. Л. 10.

② Шевченко Л. А. Женщины на строительстве Байкало - Амурской магистрали // Труды Братского государственного университета. Серия: гуманитарные и социальные проблемы развития регионов Сибири. 2014. Т. 1.

随着贝阿铁路建设工程的展开，这一地区的人口出现爆炸性增长，一些问题也逐渐暴露出来。贝阿铁路沿线地区的住房、幼儿园、学校、文化设施等都是按照国家平均规范设计的，没有考虑到需求的快速增长问题。如1977年工程设计方案确定的贝阿铁路沿线地区的学校和幼儿园数量一直无法满足需求，1982年有5000名儿童无法进入幼儿园。按照最初的设计方案，滕达是铁路职工工作和生活的地方，也只为他们建造了住房，但到1984年，滕达的人口已经达到5万人，其中铁路职工只有1.5万人。① 由于缺少幼儿园，1976—1978年分别有7.2%、6.53%和5.4%的铁路建设者离开贝阿干线；由于住房供应不足，1976—1978年分别有23%、8.36%和10.52%的铁路建设者辞职。住房和孩子入托难问题对女建设者的影响尤甚。

尽管如此，贝阿铁路工程中的女建设者们仍以自己出色的工作赢得了尊重和荣誉。1978年，推土机手Ф. А. 齐布利尼科娃、瓦工В. В. 亚罗修克、副总会计师Е. А. 乌斯京尼科娃和修路工Н. К. 伊万年科共四名女工被评为特别竞赛的优胜者。② 一些表现突出的女建设者当选各级苏维埃政权的代表，或者被授予城市荣誉公民，在国家政治和社会生活中承担起相应的角色。

---

① Власов Г. П., Власов Л. Г. Сибирь в Евразийском мировом проекте. Братск: Изд-во БрГУ, 2013. С. 96.

② Выписка из протокола № 41 заседания президиума объединенного посткома 《Ангарстрой》. Ф. Р - 148. Оп. 1. Д. 803. Л. 26 ; Д. 962. Л. 6 - 8.

第十三章

苏联解体前的远东经济与社会

1965—1984年是苏联经济社会发展最平稳的20年。由于国内国际环境相对稳定，苏联经济、社会和文化等领域的发展都达到了较高水平。这一时期，远东地区的经济、社会和文化等领域也获得了长足发展。

第一节 苏联远东地区开发战略

一 远东地区产业规划与开发政策

20世纪50年代以后，苏联为远东地区确定了开发战略目标。首先，要充分发挥工业原材料产地作用，保障欧洲工业区和全国工业化对原材料的需求；其次，根据国防需要，强调发展航空业、造船业和其他军工生产，为此必须将大量人力、物力和财力集中于黑色冶金、船舶、民用和军用机械、仪表制造和采矿企业。第二次世界大战前的10年，全苏6%以上的基础建设资金都投向了远东地区[1]，苏联第一个五年计划期间，远东地区投资在全苏基本建设总投资中占4.8%，第二个五年计划期间上升至7.8%。第二次世界大战后，根据国家经济发展战略总目标的变化，苏联政府对远东地区经济部门构成进行调整，有计划地发展机器制造业、采矿业、木材加工业和海产品捕捞加工业，产业投资分配上把工业原料和采矿业放在优先地位，并在此基础上形成地区经济特色。

---

[1] 高际香：《俄罗斯远东开发的历史与现实》，《俄罗斯学刊》2013年第3期。

第十三章　苏联解体前的远东经济与社会　563

一直以来，苏联经济的突出问题就是实行高度集中的计划经济体制，"国营企业只按照国家指令计划生产，与市场完全脱节，产品单一，质量不高，难以满足群众对多种多样的优质产品的需求"①。这种企业发展由高度集中的指令性发展往往脱离社会实际需求，与社会发展要求甚至是相违背的。20 世纪 50 年代后期的远东经济发展企业产品质量粗糙，对技术创新及产品开发意识淡漠成为常态，低效经济导致社会资源大量浪费。勃列日涅夫在 1964 年 11 月 6 日庆祝十月革命大会报告中指出："在发展生产方面，我们必须广泛地采用经济刺激，这一点现在比任何时候都更明显了。经济杠杆应该促使企业更好地使用生产基金，更节约地耗费原料和材料，更快地运用新技术，完善所生产的产品和提高每个企业的劳动生产率。"

1965 年 9 月，苏共中央全会决议提出关于刺激经济发展的三结合思想原则，集中计划领导同企业和全体职工的经营的主动性结合；同加强发展生产的经济杠杆和物质刺激相结合；同完全的经济核算相结合。② 为此，苏共中央全会通过了《关于改进工业管理，完善计划工作和加强工业生产的经济刺激》的决议。决议具体制定了工业实行新经济体制的各种措施，其中主要包括指令性指标由原来的 40 多项锐减到 9 项；鼓励企业创造利润，完成规定销售额等指标后超收部分可按比例留成，该部分利润可以用于扩大再生产，也可以用于对员工物质激励。经济政策刺激对远东企业发展起到了一定的刺激作用，但在苏联经济发展战略布局的大背景下，这并不能改变远东地区经济结构失衡的根本性问题。

远东地区蕴藏着全苏将近 1/3 的矿物原材料和木材资源，油气资源、煤矿、石墨矿贵金属、金刚石、钨、锡和硼等矿产是远东地区的优势矿产，其中金、银、铀、钨、汞、锑、锗、石墨矿储量均居俄罗斯第一位，这些矿产中大部分的储量超过了苏联总储量的一半。在苏联中部地区原材料资源基本耗尽的背景下，远东地区成为能够为苏联提供大量

---

① 黄立弗：《苏联社会阶层与苏联剧变研究》，社会科学文献出版社 2016 年版，第 309 页。
② 《苏联共产党第二十二次代表大会主要文件》，人民出版社 1961 年版，第 349 页。

原材料的重要基地。赫鲁晓夫曾在 1959 年宣布"给予石油和天然气提炼、萃取优先发展"的政策，勃列日涅夫时期的远东地区优先发展重心同样偏向这些高地位能源，包括石油、天然气以及煤炭等能源资源。从 20 世纪 60 年代中期开始，远东地区经济发展政策受到勃日列涅夫的影响，能源及原材料供应日益成为该地区发展的政治任务，相关远东地区发展战略体现在《苏共 23 大关于 1966—1970 年国民经济发展规划》和苏共中央委员会、苏联部长会议决议中。这种开发政策取向在远东石油开发利用方面获得了意想不到的效果。苏联远东地区主要产油区是萨哈林地区，1954 年的石油产量仅仅百余万吨；20 世纪 60 年代中期，其产量增加到 260 万吨，萨哈林石油对于支撑苏联阿穆尔工业综合体来说是至关重要的。由于 20 世纪 70 年代国际能源价格整体大幅上涨，1974—1984 年远东地区石油及相关精炼产品出口给苏联带来约 1760 亿卢布的外汇收入，从石油和天然气出口中获得的硬通货增长为维持苏联体制提供了重要的资金来源，为苏联换回大量社会经济发展必需品，在一定程度上缓解了苏联企业生产效率低下造成的经济衰退，推迟了苏联经济危机爆发的时间。

远东的石油等矿产资源为苏联提供了巨大资金来源，但是这也使苏联远东经济陷入一种病态的依赖怪圈中。原料经济开发需要不断投入新的资源，刺激了远东地区各种相关大型项目建设。但在当时的国际政治环境背景下，苏联政府关注的重点并不是这些项目的费效比，经济成效通常让位于政治考量，也决定了该地区发展的局限性。20 世纪 60 年代末，苏联远东为助力地区工业发展计划兴建包括大批的新城市、港口及工业园区，完全没有考虑持续综合发展问题，导致许多城市及工业园区不久随着资源枯竭和产业转移而荒废。另外，石油收入巨大，使得苏联陷入了惰性发展，甚至放弃了经济改革，在世界产业链中苏联长期处于低端的能源供给者的角色。

自 20 世纪 60 年代以来，苏联政府领导层就意识到远东地区经济开发规划中产业失衡问题，陆续提出远东地区经济综合发展的战略思想，但是长期以来国家预算投资短缺一直是阻碍苏联实施远东综合开发的症结所在。在预算投资有限的情况下，苏联政府只能优先保障其他地区以及涉及全苏经济命脉产业的发展，在相当长的时期里对远东基础建设投资仅为总投资额的5%左右,这是远东地区无法从根本上改变资源型产业结构,实施综合经济发展战略的原因。为解决远东开发过程中的资金短缺问题,苏联政府实施引进外资,借助日本(以及美国和其他资本主义国家)资金解决开发远东资金短缺这一问题。1968年后,苏联与日本陆续签订了开发远东森林资源、修建东方港、开发雅库特煤炭和天然气、开发萨哈林大陆架石油等七项协定。由于苏日开展开发西伯利亚与远东的合作,两国贸易总额由1964年的3亿卢布增加到1978年的23.2亿卢布。[①] 与此同时,苏联对其东部与西部产业总体布局形成了新的战略构思。苏联西部工业中心周边工业资源开发已不能满足本地区生产需要,能源与工业原料主要依靠东部地区开采,原料不足与高能耗的矛盾随着企业发展逐步升级。从60年代后期开始,苏联政府意识到过去那种粗放式的经营方式已经不适应远东未来发展模式,远东经济发展的三大支柱——采矿业、渔业和林业必须进行集约化发展,以便担负起为整个国家发展提供自然资源的重任。开始从粗放经营向集约经营的战略转变。除此之外,勃列涅夫时期,苏联的主要战略目标从追求美苏合作主宰世界,逐渐转变为与美国竞争的战略。远东地区的资源优势与地理区位优势凸显出来,成为苏联欧洲的后方以及亚洲部分的前沿。逐步实现"工业东移"这一具有重要战略意义的方针政策,彻底改变苏联生产力布局,建成相对独立的、比较完整的工业体系,既可以巩固战略后方,又可以作为向亚太地区扩张的战略基地。

应当指出的是,每个时期的苏联政府领导层都不同程度地关注过远东地区经济综合发展问题,并提出过相应的发展措施。20世纪70年代,苏联提出要超速发展东部地区,提出第10个五年计划(1976—1980年)期间远东开发是重点。戈尔巴乔夫执政期间,继续推行勃列日涅夫确定的全方位开发远东方略。为实现其"加速苏联社会经济发展战略",戈尔巴乔夫提出"把优先发展远东地区放在重要地位",并"刻不容缓地"加快对它的开发与建设。为此苏共二十七大"确定"了远东同西伯利亚一样具有"特殊地位",苏联远景规划在很大程度上是

[①] 高祖源:《浅谈苏联西伯利亚和远东的开发与太平洋地区经济发展的关系》,《今日苏联东欧》1985年第1期。

与远东自然资源开发与建设相联系的,计划每年将国家投资的25%用于远东地区建设。1986年7月28日,戈尔巴乔夫视察符拉迪沃斯托克远东地区后,指出要在远东建设一个有机地包括全苏分工和国际分工系统在内的"高效率的国民经济综合体",为远东制定的发展新战略包括以下七条具体内容:

(1) 综合利用本地区丰富的自然资源,不应再把远东地区仅看成原料生产地;

(2) 建立利用海洋资源的高度发达的综合体;

(3) 克服燃料动力部门的长期落后状态;

(4) 优先发展生产性基础设施;

(5) 制定优惠的地区科技政策;

(6) 充分利用和发展远东经济出口潜力;

(7) 建立本地区高度发达的农业基地和食品工业。[①]

除上述政策外,20世纪80年代末,发展资源深加工和综合加工业,在原料开采基础之上生产高附加值产品成为远东经济发展的根本指导思想,这其中包括发展远东特有优势产业,建立海洋资源生产综合体;为保证地区综合经济发展战略的实施,克服能源不能自给自足的问题,加速电站建设,加紧开发萨哈林大陆架石油和天然气,在改变本地区能源加工综合体落后状态后,远东将由能源输入地区变为输出地区。

根据世界经济发展的趋势,戈尔巴乔夫时期,苏联政府对远东综合经济发展战略作了重要补充,为振兴苏联经济,开展对亚太地区经贸技术合作成为远东重要战略发展目标之一。直至20世纪80年代,苏联远东地区参与国际经济合作的程度相当低。1988年苏联远东地区加上西伯利亚地区的出口额仅有12.17亿卢布,占苏联出口总额的1.8%,出口产品结构同样不容乐观,其中原材料和能源占71.1%。如此落后的经济发展状况和如此低的世界经济联系参与程度,自然使急于加快经济体制改革步伐的苏联政府感到不满。苏联政府在20世纪80年代末制定的远东经济发展战略中提出进一步加强与国外的经济联系,指望通过引

---

① 陈日山:《俄国西伯利亚与远东经济开发概论》,黑龙江人民出版社1994年版,第51—52页。

进毗邻的东北亚国家与地区的资金和技术来开发该地区储量丰富的资源,通过参与和推动区域合作,以把日本海地区作为它与邻国发展不同层次经济合作的试验场所。① 戈尔巴乔夫强调远东地区应当充分利用自身地理、资源等方面的优势,大力发展同东北亚各国和地区的经济联系,通过国际合作开发推动远东发展。他为远东地区确定新的战略目标,期望远东成为苏联对亚太地区开放的窗口和门户,期望成为国家出口产品的加工基地和带动整个东部地区经济腾飞的国际合作开发自由区。为吸引外资加快远东地区开发,1989年9月,苏联宣布取消滨海边疆区军事禁区地位,并邀请35个国家的代表在符拉迪沃斯托克举行了首次"亚太地区对话、和平与合作国际讨论会"。9月16日,戈尔巴乔夫宣布格罗捷科沃(临近中国绥芬河)、哈桑和纳霍德卡港、哈巴罗夫斯克作为远东经济特区对外联系窗口向外界开放。在充分利用远东的地缘优势和历史上业已形成的经贸联系渠道基础上,大力发展远东地区的外向型经济是本地区重大的战略目标之一。20世纪80年代末期,远东地区的滨海边疆区和哈巴罗夫斯克边疆区成为主要出口地区,出口量大幅增长,木材及鱼类产品在全苏出口贸易中占同类产品比重的1/3以上。

二 远东地区的对外经贸活动

20世纪60年代末,在经济国际化、生产国际化和资本国际化趋势越来越明显的大背景下,苏联领导层为改变经济增长下降,改善技术落后、资金短缺状况、实现原料和能源产地东移,苏联适时调整了经济贸易政策,把缓和同西方国家关系,引进技术设备和资金作为实现新经济战略的重要手段之一。为适应经济发展战略的需要,勃列日涅夫在赫鲁晓夫开拓的经贸合作基础上提出苏联应当"更加广泛地参加国际分工"的方针。苏联经贸理论发生重要转变,认为社会主义国家与资本主义国家之间的经贸依赖是客观存在的,在苏联与西方的贸易关系上,苏联需要西方先进技术设备来加速其经济现代化,而西方国家则需要苏联原材

---

① 应世昌:《苏联与日本海沿岸诸邻在开发西伯利亚和远东地区上的合作》,《苏联东欧问题》1991年第6期。

料和巨大的轻工业产品及农贸市场来刺激其经济发展。

基于以上认识，苏联提出外贸是提高整个经济发展效率的杠杆，为适应国内经济发展的需要，应积极发展同西方的贸易关系。自20世纪70年代起，在上述思想的指导下，远东地区的对外经贸活动与合作开发本地资源的活动便以空前的规模开展起来。苏联在远东地区除继续加强和发展同经互会国家的经贸合作外，还积极扩大同西方工业发达国家的经贸活动与合作开发。赫鲁晓夫、勃列日涅夫等苏联领导人清楚地认识到，经互会国家难以从资金和技术方面有效地帮助苏联。离开与西方工业发达国家的经贸技术合作，加速开发远东的战略目标是难以实现的。

赫鲁晓夫曾公开表示愿意同日本等西方国家在补偿贸易的基础上合作开发利用远东的自然资源，并希望在该地区的一系列大型工程项目的建设方面得到西方的经济、技术援助。勃列日涅夫就任苏共总书记以后继续推行赫鲁晓夫的对外开放政策，宣称"战神时代已经过去，现在是商神时代"。1972年尼克松与勃列日涅夫举行最高级会谈以后，西方国家大幅度地放宽了对苏联的经济封锁，开始向苏联大批出售粮食、机器设备，并转让先进技术，提供各种类型的贷款，使苏联远东地区和西方的经贸合作在70年代进入高潮，10年间，苏联同西方国家伙伴间的贸易额从47亿卢布增长到316亿卢布。据统计，1971—1976年，远东地区及西伯利亚地区在苏联出口产品中的比重增长了3倍。远东地区的主要出口换汇物资石油、天然气和煤炭的出口量急剧增加。1970年这一地区能源出口占全地区出口总量的15.6%，1979年上升为42.2%，1980年则达到50.2%。远东地区的另一传统大宗出口产品是木材，其出口量也呈现逐年增加的趋势。此外，远东外贸出口商品中，各种矿石、有色金属、渔业产品和山货也占有相当比重。[①] 从进口来看，化学产品、中间产品、技术配件和粮食在苏联远东地区进口中占有重要的地位。

根据当时的国际形势和西伯利亚与远东的具体状况，苏联首先选定

[①] 陈日山：《俄国西伯利亚与远东经济开发概论》，黑龙江人民出版社1994年版，第209—211页。

日本为全面合作开发西伯利亚与远东的主要伙伴。这是因为苏联认为日本资金、技术力量雄厚，同时自然资源远远不能保证经济正常运转，大部分能源、木材、各种工业原料都依赖进口，双方生产要素具有互补性，苏联可以通过补偿贸易的方式取得日本的贷款和各种机械设备、光学器材、医疗器械等技术密集型产品，用以开发远东自然资源。苏日间最大补偿贸易协定是1976年签订的合作开发南雅库特煤矿协定。该协定规定，日本向苏联提供4.5亿美元贷款，苏联用此贷款在日购买先进采矿设备。此外，1970年苏日还签订了合作扩建符拉迪沃斯托克和东方港协定，苏联获得日方贷款8000万美元，用以在日本购买必需的港用机械设备。随着苏日两国贸易合作的加深，双方贸易额以及贸易规模增长迅速，1960年两国贸易总额为1.24亿卢布，1970年上升为6.52亿卢布，增长5倍有余；远东地区的滨海边疆区、哈巴罗夫斯克边疆区、阿穆尔州、萨哈林州、堪察加州的数百家企业参加苏日沿海贸易活动。

为开发远东地区，除从日本取得贷款和技术外，苏联还利用补偿贸易和科技合作吸收美国、联邦德国、法国等国家贷款和技术设备。从20世纪70年代开始苏联就把联邦德国和法国作为苏联东部地区开发中的重点贸易对象。苏联在1969—1979年与联邦德国的贸易额占苏联对外贸易比重，由1.7%提高到5%以上，名列苏联对西方国家贸易的首位。法国1964—1982年向苏联提供了大约60亿美元贷款。[①] 此外，朝鲜、蒙古国、东南亚各国以及东欧各国都是苏联远东地区的贸易伙伴，这些国家虽然在资金、技术力量方面无法与欧洲发达国家相提并论，但通过与这些国家的经贸技术合作，能够解决该地区经济开发过程中所需的一般设备、劳动力、蔬菜、肉类、粮食和某些日用轻工业品的供应问题。

中苏两国边境接壤，中国东北省份是苏联远东地区的传统贸易伙伴，其中黑龙江省是对苏边贸的主力，赫鲁晓夫执政时期，远东就同中国黑龙江省开展了边境贸易活动，1953年，当中国开始进行国民经济第一个五年计划时，中苏贸易总额增长到105500万卢布，占苏联外贸

[①] 李连仲：《亚太地区的崛起与苏联东部地区的开发》，《亚太经济》1986年第3期。

总额的 20.6%。第一个五年计划期间，正值中苏政治蜜月期，因此，这一时期中苏双边贸易额占苏联对外贸易总额的比重在 17.5%—21.2%。1959 年达到贸易高峰，中苏贸易总额达到 184940 万卢布，中国对苏出口贸易额达到 99030 万卢布，占苏联进口贸易额的 21.7%。1960 年以后，中苏关系开始恶化，反映在双边贸易上就是中苏贸易额在苏联外贸总额的比重不断降低，1960 年中苏双边贸易额为 82609 万卢布，在苏联外贸总额的比重下滑至 14.9%；1967 年中苏双边贸易占苏联外贸总额的比重降至 0.6%，双边贸易额仅有 9630 万卢布。[1] 由于中苏两国一度关系紧张，在 1967—1983 年的 16 年，中苏双边贸易几乎处于停滞状态。

中苏关系恶化使双方都付出沉重代价，仅仅在资源方面，苏联自身就消耗掉了至少 5000 亿卢布，按当年的汇率算，相当于 9000 亿美元。20 世纪 70 年代末，中共十一届三中全会决定致力于创造一个和平的国际环境，特别是周边环境。这就为中国调整对外战略，包括缓和对苏关系打下了基础。与此同时，苏联方面也开始调整对外战略，逐步缓和对华关系。[2] 随着中苏关系逐渐缓和，中苏经贸合作得到了恢复和发展的机遇。1982 年 4 月和 1986 年 1 月中苏两国外贸部门两次正式换文，确认恢复和发展两国边境贸易，同意恢复中国黑龙江省同苏联远东的哈巴罗夫斯克边疆区、滨海边疆区及阿穆尔州的边境贸易，发展两国边境地区的经贸合作。1983 年东北地区仅有两家地方贸易公司，即黑龙江省贸易公司和内蒙古自治区贸易公司，同苏联滨海边疆地区的"全苏远东国外贸易公司"进行边境贸易。到 1987 年已发展到上百家企业进行易货贸易，范围辐射至中国黑龙江、吉林、内蒙古以及苏联远东南部多个州市。1988 年双方签订《关于中国的省、区、市同苏联的加盟共和国、部、主管部门、联合公司、企业之间建立和发展经济贸易联系协定》《关于建立合营企业及其活动原则的协定》，协议为两国全面恢复以及开展直接经贸打开通道。中国黑龙江省，内蒙古自治区，吉林省的

---

[1] Статистический сборник: Внешняя торговля СССР. Москва: Статистика, 1953 - 1967.

[2] 《中苏关系正常化背后鲜为人知的故事》，《中国青年报》2008 年 10 月 26 日。

黑河、绥芬河、满洲里、珲春、东宁等几十个口岸城市与苏联边境地区口岸陆续获得双方批准开展贸易，中苏边境一般性易货贸易很快蓬勃发展起来。1987年黑龙江、吉林、内蒙古、新疆对苏边境地方贸易额实现 1.59 亿瑞士法郎，是 1983 年恢复地方边境贸易后的 6 倍，1988 年中苏边境、地方贸易有了突飞猛进的发展，签订的进出口合同金额近 10 亿瑞士法郎，当年完成近 5 亿瑞士法郎，比 1987 年增长 4.6 倍。[①] 从进出口商品结构来看，中方出口以纺织品、日用品、鞋帽、文教体育用品、水果蔬菜为主；从苏联进口商品主要有钢材、木材、水泥、化肥、机械、化工原料和海产品等，从苏方进口的商品 70% 以上是东北三省一区短缺的生产资料和原材料，而出口的多是当地占优势的产品，双方进出口的商品具有明显的互补性。中苏贸易的恢复不仅仅表现在贸易额的增长上，最为重要的是，为今后的双边贸易拓展打下牢固基础，即从单一的易货贸易形式转向多种形式的经济合作。

三　远东主要产业部门在苏联经济体系中的地位

俄罗斯远东地区的自然资源极其丰富，这里拥有苏联经济社会发展所需要的主要工业原材料资源。作为实施苏联发展战略的一部分，1965 年至 1985 年，远东地区开展了大规模的工业建设，陆续建成近 500 家工矿企业，工业产值一度占远东地区总产值的 90% 以上。20 世纪 70 年代，远东已经形成了机械制造业中心（哈巴罗夫斯克、阿穆尔共青城、布拉戈维申斯克、阿尔谢尼耶夫），轻工业和食品工业中心（比罗比赞、乌苏里斯克），林产化学中心（阿穆尔斯克），能源工业中心（萨哈林），木材加工中心（达利涅列钦斯克、列索扎沃德斯克、比金），建筑工业中心（斯帕斯克）等产业中心。[②] 远东地区产业布局特征在很大程度上取决于该地区的气候条件和自然资源的可获得性和使用强度。20 世纪 70 年代初，远东地区 75% 的工业产品和 85% 的农产品生产集中在南部地区，该地区聚居着远东 84% 的人

---

① 刘宝荣、李钢：《中苏边境地方贸易发展的回顾与展望》，《国际贸易》1989 年第 11 期。

② Л. Д. 科什卡列娃、姚凤：《苏联远东领土的开发与占居》，《黑河学刊》（地方历史版）1986 年第 1 期。

口；北部地区面积虽然占远东地区的3/4，但只有25％的工业产品和15％的农产品生产在该地区生产完成。贸易方面，远东南部地区产品输出占其总量的34％，东北地区占输出的41％，堪察加地区渔业输出占总量的46％。

在很长时期内，苏联远东地区的轻工业发展状况不尽如人意，这是与苏联政府的经济发展战略分不开的，轻工业发展受到中央计划经济原则的严重制约。阻碍苏联轻工业发展的主要原因包括原材料供应不足，企业在提升产业规模和技术手段方面的自主权受到限制；由于整个经济体系和分配政策所造成的资源短缺，企业建设和改造被严重推迟，新引入的开发进程缓慢。20世纪60年代末，苏联政府领导层根据国家经济发展的需要，计划加快发展第二产业（包括轻工业），新一轮改革开始实施，国家给企业下达的指标由原来的八类二十多项减为六类九项，强调基建投资的资金来源与企业经营活动结果之间要挂钩，相当一部分利润应留给企业，企业获得了一定程度的经济自主权，提高了集体合理利用资金的权限。新一轮改革并未能从根本上解决工业生产体制问题，由于苏联政府中局部改革派占了上风，因而改革范围逐步收缩，致使经济体制改革半途而废。20世纪70年代的苏联轻工业产值仅占其GDP总量的18％左右，远东地区的轻工业发展状况更是落后于全俄发展水平，远东南部地区轻工业仅为其GDP的6％。[①] 远东地区的轻工业生产主要涉及缝纫、制鞋、皮革和针织企业，主要分部在哈巴罗夫斯克、共青城、海参崴等地区，专门从事轻工业的大型企业约有10家企业。"东方"等大型缝纫生产联合企业的技术进步体现在化工创新技术开拓了原料来源，新型化工材料以及处理方法使新合成面料在该地区针织产品生产中十分普遍。由于居民对轻工业产品需求不断增加，1965—1975年远东轻工业生产中服饰、鞋帽类产品占总量的80％，许多企业的产品除满足远东居民日常需求外，开始远销到其他地区。该行业依靠其自身的劳动力资源实现了较高的发展速度，1970年远东轻工业企业的工人人数比1960年增加了189.5％，拥有超过25000名员工。80年代初

---

① Фомченкова Л. Н., Шамис И. А. Основные тенденции развития текстильной и легкой промышленности//Директор, 2005. № 1.

期，苏联远东轻工业企业的消费品生产增长了40%以上，轻工业企业达到1557家。

自20世纪50年代中期以来，渔业资源在远东的自然资源中亦占有重要地位。远东地区东部面临太平洋，北部濒临北冰洋，四大温水海区中的白令海、鄂霍次克海、日本海都位于远东海域，海岸线超过一万千米，远东地区内河也盛产各种鱼类，丰富的鱼类资源使远东地区成为全苏最重要的捕鱼区，渔业提供了远东食品工业的绝大部分产值，在远东经济中发挥着重要的作用。在苏联第四个五年计划结束时，远东渔业由于传统渔业资源的枯竭而发生了重大变化，苏联部长理事会通过《关于发展远东渔业的命令》（1948年），计划通过提高渔业捕捞技术促进远东渔业持续稳定发展。1959年，远东捕捞业对管理结构进行了彻底重组，组建远东捕捞管理局，对发展沿海捕捞和远洋捕捞进行重新定位，开始组建大吨位捕鱼船队，拖网渔船设有加工和冷冻车间，这样的捕鱼船队可以进行大规模的远洋捕捞活动。远东渔业捕捞从沿海逐渐转移到公海，活动区域主要集中在白令海东部、北千岛群岛、南千岛群岛、鄂霍次克海北部以及堪察加半岛西海岸，捕捞产品主要包括鲑鱼、鳕鱼、鱿鱼、鲭鱼、蟹类和虾类。20世纪60年代，苏联远东地区渔业总捕捞量超过2000万吨，在该地区工业总产值中所占份额接近35%。尽管70年代，苏联远东地区相邻的沿海国家陆续提出200海里专属经济区的诉求，苏联船只失去部分传统捕鱼区，但在这期间远东地区的渔业捕捞量还是明显增加，渔业产品种类的范围已经大大扩展（各种类型的罐头食品、腌制及冷冻产品和饲料粉等）。70年代中期，远东渔业捕捞占全苏渔业捕捞量的40%左右，其中包括99.5%的鲑鱼、60%—70%的鲱鱼和100%的蟹类。[①] 远东渔业产品中的鱼子酱，虾类、鲈鱼以及其他冷冻鱼类产品在苏联渔业出口中所占的份额接近45%。需要指出的是，远东地区渔业捕捞及加工企业仍然存在许多未能解决的问题，包括高比例的体力劳动（1984年，联合渔业公司中78%的工作人员属于体力劳动者），深加工和自动化生产技术缺陷始终阻碍着该行业的发展。但总体来说，渔业始终是该地区最具活力的产业之一，产业规

---

① Развитие промышленной сферы. https://helpiks.org/9-47418.html.

模不断扩大。1985年,远东渔业捕捞量达到620万吨,占全苏渔业总捕捞量的73%。

　　苏联远东地区开发的战略导向是其经济发展与军事政治考量交织在一起的国家计划产物,不仅被认为是苏联国家经济综合发展的一部分,而且被认为是重要的国防战略部分,开发主要集中在发展冶金、能源、燃料工业、造船、林业和运输产业方面。苏联远东地区为国家提供了大量的锡、铅、锌、金、钨及其他类型的黑色和有色金属原料。在1971—1975年度苏联国民经济五年计划里,规定了继续大力发展远东地区采矿工业的政策。50年代至70年代,采掘业占该地区工业总产值的23%左右,而同一时期的苏联平均水平仅为7.9%。到80年代末,采掘业在该地区工业结构中所占份额达到了工业总产值的30.9%。这种结构比例不仅反映出远东地区作为苏联自然资源开采基地的地位,而且反映出苏联政府旨在最大限度地挖掘其原材料潜力的政策导向。远东采掘业发展取决于苏联政府中央资金预算,俄远东地区的发展模式是在苏联高度集中的计划体制和专业化分工体系下,依靠中央政府每年7亿—8亿美元的拨款建立起来的。国家大规模补贴确立了远东原料基地地位,但也造就了其畸形封闭的经济发展模式,导致远东经济部门内部发展严重失衡。

　　20世纪60年代,苏联远东地区煤炭工业稳步发展,主要煤田有雅库特自治共和国的连斯克煤田、南雅库特煤田、济良斯基煤田,哈罗夫斯克的布列亚煤田,滨海边疆区的拉兹多列斯基煤田、比金斯科耶煤田,阿穆尔州的赖契欣斯煤田、雅尔科夫特煤田、斯澳特德内煤田、特格丁煤田。在这一时期,远东的39处矿井和若干露天煤矿为苏联能源工业提供了大量能源,其中包括列季霍夫斯基煤矿年产达100万吨。在20世纪六七十年代。远东东北地区的煤炭开采正在增长。1975年,苏远东地区煤产量3520万吨,1988年达到5770万吨。20世纪70年代,远东地位露天煤矿开采量为占总开采量的40%左右,而全苏相关开采量仅为28.6%,远东地区露天采煤比重远超过苏联平均水平。80年代,该行业开始下滑。煤炭产量下降的主要原因是矿山和露天矿产能迅速下降,维持和发展生产能力的投资减少。1987年8月,苏共中央和部长会议通过的958号决议,计划通过更新设备、加速建设新矿、大力发展露天煤矿，使远东地区煤矿产量到2000年达到8200万—8400万吨。①

长期以来，苏联始终把采掘和加工当地储量庞大的能源作为它与邻国发展双边或多边合作的重要内容之一。早在20世纪70年代，苏联便与日本签订了萨哈林大陆架石油天然气勘探计划、南雅库茨克煤田开发计划和秋明油田开发计划等多项联合开发协定，这些协定基本上都是采取补偿贸易方式，由日本先向苏联提供贷款购买有关设备、机械和材料，苏联则在以后用开采出来的石油、天然气和原煤偿还；从80年代末开始，苏联以同样方式吸引韩国参与对其远东能源的开发，现代集团和大成煤炭公司与苏联企业共同投资2500万美元，在纳霍德卡建成年产量达50万吨的煤矿企业。②

远东地区林木资源蕴藏丰富，20世纪80年代末远东林区面积总计为4.9954亿公顷，占全苏林区面积的40%，有林地面积为2.75亿公顷，其中人工造林地不过36万公顷。远东地区林区大约45%的土地为永冻地带，森林经营上存在许多困难。木材生产主要在交通条件较好的沿海地带、哈巴罗夫斯克州和萨哈林州进行。其中，木材加工与纸浆和造纸工业在哈巴罗夫斯克边疆区和萨哈林州能够占其地区工业总产值的1/5左右，加工产品多数用于输出，雅库特自治共和国的森林开发与铁路沿线区域的开发关系密切，萨哈林州的森林采伐主要以满足州内木材需要为主。③ 远东地区的纸浆和造纸主要集中在萨哈林州，初期的九家制浆及造纸厂原为日本企业。60年代初期，该地区所有制浆和造纸业都对造纸机械设备进行过升级改造。

20世纪五六十年代，苏联政府在远东林业产业机械化方面进行了巨额投资，陆续为林业开采配备电锯、大功率柴油集材拖拉机、装载起重机以及运载卡车。1957年，随着机械化采伐的普及，远东林业采伐普遍克服季节性因素，能够实现全年采伐。1960年，机械化普及程度在该行业木材采伐领域达到95.8%，运输领域达到84.2%。木材采伐

---

① 汪魏：《苏联远东地区煤炭生产发展趋势》，《能源研究与信息》1989年第4期。
② 应世昌：《苏联与日本海沿岸诸邻在开发西伯利亚和远东地区上的合作》，《苏联东欧问题》1991年第6期。
③ 李裕国：《苏联远东林业的最新动向》，《林业勘查设计》1990年第2期。

量的增加促使木材加工行业进一步发展，80年代初，苏联远东地区形成庞大的林业产业群，其中包括130多家加工木屑板、胶合板、松香和工艺木屑的企业，哈巴罗夫斯克和滨海边疆区占该地区所有木材加工的60%。滨海边疆区主要木材加工中心位于列索扎沃茨克和伊曼，哈巴罗夫斯克边疆区的阿穆尔纸浆及板材厂生产的木材纤维板在建筑和家具生产中得到广泛应用。20世纪70年代，苏联远东最大的家具厂在阿尔乔姆市投入运营。苏联远东地区的木材工业一直以来都是出口行业，日本在80年代之前一直是远东木材的主要国际消费者。远东地区经过采伐的林场里，每年仍有400万—500万立方米的杂木，大量的木材采伐废料多达500万—600万立方米，对于缺乏木材资源的日本来说，这些都是可以加工利用的有效资源，在远东木材出口总量中它们占45.3%。1983年远东森林的出口总额达到了6亿卢布。

虽然远东林业具有得天独厚的优势，自20世纪70年代末起，苏联远东地区的林业开始下滑，在几十年的大肆林木采伐中，适宜采伐地区的珍贵林材几乎采伐殆尽，伐木量如果进一步增加，甚至维持在同一水平都需要大量的资本投资，伐木占森林综合体所有部门总产值的40%以上。林产品（包括锯材）的加工水平提高不明显主要原因是林产部门从70年代以来的十多年间投资不足，提高木材加工附加值一直是该产业的主要任务。在木材生产和运输方面，进入80年代以来引入了大型机械，但木材运输交通建设迟缓，木材运输仍然采用流送方式，木材生产率低下，原木采伐损耗率约占30%。总之，自80年代起，木材深加工，降低生产成本成为远东地区森林工业亟待解决的问题，但在当时国家资金不足的背景下，旨在建设深加工林业企业的规划未能有效实施。此外，远东地区林业最大的问题是劳动力不足，劳动条件恶劣很难保证木材生产所需要的劳动力。

远东地区的许多机器制造业产品在全苏占据重要地位，重要机器制造业部门主要配置在南部，北部广大地区只有一些机械修配企业。60年代中期，哈巴罗夫斯克边疆区成为重工业的主要中心：它占苏联东部地区机器制造产品的75%以上，其次是滨海边疆区和阿穆尔州。苏联时期的区域分工政策导致远东地区的机械制造业同其他工业一样，结构严重失衡，诸如建筑机械、筑路机械、渔业机械设备等需要从苏联欧洲地区购入，远东地区生产的机械设备超过一半以上销往苏联西部地区。远东地区南部的许多大型工厂大多生产军用产品或与船舶修理有关。根据苏联工业"分工"，该地区被指定为某些类型的产品（起重机、铸造机、动力设备等）的专业化生产基地，运东生产全国近1/3的铸造设备、1/5左右的电动桥式起重机、6%的动力设备等。[①] 与此同时，军事工业综合体仍然是该地区发展概念中最重要的因素，其中滨海边疆区和哈巴罗夫斯克边疆区是其中心。

在阿穆尔州的工业结构中，机器制造业迅速发展。远东动力机械制造业产品主要以比罗比詹电力变压器厂和阿尔塞尼耶夫"进步"机械制造厂制造的涡轮机、压缩机、增压器以及鼓风机等产品为主。电气工业企业包括布拉戈维申斯克的电器厂和"阿穆尔电器仪表"厂，拉钦兴斯克的变压器厂以及高压设备厂。远东机械产品曾出口越南、蒙古、波兰、罗马尼亚、保加利亚、印度等国家。工程和维修业也是远东地区的主要产业之一，别洛戈尔斯克发动机修理厂、乌苏里斯克汽车修理厂、斯帕斯克拖拉机修理厂以及阿穆尔共青城起重运输设备厂主要从事机械和设备的修理工作。20世纪50年代和60年代，苏联远东最大航空企业——哈巴罗夫斯克航空修理厂进行了重组，承担航空装备维修任务。造船及维修在机械工程行业中占很大的比例，从1960年起列宁格勒造船厂开始制造"共青团五十周年"型远程内燃机船舶，同年生产出第一艘大功率的燃气涡轮"巴黎公社"型货运船。1962—1968年"美丽索尔莫沃"造船厂生产"苏联阿塞拜疆人"型系列海运轮船。1963年新型载货量5.1万吨的"索菲亚"型油轮开始营运。远东的船舶修理厂较多，70年代船舶维修设施中有60%以上集中在滨海边疆区；远东地区最大的造船厂"远东船厂"、滨海、纳霍德金斯基和季奥米多夫斯基工厂在此期间进行了改造，引进先进工艺并降低修船工作的劳动强度。80年代末，在经济改革冲击的背景下，远东造船业生产规模急剧萎缩，民用船舶建造减少8倍，军用船舶建造减少近60倍，该地区的造船和修船业无法承受改革的压力。

---

① 陈日山：《俄国西伯利亚与远东经济开发概论》，黑龙江人民出版社1994年版，第84—85页。

海洋运输一直是远东地区货物最重要的运输方式,尽管远东地区诸多的专业化领域落后,但运输系统仍是一个动态发展的行业。远东航运公司是该地区的主要航运公司,1955年,远东航运公司开辟了10条沿海运输的定期货运线路,自有船只136艘,其中散干货运船99艘,石油灌装油轮15艘,客运船22艘,总载货量为87.8万吨。从60年代开始,远东运输船队开始实施技术运输方式,即整船运输方式、集装箱运输方式、驳船运输方式、滚装船运输方式以及其他运输方式,这意味着向集约化的过渡,从而降低了运输成本。到60年代末,新型木材运输船、远洋干货船、油轮、加强型破冰类船舶以及舒适的高速客运班轮构成了运输船队主体,远东地区海运占苏联海上运输固定资产的21%以上。

在航线方面,货运公司沿滨海边疆区海岸开通了前往楚科奇、堪察加、萨哈林岛、千岛群岛、马加丹的新航线,并增加了客运航班。1961年初远东海运公司客运船队新增向边境地区及中国和朝鲜港口运送乘客的航线,主要客轮有"罗斯"号、"多波力克"号和"克里欧"号。1967年,随着远东至印度线的启用,远东航运将日本港口与香港、曼谷、新加坡以及马来西亚和印度的港口连接起来,远东航运公司成为国际货运公司。同时,远东航运公司的船只开通了纳霍德卡—长崎—上海—香港和纳霍德卡—横滨的定期客运航班。1967—1970年,苏联通过远东港口的对外贸易水平增加了一倍以上。远东船队每年都会向美国、日本、澳大利亚、中国、印度、印度尼西亚及东南亚等近60个国家进行数千次船行。

20世纪80年代初,远东地区海域船队共有429艘船,总装载量约250万吨,远东海域近海国外运输和沿海运输的总量约为3800万吨。远东海运由4个海运公司、海运船队东北管理局和下属23个海运商港和5个船舶修配厂组成,其中远东海运公司1980年投入营运的船只有265艘,货运船队由186艘多功能通航船和木材运输船组成;萨哈林海运公司运输量占远东海域海运总量的32%,其中,近海国外运输占18%,沿海运输占40%;堪察加海运公司主要开展把滨海地区港口和萨哈林岛港口的货物运抵堪察加州的业务,1975—1989年该公司船队货物运输量从311万吨增加到389万吨,船队船只数量为49艘;滨海海运公司是专业化程度最高的船队，承运近海国外运输、沿海运输和外国租船货运中的石油产品及其他货物；海运船队东北管理局从事季克西港至别维克港和施密特角的海运业务。1975—1990 年管理局船队总装载量为 72 万吨。1970—1990 年远东地区海运的主要经济部门和物资基地进一步稳固发展，业务效率不断提高。在"十一五"计划（1981—1985 年）结束时，远东航运公司的船队包括 207 艘干货船和 13 艘货运客船，总载重量约为 150 万吨，每年运输约 1600 万吨货物和 17.5 万名旅客。远东海域所有海运企业的固定资产实现了稳步增长，在"十二五"计划末期超过 55 亿卢布。

苏联远东地区总面积约占全苏国土面积的 1/4，但适于农业种植的土地极少，1975 年种植面积仅为远东总面积的 0.47%，而全苏农业种植面积占国土面积的 10%，与此相比远东的土地种植利用率极低，更为重要的是食品工业生产水平低于全苏水平。1982 年在滨海边疆区当地农业生产为居民提供食物的份额为肉类 55%，牛奶 46%，蔬菜 60%，鸡蛋 65%，这意味着将近一半的食物需要进口。1987 年 8 月，苏联政府制定的《远东经济区 2000 年经济发展计划》强调，要以提高远东地区的粮食自给率为目标，到 2000 年将满足远东及后贝加尔地区居民对土豆、蔬菜、肉类、奶、蛋等农业产品的需要。

1975 年，远东地区的种植面积为 290.7 万公顷，人均面积为 0.4 公顷，与全苏人均 0.86 公顷相比，远东仅为全苏的一半，为此远东积极推行农业生产技术的集约化，由以前依靠扩大耕地面积增加产量的做法，变为注重单位面积产量的提高。远东主要谷物为小麦（以阿穆尔州结雅河、布列亚河流域为中心）、水稻（滨海边疆区兴凯湖一带），另外还种植大麦、燕麦、黍子、荞麦等。1970 年该地区 60% 的谷物收成（包括高达 80% 的小麦）都来自阿穆尔地区，实践表明在远东地区，在不利于谷物生产的气候条件下，种植饲料作物、蔬菜、马铃薯、大豆以及从该其他地区进口谷物更符合实际。1970 年，苏联远东地区专业化农业场包括 26 个谷物农场，28 个蔬菜农场，141 个肉类和奶牛农场，26 个养蜂农场，12 个水果和浆果农场，46 个驯鹿和畜牧业部门。为了提高专业农场的生产效率和集中指导效率，远东农业部门创建了各种专业协会，仅在滨海边疆区，此类协会覆盖了所有国有农场（谷物农场除外）的60%以上。苏联在1965—1980年对西伯利亚和远东地区的农业投资达314亿卢布，1980年这一地区已拥有拖拉机25.85万台，联合收割机10.53万台，农业由粗放经营开始向集约化转变。[①] 区域内的经济专业化也在深化，20世纪70年代中期，苏联远东地区（首先是阿穆尔州）成为苏联主要的大豆生产地，阿穆尔州以该作物主导的耕作面积达8.5万公顷，年产360万—370万吨。80年代中期，滨海边疆区生产全苏30%的蜂蜜、25%的大豆和19%的毛皮产品。滨海边疆区稻米产量占苏联生产的10%左右，年总产量达到10万吨（1990年）。萨哈林地区在毛皮生产中占有重要地位，马加丹州在70年代驯养的驯鹿超过130万头，成为世界上最大的驯鹿饲养区。

第二节 苏联解体前远东地区的社会文化事业

一 远东地区人口的新变化

远东是苏联东部地区人口最少的经济区。第二次世界大战结束后，远东经济迅速恢复发展，人口数量急剧增加。至20世纪七八十年代，远东地区人口呈稳定增长态势。远东地区人口分布极不平衡的情况一直存在，人口密度平均每平方千米为1.6人，北部马加丹州和堪察加州的人口密度每平方千米不到1人，而南部滨海边疆区则高达10人。远东居民主要集中在南部、西伯利亚大铁路附近以及适于农耕的平原地区，如结雅平原、布列亚平原、阿穆尔河中游平原等。远东北部地区人口较少。十月革命前，堪察加和马加丹地区仅有3.5万人，1970年，上述地区人口已达63.9万，至1979年，达84.4万人，增长20多倍（见表13—1）。

[①] 张宗谞：《苏联西伯利亚和远东的农业》，《外国问题研究》1986年第1期。

表 13—1　　　　　　　西伯利亚与远东人口的发展　　　　　　单位：万

	1959 年	1970 年		1979 年	
	人口	人口	比 1959 年增加（%）	人口	比 1970 年增加（%）
苏联	20882.7	24172	15.8	26244.2	8.6
俄罗斯联邦	11753.4	13007.9	10.7	13755.2	5.7
西伯利亚与远东	2257.1	2545.4	12.8	2793.6	9.8
西西伯利亚	1126.2	1221	8.4	1295.9	6.1
东西伯利亚	647.5	746.4	15.3	815.8	9.3
远东	483.4	578	19.6	681.9	18.0

资料来源：《俄罗斯联邦国民经济统计年鉴》，1959 年、1970 年、1979 年。

由表 13—1 可知，1970 年，远东人口总数为 578 万人，比 1959 年增长 19.6%，占全苏人口的 2.4%、俄罗斯联邦的 4.4%、西伯利亚与远东的 22.7%。1959—1979 年，远东的人口发展速度高于苏联其他地区。与 1917 年相比，1970 年全苏人口增长 0.5 倍，远东则增长 5.4 倍；与 1940 年相比，西西伯利亚人口增长 33.1%，东西伯利亚增长 51.9%，远东则增长 83.2%。至 1979 年，远东人口已达 681.9 万人，比 1970 年增长 18.0%。到 1982 年，远东有 717 万人，比 1979 年增长 5.2%。至 1986 年初，远东人口增至 765.1 万人（见表 13—2）。

表 13—2　　　　　　　　远东人口数量变化　　　　　　　　单位：万

	1959 年	1970 年	1978 年	1982 年	1986 年	1986 年初人口密度（人/平方千米）
远东	483.4	578	681.9	717	765.1	1.2
哈巴罗夫斯克边疆区	114.3	134.6	156.5	163.6	176	2.1
滨海边疆区	137.9	172.2	197.8	204.6	216.4	13.0
阿穆尔州	71.7	79.3	93.8	99	104.1	2.9
萨哈林州	65.1	61.6	65.5	67.6	70	8.0

续表

	1959 年	1970 年	1978 年	1982 年	1986 年	1986 年初人口密度（人/平方千米）
马加丹州	23.5	35.2	46.6	50	54.2	0.5
堪察加州	22	28.7	37.8	40.6	43.5	0.9
雅库特共和国	48.9	66.4	83.9	91.6	100.9	0.3

资料来源：《俄罗斯联邦国民经济统计年鉴》，1959 年、1970 年、1982 年、1986 年。

20 世纪七八十年代，远东地区人口增长最快的分别是马加丹州、堪察加州和雅库特共和国。马加丹州采矿业和渔业比较发达。1970 年，该州中心城市马加丹市有 9.2 万人，1979 年，马加丹市人口增至 12.2 万人，增长 32.6%。堪察加州人口增长率仅次于马加丹州，1970 年该州中心城市彼得罗巴甫洛夫斯克有 15.4 万人，1979 年增至 21.5 万人，增长 39.6%。1979 年，雅库特共和国有 83.9 万人，至 1986 年已达 100.9 万人，增长 20.3%。远东地区人口增长较为缓慢的是萨哈林州。1979 年萨哈林州有 65.5 万人，1986 年仅增长到 70 万人。[1] 滨海边疆区一直是远东地区人口最稠密、数量最多的行政区。1979 年滨海边疆区有 197.8 万人，1986 年已增至 216.4 万人，增长了 9.4%。

在远东城市中，拥有 50 万人以上的中心城市只有两个，即符拉迪沃斯托克和哈巴罗夫斯克。1982 年，符拉迪沃斯托克有 57.6 万人，哈巴罗夫斯克有 55.3 万人；1986 年，两个城市人口增幅相当，分别增至 60.8 万人和 58.4 万人。远东其他州或边疆区中心城市，尽管人口较少，但人口增长速度较快。例如，1982 年雅库茨克市仅有 16.5 万人，至 1986 年，该市人口增长 11.5%，已达 18.4 万人。[2]

远东人口的职业结构体现了该地区经济发展特点。远东大部分劳动力资源都集中在工业部门、交通运输部门、通信部门和建筑部门。此外，远东地区服务性行业的工作人员比重也比其他地区高。远东人口死亡率低，出生率比全苏联高，自然增长率高。尽管如

---

[1] 张寰海等：《苏联西伯利亚与远东经济地理概论》，黑龙江人民出版社 1989 年版，第 405 页。

[2] 《俄罗斯联邦国民经济统计年鉴》，1982 年、1986 年。

此，远东劳动力短缺问题十分尖锐，始终是制约该地区经济社会发展的突出问题。

二 远东地区文化事业的发展

由于苏联政府的大力支持及20世纪60—80年代实施加强远东地区社会文化发展的政策，远东文学艺术各领域发展迅速。在文学、绘画、戏剧和音乐等方面涌现出大批人才，建立了创作联盟，并搭建了展示艺术成果的平台，如展览、会演及音乐会等。

（一）文学的发展

20世纪60年代，远东文学中涌现出新一代作家，他们创作了大量杰出的作品。相较于20世纪20—40年代出现的以 B. 阿尔谢尼耶夫、A. 法杰耶夫、T. 波利索夫以及远东移民作家 H. 巴伊科夫等为代表的"第一波"文学来说，他们被称为远东文学的"第二波"。远东作家的创作深受地理环境影响。远东地区森林覆盖率高，部分地区濒临海洋，这种特殊的地理环境对文学创作产生了重要影响。海洋主题在各种题材作品中得到了生动展现。代表性的长篇小说有 O. 谢尔巴诺夫斯基的《捕捞海参的人》、Л. 科尼亚杰娃的《海洋的抗议》和《船长的时间》以及 Г. 哈列茨基的中篇小说《远航》等。[1] 此外，20世纪60—80年代，远东作家创作了许多历史小说。H. П. 扎多诺夫（1909—1992年）是远东最著名的历史小说家。在他创作的《阿穆尔—父亲》《涅维尔斯科伊船长》《为海洋而战》及《海啸》等作品中描述了远东开发及太平洋航行等波澜壮阔的历史图景。滨海地区的作家也在历史散文的创作方面作出了突出贡献。在 M. 莫久申的历史冒险小说《护身符之谜》和《安古之国》中展现了滨海地区遥远的过去。在 И. У. 巴萨尔金的冒险故事《黑魔的故事》中深刻反思了人与自然的关系及社会道德问题。A. H. 普列特涅夫是当时远东知名作家之一，其长篇小说《矿井》于1981年出版，该作品不仅使普列特涅夫在苏联国内成名，而且为其带

---

[1] В. Л. Ларина. Общество и власть на российском Дальнем Востоке в 1960 – 1991 гг. (История Дальнего Востока России. Т. 3. Кн. 5). Владивосток： ИИАЭ ДВО РАН, 2016. C. 566.

来了国际声誉。这部小说后来被拍摄成电影上映。① B. 沙福林是职业剧作家中最成功的一位，他的几部剧本陆续被搬上舞台。此外，B. 亚力山德罗夫斯基，Г. 哈列茨基及 H. 马克西莫夫也创作了脍炙人口的戏剧作品。远东诗人在社会主义现实主义范式下，创作了激情澎湃的诗集。值得一提的是，远东作家的文学作品还通过拍摄电影等形式广泛传播，例如，由 В. К. 阿尔谢尼耶夫的小说改编的电影《德苏·乌扎拉》于 1975 年上映，受到观众普遍好评，反响热烈。

在此期间，远东地区的作家组织不断扩展。除原有的哈巴罗夫斯克和滨海边疆区作家组织外，分别于 1960 年建立了马加丹作家联盟分部，1967 年建立了萨哈林作家联盟分部，1970 年建立了堪察加分部，1977 年建立了阿穆尔分部。此外，图书出版业的快速发展为作家及评论家们在文学杂志、年鉴和文集中发表作品提供了有利契机。远东地区最古老的且是唯一的大型文学期刊《远东》创刊于 1933 年，发行量达 4.5 万份。远东各边疆区和州定期出版文学艺术年鉴及汇编，包括《苏维埃滨海地区》（于 1968 年更名为《太平洋》）、《文学符拉迪沃斯托克》、《远北》（马加丹）、《文学萨哈林》和《太平洋冲浪》等，上述出版物发行量不断扩大。1945 年成立的位于符拉迪沃斯托克的滨海边疆区图书出版社于 1964 年改组为远东出版社，其中包括萨哈林出版社和附属于《堪察加真理报》的堪察加图书编辑部。远东出版社与哈巴罗夫斯克出版社一起出版大型系列图书——《远东小说丛书》《远东英雄故事》等。② 1978 年，远东出版社开始出版《远东青年散文丛书》（约 30 本），该丛书集中展示了远东地区青年作家的作品，其中，《乌苏里原始森林之旅》系列十分引人注目。

可以说，20 世纪 60—80 年代，远东地区文学作品创作主题得到极大拓展，远东文学家成为苏联文学创作的重要参与者。另外，文学家的创作受到了来自苏联各个层面的严密控制，任何偏离社会主义现实主义风格的作品都会受到严格审查。

---

① А. Н. Плетнев Чтоб жил и помнил: Рассказы. Омск, 1989. С. 224.

② Л. Иващенко Советское государство—организатор многонационального литературного творчества на Дальнем Востоке в эпоху строительства социализма в СССР （1917 – 1977 гг.）. Хабаровск, 1987. С. 170.

(二) 艺术的繁荣

从 20 世纪 60 年代开始，远东艺术繁荣发展，艺术生活日益丰富，尤其在绘画、造型艺术和音乐领域取得了突出成绩。

1962 年，远东艺术学院在符拉迪沃斯托克建立。莫斯科和列宁格勒艺术学院的毕业生被派往新建立的远东艺术学院任教。他们身兼教职的同时，还进行绘画创作，并积极参与展览活动。在建立后的 20 余年时间里，远东艺术学院共培养了 400 多名毕业生。[①] 其中，有 1/3 毕业生成为俄联邦艺术家联盟成员，约 20 人获得了"俄联邦荣誉艺术家"和"俄联邦荣誉文化工作者"称号。艺术理论家 В. И. 康提巴为远东城市和边疆区的造型艺术发展作出了突出贡献。康提巴一直从事艺术史的研究及教学工作，并著有《远东艺术生活的形成与发展（1868—1938 年）》及《滨海地区的艺术家》等著作。20 世纪 70 年代，俄联邦艺术家联盟在远东地区设立了三个分支机构，分别是哈巴罗夫斯克分部、马加丹分部和滨海分部。其中，滨海分部规模最大，哈巴罗夫斯克分部则负责组织联合哈巴罗夫斯克边疆区、阿穆尔州、萨哈林州和堪察加州的艺术家。

该时期，远东绘画艺术正是在 20 世纪六七十年代形成了有全国影响力的、独具特色且风格鲜明的滨海画派。[②] 远东著名画家 И. В. 雷巴丘克擅长肖像、风景画和静物画，其作品展示了远东优美而别具一格的自然风光。雷巴丘克堪称 20 世纪下半叶远东杰出的艺术家代表。滨海边疆区画家们的作品，展示了边疆区丰富多彩的生活，讴歌了渔民和水手的劳动创举。可以说，他们的作品是苏联时期远东绘画艺术的杰出代表。自 1964 年开始，远东艺术家开始在名为"苏维埃远东"的地区画展上展示其作品。第一次画展是 1964 年在哈巴罗夫斯克举办的，共展示了 180 位画家的 450 幅作品；第二次画展于 1967 年在符拉迪沃斯托克举办，展示了 219 位画家的 480 幅作品；第三次画展是 1969 年在乌兰乌德举办的，展示了 264 位画家的 510 幅绘画作品；第四次画展于

---

① В. Л. Ларина. Общество и власть на российском Дальнем Востоке в 1960 – 1991 гг. (История Дальнего Востока России. Т. 3. Кн. 5). Владивосток: ИИАЭ ДВО РАН, 2016. С. 595.

② История развития Приморского отделения//официальный сайт Приморского отделения Союза художников России. http：//artprim. com/history. html.

1974 年在符拉迪沃斯托举办，展示了 310 位艺术家的 800 幅画作。此外，滨海地区的画家还积极扩大在国内的影响力，他们在莫斯科和圣彼得堡举行集体画展《千岛群岛的艺术家》；И. В. 雷巴丘克、К. И. 舍别科、А. В. 杰列舍夫等人还举办了个人画展。

20 世纪 60—80 年代，远东地区的音乐创作形式多样且成绩斐然。音乐作为远东居民喜闻乐见的艺术形式而广受欢迎。1964 年，第一届远东音乐节在符拉迪沃斯托克拉开帷幕。随后，1965 年，举行了第一届边疆区音乐会演——"滨海地区的春天"。当地广播站和电视台的音乐节目对促进各种形式音乐作品在本地区的传播发挥了重要作用。从第二次世界大战结束至 20 世纪 80 年代，远东音乐创作反映了意识形态及时代特征，遵循社会主义现实主义原则，弘扬社会主义主旋律。伴随着远东地区主流文化的发展，开始出现具有不同价值观和风格的亚文化形式，例如摇滚文化。20 世纪 80 年代后期，远东各大城市创建了摇滚俱乐部，举办了城市和地区摇滚音乐节。第一个摇滚俱乐部于 1984 年在符拉迪沃斯托克"青年之家"建立，И. 达维多夫是该俱乐部的领导人。[1] 此后，各音乐团体于 1987 年在符拉迪沃斯托克组织了第一届摇滚音乐节。以摇滚音乐为代表的摇滚文化是苏联后期远东青年人亚文化的典型表现。年轻人借此表达对现实的不满、对新的审美理想的追求以及对西方价值观及其生活方式的看法。

总体来说，20 世纪 60 年代至苏联解体，远东充分融入苏联公共文化空间。远东文学家和艺术家的代表作在国内外广为流传，他们与全国文学艺术领域的同行积极互动，在苏联文化空间中占据一席之地。

第三节　苏联解体前远东地区的教育事业

一　中等教育的发展

20 世纪七八十年代，远东地区教育体系日益完善，教育功能日臻

---

[1] В. Л. Ларина. Общество и власть на российском Дальнем Востоке в 1960 – 1991 гг. (История Дальнего Востока России. Т. 3. Кн. 5) . Владивосток：ИИАЭ ДВО РАН, 2016. С. 610.

成熟，为国民经济、科学和文化领域培养了大批有较高专业素养的人才，不仅满足了本地区的人才需求，而且向苏联其他地区不断输送人才。同时，远东居民受教育程度明显提升，文化素养普遍提高。

1959年4月16日，俄联邦共和国最高委员会通过了《关于加强学校与生活的联系及进一步发展俄联邦共和国人民教育体系》的决议。根据该决议，开始进行教育体系改革。改革的主要目标是普及中等教育，将教育与社会劳动相结合；将原来的七年义务教育改成了八年普通义务教育。至1975年，远东地区接受八年义务教育的学生占适龄青年总数的89.8%，而同期全国这一指标为95.1%。为配合教育改革，远东地区积极扩建学校，学生人数逐渐增加。20世纪六七十年代，经过合并与重组，远东全日制学校的总数略有下降，从3538个降至3006个，学生总数则由81.2万人增至88.1万人。在此后的15年时间里，全日制学校的数量持续下降，至1985年降为2400个，学生人数则呈增长态势，达96.8万人。[1] 力求在中等教育与高等教育之间保持连续性，除了全日制学校，还开设夜校和函授学习班。为来自偏远地区的学生设立寄宿学校；为青年工人和农民提供学习机会，建立夜校。1960年，远东地区有5.75万人在夜校学习；1970年，增加为9.52万人；1980年，则达到11.57万人；1980—1985年，在夜校学习人数缩减至7.53万人（见表13—3）。

表13—3　　　1960—1985年苏联远东全日制学校和夜校学生数量的变化

	全日制学校/夜校				
	学校数量（所）	学生数量（万人）			
	1985年	1960年	1970年	1980年	1985年
滨海边疆区	655	26.6	28.2/2.62	26.4/3.05	30/2.29
哈巴罗夫斯克边疆区	575	21.8	22.3/2.32	21.5/2.97	25/2.19
堪察加州	136	3.7	4.7/0.49	5.8/0.87	6.8/0.43

---

[1] Народное хозяйство РСФСР в 1985 г.: стат. ежегодник. М.: Финансы и статистика, 1986. С. 308 – 310.

续表

	全日制学校/夜校				
学校数量（所）	学生数量（万人）				
1985 年	1960 年	1970 年	1980 年	1985 年	
马加丹州	246	2.8	6.1/0.95	7.9/1.04	8.9/0.63
萨哈林州	222	11.7	11.6/1.82	9.5/1.71	10.6/0.5
阿穆尔州	566	14.6	15.2/1.32	13.5/1.93	15.5/1.49
远东	2400	81.2/5.75	88.1/9.52	84.6/11.57	96.8/7.53

资料来源：Народное хозяйство РСФСР в 1985 г.: стат. ежегодник. М.: Финансы и статистика, 1986. С. 308 – 310.

远东地区普通中等教育水平不断提高。1959 年，远东地区居民 15 岁以上人口每 1000 人中受过中等教育者达 41 人；1989 年，增至 275 人。值得注意的是，1959 年这个数字低于俄联邦共和国平均水平（俄联邦共和国为 45 人），而 1989 年则略高于俄联邦平均水平（俄联邦共和国为 274 人）。远东的某些州和边疆区明显超过了俄联邦平均水平，如马加丹州为 363 人，堪察加州为 350 人，滨海边疆区为 278 人。远东地区该项指标超过了欧俄地区各州，如 1959 年斯摩棱斯克州该指标是 36 人，1989 年为 233 人。[1]

20 世纪七八十年代，苏联中等专门教育发挥了重要作用。中等专门教育机构的主要任务是为本地国民经济各行业（工业、交通运输、通讯、农业、教育、文化和医疗服务等）的发展培养所需人才。远东地区中等专门教育从本地区经济发展需要出发，为发展交通运输和通信业培养铁路、海运、河运、公路运输和通信专家；为开发本地区自然资源培养资源勘探、开采和加工等领域人才。此外，还大力培养教育、医疗卫生、文化、日常生活服务及贸易等方面的人才。

远东开设的中等专门教育机构主要位于本地区经济和文化最发达的滨海边疆区和哈巴罗夫斯克边疆区的大城市。20 世纪 60 年代开始，由于苏联加速发展远东地区生产力，中等专门教育机构数量逐渐增加，该

---

[1] Вычислено по данным Переписей 1959 и 1989 гг. //сайт института демографии 《Демоскоп Weekly》. http://demoscope.ru/weekly/2016/0683/index.php.

时期远东地区建立了 26 个新的中等专门教育机构。1962 年，在符拉迪沃斯托克开设了海军部航海学校。1974 年建立了为渔业培训中等技术人员的航海学校，该校的校长是才华横溢的海员教师 А. И. 季库诺夫。他在航海学校组建和发展过程中作出了突出贡献。20 世纪 60 年代远东地区造船业发展迅速，仅在符拉迪沃斯托克就有四家大型船舶维修工厂投入使用。这种现实情况迫切需要在原有的符拉迪沃斯托克造船技术学校的基础上加大中等人才培训的力度，培养船舶制造、船舶机械设备维修、无线电设备制造、机械制造工艺、运输设备等方面的人才。远东企业负责人大力推进本地区中等专门教育发展。"星"造船厂迅速发展，急需相关专业的人才。因此，在该厂厂长 В. П. 多尔科夫和 В. И. 库什林的倡议下开设了大卡缅造船中等技术学校。可以说，至 20 世纪 70 年代末，远东地区已形成了一个覆盖面较为广泛的中等教育机构网络（见表 13—4）。

表 13—4　　1960—1991 年远东中等专门教育机构数量的变化　　单位：个

年份	1960/1961	1970/1971	1980/1981	1985/1986	1991/1992
滨海边疆区	23	32	34	33	34
哈巴罗夫斯克边疆区	26	33	34	35	35
阿穆尔州	10	21	23	23	24
萨哈林州	10	10	10	11	11
堪察加州	6	6	6	6	5
马加丹州	6	6	6	6	6
远东	81	108	113	114	115

资料来源：В. Л. Ларина. Общество и власть на российском Дальнем Востоке в 1960 – 1991 гг.（История Дальнего Востока России. Т. 3. Кн. 5）. Владивосток：ИИАЭ ДВО РАН, 2016. С. 519.

随着远东中等专门教育机构网络的形成，学生人数不断增加（见表 13—5）。1960—1965 年，远东地区中等专门学校毕业生增长了 0.7 倍，与俄联邦共和国增幅相当。1965—1970 年，远东地区增长了 0.2 倍，俄联邦共和国增长了 0.1 倍。1970—1975 年，远东和整个俄联邦共和国该项指标均出现停止增长状态。1975—1980 年，远东地区和俄联邦共和国的中等专门学校学生人数均出现下降。该项指标下降的主要原因在于中学毕业生增多且他们更希望获得高等教育,加之20世纪70年代末至80年代初人口形势日益恶化。总体来说,从1960年到1985年,远东技术学校和中等专门学校的学生人数增加了1.5倍,俄联邦共和国的该项指标增加了0.8倍。

表13—5　　　　1960—1991年远东中等专门教育机构学生
　　　　　　　　　　　数量的变化　　　　　　　　　单位:万人

	1960年	1965年	1970年	1975年	1980年	1985年	1991/1992年
俄联邦共和国	126.03	225.93	260.62	269.31	264.16	247.83	220.19
滨海边疆区	1.13	2.63	3.19	3.4	3.32	3.3	3.14
哈巴罗夫斯克边疆区	1.87	3.12	4.01	4.14	3.76	3.42	3.16
阿穆尔州	0.64	1.35	1.84	2.01	1.88	1.81	1.8
堪察加州	0.17	0.47	0.53	0.57	0.6	0.61	0.36
萨哈林州	0.6	1.06	1.19	1.1	0.95	0.97	0.87
马加丹州	0.27	0.38	0.42	0.4	0.39	0.4	0.42
远东	4.68	9.01	11.27	11.62	10.9	11.51	9.75

资料来源:Народное хозяйство РСФСР в 1960 г. М., 1961. С. 497; Народное хозяйство РСФСР в 1965 г. М., 1966. С. 472, 471; Народное хозяйство РСФСР в 1975 г. М., 1976. С. 456, 457; Образование и культура в Российской Федерации. 1992. М., 1992. С. 177, 179, 180.

　　1971年10月18日,苏共中央委员会和苏联部长会议作出的决议《关于进一步改善高等教育机构和中等专门教育机构学生的物质和生活条件的措施》开始实施。1976—1980年,远东中等专门教育学校相继有3.9万平方米教学和实验楼投入使用;1981—1985年,又增加2.52万平方米。1965—1985年,远东地区中等专门学校的总面积增加了1.2倍。[①]

　　20世纪60—80年代,远东地区的中等专门教育体系进一步发展:

[①] А. А. Максимец Развитие сети и учебно - материальной базы средних специальных учебных заведений Дальнего Востока (1965 – 1985 гг.). Препринт. Владивосток, 1990. С. 11.

教育机构网络及其专业范围明显扩大，办学物质条件有所改善，学生人数增加。客观地说，远东中等专门教育机构基本完成了为本地区培养并储备技术专家的任务，不仅推动了远东经济发展，而且有助于稳定本地区人口形势。

二 高等教育增量提质

在远东大开发时期，远东国民经济综合体中急需综合机械化、机械自动化、电子计算机、河流及水利工程、建筑设计等方面的人才。此外，矿质勘探技术及开采专业人才也十分短缺。随着海洋资源的开发，地球物理学工程师成为热门职业。渔业企业缺少船舶电气设备、船舶自动化系统方面的专家。铁路运输方面，则需要自动化、遥测技术和通信工程师。远东地区建筑行业急需仪表和自动化等方面的人才。面对各领域人才缺口，国家积极调配相关专业人才奔赴远东地区。20世纪80年代，平均每年有1500—1700名在欧俄地区受过高等教育的专家被派往远东地区工作。同时，远东高校继续大力培养人才，为经济开发服务。

20世纪70年代，远东地区大学数量稳中有升，培养的大学生数量不断增加。至1975年，远东地区共有27所大学，有超过10.9万名大学生就读。[1] 在"十一五"期间，又新增了两所学校，分别是1981年在哈巴罗夫斯克新成立的药学院以及1986年在彼得罗巴甫洛夫斯克的远东渔业工学院基础上建立的高等海洋工程学院。1985年，远东大学生人数达到历史最高值——12.95万人。此后至20世纪90年代初期，出现了相反的趋势，即大学数量增加，学生人数下降。1991年，远东地区有32所大学，有12.24万名大学生。1959—1989年，远东居民每1000人中接受过高等教育者从17人增至127人，而同期俄联邦共和国平均水平从19人增至113人。在远东国民经济综合体中，受过高等教育的专家从1960年的7.26万人增至1985年的23.89万人，增加了2.3倍（见表13—6）。

---

[1] История Дальнего Востока СССР. Кн. 11. Советский Дальний Восток в период дальнейшего развития и совершенствования зрелого социалистического общества в СССР. Владивосток: ИИАЭ АН СССР, 1979. C. 253 – 254.

表 13—6　1960—1987 年在远东各地工作的受过高等教育的专家人数　单位：万人

	1960 年	1965 年	1970 年	1975 年	1980 年	1985 年	1987 年
滨海边疆区	2.21	3.24	4.68	6.96	8.39	11.32	11.76
哈巴罗夫斯克边疆区	2.01	—	3.88	5.51	7.5	9.28	10.14
阿穆尔州	0.79	1.13	1.57	2.46	3.14	4.18	4.48
堪察加州	0.47	—	1.08	1.56	2.15	2.74	2.99
马加丹州	0.72	1.06	1.65	2.43	3.19	3.93	4.12
萨哈林州	1.06	—	1.71	2.35	3.08	3.75	4.06
远东	7.26	5.43	14.58	21.27	27.45	23.89	37.53
俄联邦共和国	208.3	281.5	389.8	532.4	671	795.8	846.85

资料来源：В. Л. Ларина. Общество и власть на российском Дальнем Востоке в 1960 – 1991 гг. （История Дальнего Востока России. Т. 3. Кн. 5）. Владивосток：ИИАЭ ДВО РАН, 2016. С. 531.

至 20 世纪 80 年代中期，远东地区高等教育培养了大批人才，基本能满足本地区国民经济综合体对人才的高度需求。该地区对于机械工程、建筑、交通运输领域的人才需求基本得到满足。20 世纪 80 年代后期，哈巴罗夫斯克工程技术学院 96% 的毕业生在本地区的林业及造纸企业中工作。与此同时，哈巴罗夫斯克铁路工程师学院和哈巴罗夫斯克国民经济研究所的毕业生，以及约 40% 的滨海边疆区大学的毕业生（土木工程师、轻工业工程师、经济学家、水利土壤改良工作者等）被分配到其他地区工作。由于苏联实行高度集中的计划经济体制，缺乏市场调节，20 世纪 80 年代远东地区高等学校培养的毕业生出现相对过剩现象。远东地区对于传统专业技术人才的需求得到满足，而高精尖专业（计算机、机器人、激光技术和海洋大陆架地质勘探等专业）的人才缺口则始终存在。

总的来说，苏联后期远东地区高等学校的发展与全国高等教育体系的总体趋势是一致的，即高等学校网络不断扩大，在校生和毕业生人数逐渐增加。高等教育的人才培养适应经济社会发展需求，且符合经济粗放型特点。

第四节 远东科研网络的形成及科研工作的开展

一 远东地区科研机构的改组与壮大

20 世纪 60 年代开始，远东地区科研机构不断壮大，各地陆续建立科研分支机构。根据苏共中央和苏联部长会议于 1969 年通过的《关于发展俄罗斯联邦个别经济区科学机构的决议》，1970 年 7 月 16 日苏联科学院主席团决定于当年 10 月 1 日在符拉迪沃斯托克设立远东科学中心。[1] 原属西伯利亚分院的符拉迪沃斯托克、哈巴罗夫斯克、马加丹和堪察加的所有研究所脱离西伯利亚分院，成立苏联科学院远东科学中心。其主要任务是：发展远东地区自然科学和社会科学基础研究；为迅速发展远东经济和生产力，强化应用研究；培养高级专业技术人才；协调远东地区各科研机构的自然科学和社会科学研究工作。自建立后，苏联科学院远东科学中心为远东地区社会经济发展作出了重要贡献。1971 年，苏联科学院远东科学中心建立了 5 个新的分支机构：化学研究所，信息和管理研究所，历史、考古和民族研究所，太平洋地理研究所以及构造地质学与地球物理学研究所。1972 年，建立了北方生物问题研究所。1973 年，建立了太平洋海洋研究所。1975 年远东科学中心有 1912 名科研人员，其中包括 13 位苏联科学院院士和通讯院士，71 名博士和 759 名副博士。[2] 至 1976 年初，苏联科学院远东科学中心下设 15 个研究所、几个专门的研究站、植物园及 6 个自然保护区。1977—1978 年，在哈巴罗夫斯克建立了经济研究所，在滨海地区的大彼得湾建立了海洋自然保护区。[3] 1987 年，苏联科学院远东科学中心更名为苏联科学院远东分院。受远东特殊的地理环境影响，远东分院的两大优势科研方向是

---

[1] 徐景学：《西伯利亚史》，黑龙江教育出版社 1991 年版，第 649 页。

[2] История Дальнего Востока СССР. Кн. 11. Советский Дальний Восток в период дальнейшего развития и совершенствования зрелого социалистического общества в СССР. Владивосток：ИИАЭ АН СССР, 1979. С. 266.

[3] История Дальнего Востока СССР. Кн. 11. Советский Дальний Восток в период дальнейшего развития и совершенствования зрелого социалистического общества в СССР. Владивосток：ИИАЭ АН СССР, 1979. С. 265.

海洋生物学及地球物理学。

这一时期，除了苏联科学院远东分院各分支机构数量增加，另一个显著的变化是部门科学网络的发展。为有效利用远东地区自然资源，苏联各部委大力推动远东部门科学的发展。20世纪60年代下半期，出于远东地区自然资源开发的需要，苏联政府加大了对远东地区资源进行基础性研究的力度，开始对远东地区现存的部门科研机构进行合并重组。1966年，建立了远东矿物原料研究所的分支机构以及全俄石油工业研究院萨哈林分院。1969年，在哈巴罗夫斯克建立了远东森林工业研究所和远东水利工程及土壤改良研究所。同年，将地区农业站改组为马加丹地区农业经济研究所，将阿穆尔实验站改组为全联盟大豆研究所。1970年，将全俄石油工业研究院萨哈林分院与萨哈林石油工业研究设计院合并。1972年，远东矿物原料研究所的分支机构改组为远东矿物原料研究所。1976年，滨海边疆区农业站改组为滨海边疆区农业科学研究所，萨哈林农业站改组为远东农业研究所。20世纪70年代末，滨海边疆区水稻实验站改组为全联盟大米研究所的分支机构。为有效加强石油天然气地质勘探工作，建立了萨哈林石油天然气研究所。苏联解体前，远东部门科学改组的又一有力举措是20世纪80年代中期在滨海地区建立医疗气象和康复治疗研究所。当然，1970年之后，随着远东地区新的高等学校的陆续建立，高校的科研工作也在不断拓展，陆续建立了分门别类的科研机构。

科研机构网络的形成及研究工作的开展急需国家增加拨款，提供必要的物质技术基础和人才保障。20世纪60年代初，远东科研经费不超过700万卢布，科学院系统和部门科研机构的科研投入大致相同。例如，1961年，在远东科研实力较强的滨海地区，科学院系统获得的拨款约为159万卢布，而部门科学得到的拨款约为193万卢布。[①] 至20世纪80年代末，部门科学获得的财政拨款则超过科学院系统的2倍多，而大学的科研机构获得的财政拨款更少。国家增加对远东地区的科研投入，为该地区科学研究工作的全面展开奠定了坚实的物质基础。据统计，1970年

---

① В. Л. Ларина. Общество и власть на российском Дальнем Востоке в 1960 – 1991 гг. (История Дальнего Востока России. Т. 3. Кн. 5). Владивосток: ИИАЭ ДВО РАН, 2016. С. 539.

国家财政对远东地区科学研究拨款达1600万卢布，1975年则超过3800万卢布。20世纪七八十年代，由于国家对于远东地区科研拨款的增加，远东科研机构的科研环境及科研条件得到了极大改善。如科研机构办公大楼修缮一新；科研机构的实验室数量明显增加。此外，20世纪70年代，部分远东科研机构还建立了自己的计算中心。苏联科学院远东科学中心建立了隶属自动控制和管理研究所以及哈巴罗夫斯克综合研究所的计算中心。

在远东大开发时期，苏联科学院远东分院系统、部门科研机构及高校科研机构的科学研究工作为远东地区的科技进步与资源开发作出了突出贡献，为远东自然资源的合理利用及社会生产力的长足发展提供了可靠的科学保障。

二 远东地区科学研究工作成效显著

20世纪60—80年代，为促进远东开发，远东地区的科学研究工作全力为资源开发及利用服务，不同时期其重点研究方向有所变化。20世纪60年代，主要关注生物学研究，尤其是海洋生物学。此后研究方向逐渐向地球科学转移，主要研究力量和资金配置均集中于远东地区的地质勘探和研发领域。20世纪70年代，出现了与海洋研究有关的新的优先领域，继续关注海洋生物学。苏联科学院远东科学中心开展了海洋生物化学和地质学研究，而远东各高校则主要研究海洋勘探技术。此外，从20世纪70年代末开始，苏联科学院远东科学中心的学者们转而研究因利用海洋资源而产生的社会问题，特别是在远东北部地区。20世纪80年代，为加速远东地区的资源开发，海洋及海洋资源利用问题仍然是远东地区科学研究的优先方向。

科学家的专业结构是由远东地区原材料的专业化决定的。滨海边疆区集中了远东地区的科学工作者总数的50%。1961年，自然科学家占研究人员总数的18.3%，物理和数学研究者占12.2%，技术工作者占22.5%，农业学家占7.5%，社会学家占14.8%，医学工作者占4.5%，人文工作者占11.9%。[①] 当年，苏联这些专业的科学家分别占总数的11.9%、8.2%、36.6%、5.1%、14.0%、8.9%和8.0%。至1985年，

[①] Народное хозяйство СССР за 70 лет. С. 63.

这种结构发生了变化：自然科学家的比例增加到 21.1%，而在联盟则下降到 8.7%。在滨海边疆区，农业学家的比例仍然高于苏联，分别为 5.1% 和 2.8%；医学工作者增加了，分别为 6.2% 和 5.1%。在许多大学，某些领域的专家占比高于俄联邦平均水平，如历史学家的比例较高，分别为 3.5% 和 1.9%；语言学家分别为 6.6% 和 3.9%；哲学家分别为 1.8% 和 1.4%。但是，与整个远东地区的情况十分相似，滨海地区的科研人员数量是远远低于俄联邦平均水平的，1985 年分别为 23.7% 和 47.7%。[1]

从 20 世纪 70 年代开始，远东学者在科研领域发挥了突出作用，在海洋生物学、农业及人文社会科学领域实现了从经验研究到理论概括的提升。20 世纪七八十年代，在远东地区科学研究中，社会科学及人文科学研究占有重要地位。在以远东国立大学及师范大学的学者为主力的远东文学史领域成就突出，文学作品数量增加。由苏联科学院远东科学中心历史研究所学者 А. И. 克鲁沙诺夫领导下，历史学研究不断推出新成果，影响力逐渐增强。20 世纪 70 年代中期，历史研究所联合远东国立大学及师范大学的学者开始撰写远东历史综合性著作《苏联远东史》。在历史研究所研究员 Ж. В. 安德列耶娃和 Э. В. 沙夫古诺夫的带领下，考古学研究始终保持较高的专业水平。此外，该时期远东民族志和语言学研究也取得了辉煌成就。

20 世纪七八十年代，远东地区的科学研究有力推动了当地的科技进步，最大限度地融入了苏联科学空间，在地质学、地球物理学、海洋科学等优势领域取得了突出成绩。太平洋渔业研究中心的科学家致力于改进工业捕鱼的方法，研究重点是捕捞过程的自动化和鱼产品加工。矿业研究所研发了砂矿机等新机器，以及用于钻井的新型设备。此外，科学家们还创建了用于大型零件精密加工的自动控制系统。在这些项目中，最突出的是开发计算机辅助设计和研发自动控制运输过程的计算机。1981—1985 年，苏联科学院远东科学中心的科学家及学者为国民经济综合体研发了 750 多件产品。1985 年，滨海地区有 225 项开发项

---

[1] Текущее делопроизводство Приморского краевого управления государственной статистики в 1985 г.；Народное хозяйство СССР за 70 лет. С. 63.

目投入使用，创造了巨额经济效益。[①] 可以说，远东科研部门不仅夯实了基础研究，而且还成功推进了应用研究，为该地区的经济发展作出了自己应有的贡献。

20世纪60—80年代，远东科学研究在许多科学领域获得了国内外的高度认可。在这几十年中，荣获"社会主义劳动英雄"称号的不仅有领导大型科研团队的 Н. А. 希洛和 Ю. А. 科斯京院士，苏联科学院通讯院士 Е. А. 拉德科维奇、Б. А. 涅乌内罗夫，还有地质和矿物学博士 В. Л. 奥尼西莫夫斯基以及农业科学博士 Я. М. 奥德诺科尼。此外，还有很多科学家获得了重要的国家奖项。苏联后期，随着改革的全面展开，苏联科学界与国内外的学术交流日益扩大。苏联科学家，特别是自然科学家，重新建立了与国际科学界的联系，远东学者也不例外。1985年，苏联科学院远东科学中心有37名科研工作者赴国外进行交流、访学；1990年，则有391名科学家赴国外访学，其中212人次访问了资本主义国家。同时，远东科研部门也开始接受外国科学家的访学与交流活动。

---

① Народное хозяйство Приморского края за 50 лет. С. 141.

主要参考文献

一 中文文献

宝泉：《贝阿铁路的经济意义和军事意义》，《苏联东欧问题》1985年第6期。

《布尔什维克》1925年第8期。

曹艺：《〈苏日中立条约〉与二战时期的中国及远东》，社会科学文献出版社2012年版。

陈日山：《俄国西伯利亚与远东经济开发概论》，黑龙江人民出版社1994年版。

程亦军：《俄罗斯人口安全与社会发展》，经济管理出版社2007年版。

杜立克：《浅析俄罗斯远东地区的人口危机》，《内蒙古大学学报》2003年第4期。

《对日和约问题史料》，人民出版社1951年版。

傅树政、雷丽平：《俄国东正教会与国家（1917—1945）》，社会科学文献出版社2001年版。

高际香：《俄罗斯远东开发的历史与现实》，《俄罗斯学刊》2013年第3期。

高祖源：《浅谈苏联西伯利亚和远东的开发与太平洋地区经济发展的关系》，《今日苏联东欧》1985年第1期。

海通：《国家石油天然气地区开发的社会经济问题》，《计划经济》1977年第9期。

何立波：《苏联红军入疆作战始末》，《同舟共进》2010年第7期。

侯中军：《"九一八"事变后国民政府派系之争下的中苏复交》，《晋阳学刊》2015 年第 6 期。

黄立茀：《苏联社会阶层与苏联剧变研究》，社会科学文献出版社 2016 年版。

金东吉：《〈苏日中立条约〉的缔结与影响》，《中共党史研究》2008 年第 1 期。

Л. Д. 科什卡列娃，姚凤：《苏联远东领土的开发与占居》，《黑河学刊》1986 年第 1 期。

李凡：《1917—1945 年的日苏渔业纠纷》，《日本研究论集》2005 年。

李凡：《日苏关系史（1917—1991）》，人民出版社 2005 年版。

李嘉谷：《九一八事变后中苏关系的调整》，《抗日战争研究》1992 年第 2 期。

李连仲：《亚太地区的崛起与苏联东部地区的开发》，《亚太经济》1986 年第 3 期。

李琪：《从俄文档案看辛亥革命时期沙俄对新疆的侵略》，《中国边疆史地研究》1999 年第 3 期。

李蓉：《贝阿铁路沿线地区矿藏开发的回顾与展望》，《西伯利亚研究》1997 年第 2 期。

李鑫：《试论九一八事变后苏联的对外政策》，《抗战史料研究》2012 年第 2 期。

李勇慧：《第二次世界大战结束以来的（苏联）俄罗斯和日本的关系》，博士学位论文，中国社会科学院研究生院，2001 年。

李裕国：《苏联远东林业的最新动向》，《林业勘查设计》1990 年第 2 期。

刘宝荣、李钢：《中苏边境地方贸易发展的回顾与展望》，《国际贸易》1989 年第 11 期。

刘合波：《论〈旧金山对日和约〉及其对东北亚国际关系的影响》，硕士学位论文，曲阜师范大学，2007 年。

刘维开：《国民政府处理九一八事变之重要文献》，近代中国出版社 1992 年版。

刘爽：《西伯利亚移民运动与俄国的资本主义化进程》，《学习与探索》1995 年第 2 期。

陆南泉：《苏联经济体制改革史论（从列宁到普京）》，人民出版社 2007 年版。

鹿锡俊：《1932 年中国对苏复交的决策过程》，《近代史研究》2001 年第 1 期。

孟宪章、杨玉林、张宗海：《苏联出兵东北》，中国大百科全书出版社 1995 年版。

秦孝仪主编：《中华民国重要史料初编——对日抗战时期：绪编》（三），台北"中央"文物供应社 1981 年版。

邱夕海：《民国时期东北海军的兴衰》，《军事历史》2009 年第 1 期。

沙青青：《九一八事变前后苏联对日政策再解读》，《历史研究》2010 年第 4 期。

沈元章：《苏联开发西伯利亚与远东的困难及采取的措施》，《世界经济》1983 年第 10 期。

沈志华：《中苏同盟、朝鲜战争与对日和约——东亚冷战格局形成的三部曲及其互动关系》，《中国社会科学》2005 年第 5 期。

沈志华主编：《中苏关系史纲》（1917—1991），新华出版社 2007 年版。

石方、刘爽、高凌：《哈尔滨俄侨史》，黑龙江人民出版社 2003 年版。

《苏联外交政策史》上卷（1917—1945），中国人民大学出版社 1988 年版。

《苏维埃国家租让政策史》，《苏联历史》1959 年第 4 期。

汪魏：《苏联远东地区煤炭生产发展趋势》，《能源研究与信息》1989 年第 4 期。

王昌沛：《姑息养奸与同仇敌忾——二战时期苏日关系的发展和变化》，《河北理工大学学报》（社会科学版）2006 年第 1 期。

王春良、李威：《论苏联是怎样把中国的外蒙古分裂出去的》，《聊城大学学报》（社会科学版）2009 年第 5 期。

王丽恒：《沙俄的远东移民政策》，《北方文物》2001 年第 1 期。

王晓菊：《俄国东部移民开发问题研究》，中国社会科学出版社 2003 年版。

王晓菊：《沙俄远东移民运动史略》，《西伯利亚研究》2002 年第 1 期。

王晓菊：《苏联的远东移民政策与人口增长》，《俄罗斯学刊》2013 年第 3 期。

邢广程：《苏联高层决策 70 年》第 2 卷，世界知识出版社 1998 年版。

徐景学：《俄罗斯东部经济研究》，中州古籍出版社 1994 年版。

徐景学：《苏联东部地区开发的回顾与展望——西伯利亚开发四百年》，东北师范大学出版社 1988 年版。

徐景学：《西伯利亚史》，黑龙江教育出版社 1991 年版。

许维新：《苏联的贝阿铁路工程及其经济意义》，《外国问题研究》1985 年第 2 期。

杨文兰：《俄罗斯远东地区开发的历史变迁》，《西伯利亚研究》2014 年第 1 期。

应世昌：《苏联与日本海沿岸诸邻在开发西伯利亚和远东地区上的合作》，《苏联东欧问题》1991 年第 6 期。

于国政：《苏联远东的对外开放及我们的对策》，《苏联东欧问题》1989 年第 3 期。

于魁嘉：《苏联西伯利亚贝阿铁路》，《铁路建筑》1987 年第 5 期。

张寰海等：《苏联西伯利亚与远东经济地理概论》，黑龙江人民出版社 1989 年版。

张寰海、徐漫、牛燕平：《西伯利亚开发战略》，黑龙江人民出版社 1993 年版。

张建：《前苏联边疆经济开发的政策体系及其借鉴意义》，《经济问题探索》2011 年第 5 期。

张宗谔：《苏联西伯利亚和远东的农业》，《外国问题研究》1986 年第 1 期。

赵常庆：《苏联国内移民问题初探》，《苏联东欧问题》1987 年第 3 期。

郑天林：《苏联的贝阿铁路》，《学习与探索》1979 年第 5 期。

郑天林：《苏联开发西伯利亚的政策措施》，《西伯利亚与远东》1980 年第 8 期。

《中苏关系正常化背后鲜为人知的故事》，《中国青年报》2008 年 10 月 26 日。

钟建平：《浅谈十月革命前的俄日渔业关系》，《西伯利亚研究》2007 年第 2 期。

周尚文、叶书宗、王斯德：《苏联兴亡史》，上海人民出版社 2002 年版。

二　汉译外文文献

［苏］A. C. 阿尼金：《外交史》第五卷，大连外国语学院俄语系翻译组译，生活·读书·新知三联书店 1983 年版。

陈日山：《西伯利亚重点开发区劳动力构成特点及人口流动原因》，《西伯利亚与远东》1985 年第 1 期。

高云山：《西伯利亚、远东地区的森林资源和日苏之间的木材贸易》，《西伯利亚与远东》1984 年第 4 期。

［俄］T. C. 格奥尔吉耶娃：《俄罗斯文化史——历史与现代》，焦东建、董茉莉译，商务印书馆 2006 年版。

［苏］E. 科兹洛夫斯基：《贝阿铁路干线地区的矿藏资源》，《西伯利亚与远东》1985 年第 4 期。

［苏］B. A. 克罗夫：《苏联新区开发的若干数字》，《西伯利亚与远东》1983 年第 3 期。

［苏］A. 马佐韦尔、T. 马卡罗娃：《提高西伯利亚燃料基地的效果》，《西伯利亚与远东》1983 年第 2 期。

［美］托尼·朱特：《战后欧洲史》，林骧华等译，中信出版社 2014 年版。

《区域生产综合体与苏联经济》，《西伯利亚与远东》1984 年第 3 期。

［苏］弗诺特钦科：《远东的胜利》，沈军涛译，辽宁人民出版社 1979 年版。

《苏联共产党第二十二次代表大会主要文件》，人民出版社 1961 年版。

《苏联共产党第二十三次代表大会主要文件汇编》，生活·读书·新知三联书店 1978 年版。

《苏联共产党第二十四次代表大会主要文件汇编》，生活·读书·新知三联书店 1976 年版。

《苏联共产党第二十四次全国代表大会主要文件汇编》，生活·读书·新知三联书店 1976 年版。

［苏］A. Б. 玛尔果林主编：《苏联远东》，东北师范大学外国问题研究

所苏联问题研究室译，吉林人民出版社1984年版。

孙玉发：《苏联开发西伯利亚与远东的经济战略》，《西伯利亚与远东》1984年第2期。

王峰连：《开发东部地区在实现苏联经济战略中的作用》，《西伯利亚与远东》1983年第1期。

冼壮：《苏联开发西伯利亚的经济动向》，《西伯利亚与远东》1980年第5期。

［苏］伊凡·麦斯特连柯：《苏共各个时期的民族政策》，林刚译，人民出版社1983年版。

［英］马丁·吉尔伯特：《二十世纪世界史》第二卷（下），严幸智等译，陕西师范大学出版社2001年版。

郑天林：《西伯利亚开发及其在苏联全球战略中的地位和作用》，《西伯利亚和远东》1980年第2期。

三　外文文献

Акулов А. А. Формирование и деятельность военных учреждений культуры и органов печати в войсках Дальневосточного военного округа: 1922 – 1945 гг. Хабаровск, 2007.

Александров Ю. Эволюция торговли и её роль в развитии экономики. Красноярск, 2002.

Анисков В. Т. Колхозное крестьянство Сибири и Дальнего Востока фронту. 1941 – 1945 гг.: Деятельность партийных организаций по руководству се – льским хозяйством в период великой отечественной войны. Барнаул: Алтайское кн. изд – во, 1966.

Бацаев И. Д. Колымская гряда архипелага ГУЛаг (заключенные) // Ист-орические аспекты Северо – Востока России: экономика, образование, колым – ский ГУЛаг. Магадан: СВКНИИ ДВО РАН, 1996.

Бохванов А. История России XX века. Москва, 1976.

Васенин Д. В., Мокроусова Л. Г., Павлова А. Н. Тыловые будни периода великой отечественной войны по детским воспоминаниям // Известия высших учебных заведений. Поволжский регион. Гуманитарные науки，2012 г. № 2.

Власов С. А. Жилищное строительство на Дальнем Востоке（1946 – 1991 гг.）. Владивосток，2008.

Власов С. А. История Дальнего Востока России：Курс лекций. Владивосток：Дальнаука，2005.

Горюшкин Л. Источники по истории освоения Сибири в период Капитализма. Новосибирск，1989.

Государственные и общественные музеи Приморского Края. Владивосток，2001.

Добровольская И. В. Развитие художественной культуры Дальнего Востока СССР в послевоенный период（сент. 1945 – 1961 гг.）：рук. дис. на соиск. степени канд. ист. наук. Владивосток，1983.

Зуева Г. П. Деятельность КПСС по подготовке и воспитнаию кадров инженерно технической интеллигенции в годы Четвертой Пятилетки. М. ，1975.

Иващенко Л. Советское государство – – организатор многонационального литературного творчества на Дальнем Востоке в эпоху строительства соц – иализма в СССР（1917 – 1977 гг.）. Хабаровск，1987.

Из неопубликованной книги К. В. Распутина "Воспоминания и сужден – ия" о событиях Великой? Отечественной? войны // Трудный путь к победе：Сб. документов ГАХК.

Исаев А. А. Миграционные процессы на Дальнем Востоке СССР в 1930 – е первой половине 1940 – х годов // Гуманитарные исследования в Восточной Сибири и на Дальнем Востоке，2013，№ 1.

Истоги всесоюзной переписки населения 1959 г. М. ，1963.

Исторические ислледования на Севере Дальнего Востока. Магадан，2006.

История Дальнего Востока СССР. В 4 т. Макет. Кн. 9. Социально –

экономические и политическое развитие Советского Дальнего Востока в после – военный период (сент. 1945 – 1958 г.). Владивосток, 1981.

История Дальнего Востока России: Том 3. А. С. Ващук: Мир после войны: Дальневосточное общество в 1945 – 1950е гг. Владивосток, 2009.

История Дальнего Востока СССР. Кн. 11. Советский Дальний Восток в период дальнейшего развития и совершенствования зрелого социалистического общества в СССР, Владивосток: ИИАЭ АН СССР, 1979.

История культуры Дальнего Востока СССР. XVII – XX вв. Советский период: Сб. науч. тр. Владивосток, 1990.

Исупов В. Население Западной Сибири в XX века. Новосибирск, 1996 г.

Караулов А. К., Коростелёв В. В. Экзарх Восточной Азии, Русская Атлантида. Челябинск, 2003 (9).

Кищик Е. В. Репертуар военных театров Дальнего Востока в годы великой отечественной войны // Гуманитарные исследования в Восточной Сибири и на Дальнем Востоке, 2015, № 4.

Колесникова Л. В. Деятельность музыкальных коллектива Хабаровска в годы войны // Дальний Восток России в годы великой отечественной войны 1941 – 1945 гг. Сборник статей. Хабаровск, 2010.

Костанов А. И. Русская Православная Церковь на Сахалине и Курильских Островах: Ист. очерк. Южно Сахалинск, 1992.

Куртина Г. Б. Как это было... Из практики работы УФСБ с материалами архивных уголовных дел периода массовых репрессий. Материалы международной научно – практической конференции. 29. 08. 01. Благовещенск, 2001.

Ларина В. Л. Общество и власть на российском Дальнем Востоке в 1960 – 1991 гг. (История Дальнего Востока России. Т. 3. Кн. 5).

Владивосток: ИИАЭ ДВО РАН, 2016.

Макаренко В. Г. Подготовка специалистов с высшим образованием на Дальнем Востоке СССР в годы великой отечественной войны // Россия и АТР. 2015, № 2.

Маклюков А. В. Решение задач электроснабжения народного хозяйства Дальнего Востока СССР в послевоенные годы (1946 – 1950 гг.). Вестник Томского Государственного Университета, 2016 (402).

Максимец А. А. Развитие сети и учебно-материальной базы средних специальных учебных заведений Дальнего Востока (1965 – 1985 гг.). Препринт. Владивосток, 1990.

Марголин А. Б. Проблема народного хозяйства Дальнего Востока. М., 1963.

Марьянова М. Пропорциально-региональные отношения народной экономики. Москва, 1976.

Медведева Л. М. Транспорт Дальнего Востока СССР в годы великой отечественной войне (1941 – 1945 гг). Владивосток: изд-во. Дальнаука, 2005.

Минакир П. А. Экономика регионов. Дальний Восток. М., 2006.

Народное хозяйство РСФСР в 1985 г.: стат. ежегодник. М.: Финансы и статистика, 1986.

Народное хозяйство СССР в 1972 г. Стат. ежегодник. М., 1973.

Народное хозяйство Хабаровского Края: Стат. Сб. Хабаровск, 1958.

Некрылов С. А., Луков Е. В. Социально-экономическое Развитие Сибири в послевоенный период: Учеб. пособие. Томск: Изд-во Том. ун-та, 2012.

Панов А. Морская сила России. М., 2005.

Плетнев А. Н. Чтобы жил и помнил: Рассказы. Омск, 1989.

Плохих С. В., Ковалева З. А. История Дальнего Востока России. Влад-ивосток: изд. ТИДОТ ДВГУ, 2002.

Пономарев Н. История СССР. Москва, 1976.

Попов В. Г. Деятельность дальневосточной партийной организации по ликвидации безработицы (1922 – 1930 гг.). Москва, 1983.

Рубан Н. И. Музеология. Хабаровск, 2004.

Сибирь в Великой Отечественной Войне: Сборник материалов всеро-ссийской научной конференции, посвященной 70 - летию победы советского народа в Великой Отечественной Войне (Новосибирск, 27 - 28 Апреля 2015г.). Новосибирск: Институт истории СО РАН, Параллель, 2015.

Сидорычева А. Дальний Восток в великой отечественной войне. Реферат. Комсомольск на - Амуре, 2004.

Советский Дальний Восток в сталинскую и постсталинскую эпохи: Сб. науч. статей. Владивосток: ИИАЭ ДВО РАН, 2014.

Статистический сборник: Внешняя торговля СССР. Москва, 1953 – 1967.

Стрельцова Т. П. История преобразований колхозно - кооперативных и государственных сельских хозяйств Дальнего Востока (Середина 1940 - х Конец 1980 - х гг.). Дальневосточный аграрный вестник, 2008. № 1.

Стрельцова Т. П. История развития сельского хозяйства Дальнего Востока (Середина 1940 - х - Конец 1980 - х гг.). Дальневосточный аграрный вес - тник, 2008. № 2.

Тесельская И. П. Дальневосточная железная дорога в начальный период Великой Отечественной войны // Дальний Восток России в годы великой отечественной войны 1941 - 1945 гг. Сборник статей. Хабаровск, 2010.

Ткачева А. А. Население Дальнего Восткока за 150 лет. М.: Наука, 1990.

Ткачева Г. А. Труд - фонду: Промышленность Дальнего Востока в годы великой отечественной войны (1941 - 1945 гг.). России и АТР, 2004, № 3.

Тухачевский М. Н. Борьба с контрреволюционными восстаниями / М. Н. Тухачевский // Война и революция. М.: Издательство ВНО ?

Война и тех - ника?, 1926, № 7; № 8; № 9.

Фомина Н. В. Деятельность военно - учебных заведений Дальнего Востока в годы великой отечественной войны（1941 - 1945）// Омский научный вестник, 2007. № 3.

Фомина Н. В. Становление и развитие военного образования в Дальневосточном регионе Советского государства : 1922 - 1945 гг. Хабаровск, 2007.

Фомченкова Л. Н., Шамис И. А. Основные тенденции развития тексти - льной и легкой промышленности. Директор, 2005. № 1.

Худяков П. П. Дальневосточная？ милиция в борьбе с уголовной прес - тупностью в 20 - е годы. Владивосток, 1996.

Черевко К. Е. Серп и молот против самурайского меча. М. : Вече, 2003.

Ширяев В. А. Опыт советского государства по подготовке кадров для дальневосточных пограничных органов : 1922 - июнь 1941 гг. Хаб- аровск, 2007.

阿·秋金诺夫斯基：《西西伯利亚交通运输业的发展》，《石油工人》1983年第2期。

［苏］奥克拉德尼科夫、顺科夫主编：《西伯利亚史》（俄文版），第四卷，列宁格勒，1969年。

坂本德松·甲斐静馬：《返せ北方領土》，日本青年出版社1980年版。

ペヴズネル編：《日ソ間の経済貿易関係》，新読書社1986年版。

勃林：《从资本主义向社会主义过渡时期的苏联国家资本主义》（俄文版），伊尔库茨克，1959年。

弗·莫任主编：《西伯利亚工业开发区的农业》，莫斯科，经济出版社1980年版。

冈田安彦：《贝阿铁路的建设》，《苏联东欧贸易调查月报》1985年第1期。

Н. 科什卡列娃：《苏联远东地区的移民与开发》，《远东问题》1979年第1期。

［苏］日哈列夫：《俄罗斯联邦东北部简史》，马加丹，1981年。

《苏联西伯利亚百科全书》（俄文版），第一卷，莫斯科，1929年。

《苏联运输业——五十年来的总结和发展远景》，莫斯科，1967年。

乌瓦昌：《北方小民族向社会主义的过渡》，莫斯科，1956年。

《西伯利亚民族志》，莫斯科、列宁格勒，1956年。

小川和男：《日ソ貿易の実情と課題》，教育出版社1979年版。

谢尔格耶夫：《北方小民族的非资本主义发展道路》，莫斯科、列宁格勒，1955年。

雅科夫列娃：《社会主义革命后的阿穆尔小民族》，哈巴罗夫斯克，1957年。

四 电子图书

Греков, Алексей Юрьевич. Борьба органов государственной безопасности с бандитизмом на Дальнем Востоке России. Хабаровск. 2011. http：//www.dissercat.com/content/borba-organov-gosudarstvennoi-bezopasnosti-s-banditizmom-na-dalnem-vostoke-rossii.

Сиянов, Владимир Георгиевич. Оборонно－массовая работа с молодежью Дальнего Востока в 1922－1941 гг. Москва. 2011. http：//www.dissercat.com/content/oboronno-massovaya-rabota-s-molodezhyu-dalnego-vostoka-v－1922－1941－gg.

Гуринов, Сергей Леонидович. Формирование и деятельность военно－морских сил на Дальнем Востоке. Москва. 2010. http：//www.dissercat.com/content/formirovanie-i-deyatelnost-voenno-morskikh-sil-na-dalnem-vostoke.

五 档案文献

ГАПК. Ф. П－68. Оп. 30. д. 175.

ГАХК. Ф. П－35. оп. 1. д. 1685.

ГАХК. Ф. П－35，оп. 1. д. 1442.

ГАХК. Ф. П－35，оп. 1，д. 1901.

ГААО. Ф. 114. Оп. 2. д. 168.

ГАПК. Ф. П－68，оп. 4，д. 69.

РГАЭ. Ф. 1884, оп. 46. д. 740.

ЦДНИКО. Ф. 2. Оп. 2. д. 462.

ГАХК. Ф. П – 35. Оп. 1. д. 1554.

ГАПК. Ф. П – 68. Оп. 4. д. 80.

ГАХК. Ф. 719. Оп. 27. д. 35.

ГАХК. Ф. 719. Оп. 27. д. 2.

АУВД ХК. Ф. 36. Оп. 1. д. 13.

ГАХК. Ф. Р – 1359, оп. 1, д. 1.

ГАХК. Ф. П – 35. Оп. 1. д. 950.

六 互联网文献

Советские войска на Дальнем Востоке в 1941 – 1945 гг. Перебос армии с запада на восток. http：//www. protown. ru/information/hide/5452. html.